AF649506

Fabian Grolimund | Stefanie Rietzler

Geborgen, mutig, frei – Wie Kinder zu innerer Stärke finden

Fabian Grolimund | Stefanie Rietzler

Geborgen, mutig, frei –

Wie Kinder zu innerer Stärke finden

HERDER

FREIBURG · BASEL · WIEN

MIX
Papier | Fördert gute Waldnutzung
FSC® C083411

© Verlag Herder GmbH, Freiburg im Breisgau 2019
Hermann-Herder-Straße 4, 79104 Freiburg
Alle Rechte vorbehalten
www.herder.de
Bei Fragen zur Produktsicherheit wenden Sie sich an
produktsicherheit@herder.de

Umschlaggestaltung: © agentur IDee, Herzogenrath
Umschlagmotiv: © Alain Laboile

Satz: Arnold & Domnick, Leipzig

Herstellung: CPI books GmbH, Leck
Printed in Germany

ISBN 978-3-451-60093-7

Inhalt

VORWORT VON NIK NIETHAMMER
Wie geht Erziehung?

Über Erziehung schreiben, heißt,
beinahe über alles auf einmal schreiben.

Jean Paul Friedrich Richter (1763–1825),
deutscher Dichter, Publizist und Pädagoge

Elternsein ist anstrengend, keine Frage. Aber welcher Vater gibt schon offen zu, dass ihn die Kinder manchmal überfordern? Wer redet darüber, dass ihn öfter das Gefühl beschleicht, als Mutter oder Vater nicht zu genügen? Und wer traut sich in einer netten Runde mit Freunden den Satz auszusprechen: »So habe ich mir das mit den Kindern nicht vorgestellt.«?

Dabei wäre genau das wichtig. Ich habe kürzlich bei einer Veranstaltung davon erzählt, wie sehr mich das ständige Gezanke und Gezerre unserer Kinder nerve. Und wie sehr mich die Situation fordere, nicht zu wissen, wann der richtige Zeitpunkt ist, dazwischenzugehen. »Erst, wenn Blut fließt«, riet mir ein Vater. »Geschwisterstreit ist wichtig für die Persönlichkeitsentwicklung«, gab ein Kursteilnehmer zu bedenken. »Wenn es dich stresst, unternimm was«, sagte ein Dritter. »Manchmal braucht es in der Erziehung harte Sanktionen.«

Wie geht Erziehung? Wie halte ich den Druck aus, etwas falsch zu machen? Wie schaffe ich den Spagat zwischen Beruf und Familie? Wie halte ich alle Bälle in der Luft: Schule, Elternabende, Fahrdienste, Kindergeburtstage, Musikunterricht, Fußballtraining?

Das sind Fragen, mit denen ich mich beruflich und privat beschäftige. Ich glaube: Elternsein erfordert heute vor allem Managerqualitäten. Humor. Und gesunden Menschenverstand. Für besonders anstrengende Zeiten ist mir dieser »Notfallzettel« ein verlässlicher Begleiter:

- Ich bin nicht allein mit dem Gefühl, dass das Leben mit Kindern oftmals anstrengend, fordernd und frustrierend ist. Es ist sehr tröstlich zu wissen, dass es anderen Eltern genauso geht.
- Ich muss nicht perfekt sein. Das Glück unserer Kinder hängt nicht allein von mir ab.
- Ich halte mir vor Augen, dass die Liebe zum Partner mindestens so wichtig ist wie die Liebe zu unseren Kindern. Die Liebe zu einem Kind ist instinktiv und immer da, die Liebe zum Partner muss stets von neuem erarbeitet werden.
- Ich versuche, unsere Kinder nicht anzubrüllen. Also nicht zu oft. Höchstens dreimal im Monat. Sonst verpufft die Wirkung.
- Ich denke an den dänischen Familientherapeuten Jesper Juul, der einmal gesagt hat: »Auch gute Eltern machen 20 Fehler am Tag.«
- Ich erinnere mich an unseren Kinderarzt, der auf die meisten unserer besorgten Fragen antwortete: »Das ist völlig normal.«
- Ich wiederhole, wenn es besonders mühsam ist, mantramäßig: »Es ist nur eine Phase. Es geht vorbei.«
- Ich halte mich an das Lieblingsmotto meiner Frau: »Loslassen. Entspannen. Einverstanden sein.«

Ein guter Vater sein: Was heißt das?

Ich versuche unseren Kindern ein guter Vater zu sein. Ein großes Wort, ich weiß. Ein guter Vater sein heißt für mich, seine Kinder bedingungslos zu lieben. Ohne Kompromisse. Ohne Grenzen. Egal, wie sehr sie gerade nerven. Egal, ob sie einem den Schlaf rauben oder einen vorpubertären Schub durchleben. Bedingungslose Liebe der Eltern stärkt die Selbstliebe des Kindes. Sie ist der wichtigste Schlüssel für eine glückliche Kindheit.

Ich bin kein Anhänger einer bestimmten Erziehungsideologie. Genau deshalb sprechen mich die Texte in diesem Buch an. Sie ord-

nen ein, geben Orientierung, schaffen Klarheit, kommen verständlich und unaufgeregt daher, ohne erhobenen Zeigefinger.
Gemeinsam mit den Lesern machen sich die Autoren auf die Suche nach Antworten auf die Frage, wie Eltern dazu beitragen können, dass Kinder als Erwachsene sagen können: »Ich kenne mich, ich kann mich selbst annehmen, ich weiß, was ich möchte, ich bin in der Lage, mit anderen Menschen gute Beziehungen aufzubauen und die Welt um mich herum in positiver Weise mitzugestalten.«
Oft haben Eltern nach der Lektüre von Erziehungsinterviews oder Elternratgebern im besten Fall ein schlechtes Gewissen. Oder schlechte Laune. Oder beides. Tatsache ist: Die meisten Rezepte der Experten nerven und verunsichern Eltern eher, als dass sie für Klarheit sorgen. Anders bei den Texten von Fabian und Stefanie. Diese machen Eltern Mut, wenn die Autoren zum Beispiel schreiben: »Es ist normal, wenn sich Eltern oft unsicher fühlen. Eltern müssen nicht perfekt sein. Das Glück der Kinder hängt nicht allein von ihnen ab.«
»Geborgen, mutig, frei – Wie Kinder zu innerer Stärke finden«. Dieses Buch möchte Eltern, Pädagogen und Lehrkräfte begleiten, unterstützen und inspirieren. In guten wie in schwierigen Zeiten. Ich wünsche Ihnen viele gute Einsichten und eine spannende Lektüre.

Nik Niethammer, Chefredakteur des Schweizer Elternmagazins *Fritz+Fränzi*

Was Kinder stark macht

Wir wünschen uns Kinder, die dem Leben mit Mut begegnen; die mit Misserfolgen, Schwierigkeiten und Rückschlägen umzugehen wissen. Kinder, die ihre Stärken kennen und nutzen und ihre Schwächen akzeptieren können. Wir möchten, dass sich unsere Kinder in der Familie aufgehoben und geborgen fühlen, Beziehungen zu anderen als etwas Schönes und Stärkendes begreifen und in der Lage sind, Freunde zu finden und mit Konflikten umzugehen.

Die Texte in diesem Buch sind über einen Zeitraum von sechs Jahren entstanden und decken ein breites Themenspektrum ab. Viele Kapitel sind aufgrund von Fragen entstanden, die von Eltern an uns herangetragen wurden. So verschieden die Anliegen sind: Allen liegt der Wunsch zugrunde, Kindern eine glückliche Kindheit zu schenken und sie in ein erfülltes Erwachsenenleben zu begleiten.

Wir hoffen, dass Sie, liebe Leserin, lieber Leser, in diesem Buch einige Antworten auf Ihre Fragen finden, sei es, weil Sie wissenschaftliche Hintergründe zu einem tieferen Verständnis führen, Beispiele von anderen Familien Sie inspirieren oder unsere Ansichten Sie zum Nachdenken anregen.

Bitte betrachten Sie dieses Buch nicht als Programm, das Sie mit Ihrem Kind durcharbeiten müssen, oder als Schlüssel zur »richtigen Erziehung«. Unser Wunsch wäre, dass Sie sich in vielem bestärkt fühlen, was Sie ohnehin bereits tun, und da und dort neue Anregungen finden.

Wenn wir darüber sprechen, wie wir Kinder stärken können, tauchen immer wieder ähnliche Begriffe auf. Eltern erzählen, dass sie ihrem Kind gerne zu mehr Selbstvertrauen verhelfen oder seinen Selbstwert stärken möchten. Da wir diese Begriffe im Laufe des Buches immer wieder aufgreifen werden, möchten wir zu Beginn kurz darauf eingehen, inwiefern sich diese unterscheiden.

Selbstvertrauen: Was kann ich?

Unter Selbstvertrauen verstehen wir eine Einschätzung der eigenen Kompetenz. Der Begriff geht auf den Psychologen William James zurück, der bereits 1890 die folgende Formel aufstellte:

$$Selbstvertrauen = \frac{Erfolge}{Ansprüche}$$

Gemäß dieser Formel wächst unser Selbstvertrauen, wenn wir Erfolge erzielen. Das gilt allerdings nur, wenn wir die Erfolge auch als solche werten. Sind unsere Ansprüche zu hoch, laufen wir Gefahr, dass nur noch hervorragende Leistungen gut genug sind. Perfektionisten leiden daher oft darunter, dass sie trotz vieler positiver Rückmeldungen, guter Noten und Ergebnisse nicht das Gefühl entwickeln, sich auf ihre Fähigkeiten verlassen zu können. Ständig beschleicht sie von neuem die Angst, nicht zu genügen.

Einen Menschen mit hohem Selbstvertrauen – Psychologen sprechen von Selbstwirksamkeit – erkennt man an der Einstellung: »Wenn ich mir etwas vornehme, werde ich es erreichen. Auf dem Weg dorthin mag es Hindernisse, Rückschläge und Misserfolge geben, aber damit komme ich klar!«

Selbstvertrauen ist wertvoll, weil es uns hilft, mit den Herausforderungen des Lebens umzugehen. Einige Kapitel in diesem Buch befassen sich daher mit der Frage, wie Kinder an Selbstvertrauen gewinnen können.

Zusammenfassend lässt sich sagen, dass das Selbstvertrauen Ihres Kindes wächst, wenn es im Alltag immer wieder erleben darf:

- Ich kann etwas! Ich habe Stärken und Talente.
- Ich mache Fortschritte, wenn ich mich anstrenge und übe.
- Ich kann mit Misserfolgen und Rückschlägen umgehen.
- Ich kann mich meinen Ängsten stellen und sie überwinden.
- Ich habe Einfluss: Andere greifen meine Ideen auf und lassen sich von mir begeistern.

Starke Kinder verfügen aber nicht nur über ein gesundes Ausmaß an Selbstvertrauen, sie haben auch ein intaktes Selbstwertgefühl.

Selbstwertgefühl: Ich bin als Mensch wertvoll

Der Soziologieprofessor Morris Rosenberg definierte 1965 Selbstwertgefühl als eine Haltung oder Einstellung, die wir uns selbst gegenüber einnehmen. Nach seiner Definition empfindet sich ein Mensch mit hohem Selbstwertgefühl als »gut genug«; er glaubt, dass er als Mensch wertvoll ist, und kann sich mit seinen positiven und negativen Facetten annehmen – ohne sich deswegen selbst zu bewundern oder dies von anderen zu erwarten. Beim Selbstwertgefühl steht somit nicht die Kompetenz im Vordergrund, sondern die Akzeptanz der eigenen Persönlichkeit. Kinder mit einem hohen Selbstwertgefühl mögen sich selbst und gehen liebevoll mit sich um.

Um diese Haltung zu entwickeln, sind wir auf Erfahrungen mit anderen Menschen angewiesen, die uns das Gefühl geben, liebenswert zu sein. Das Selbstwertgefühl Ihres Kindes wird gestärkt, wenn es beispielsweise erleben darf:

- Ich habe Eltern, die mir zuhören, sich Zeit für mich nehmen und mich verstehen.
- Ich habe Freunde, die mich gernhaben und mich so akzeptieren, wie ich bin.
- Wir haben eine Lehrerin, die sich für uns interessiert und uns ernst nimmt.
- Ich fühle mich in meiner Familie eingebunden und willkommen.
- Meine Eltern fangen mich auf, wenn ich strauchle. Sie mögen mich auch, wenn ich etwas nicht kann oder ihre Erwartungen nicht erfülle.
- Mein Umfeld nimmt meine Stärken, positiven Eigenschaften und liebenswerten Seiten wahr und gesteht mir meine Schwächen zu.

Das Selbstwertgefühl wird von anderen Quellen gespeist als das Selbstvertrauen. Ein hohes Selbstwertgefühl entwickeln wir dann, wenn wir erfahren dürfen, dass wir Teil einer Gemeinschaft sind, die uns annimmt, versteht, respektiert und in der wir uns geborgen fühlen.

Über das Selbstwertgefühl lassen sich oft auch Kinder stärken, die im Leistungsbereich eher schwierige Erfahrungen machen müssen.

Ich (Fabian) war ein Spätzünder, lernte spät sprechen, besuchte ein zusätzliches Jahr den Kindergarten, weil ich nicht schulreif war, und benötigte Logo- und Ergotherapie, um meinen Sprachfehler und den steifen Gang zu überwinden. Mein Bruder hingegen lernte schnell und holte mich bald ein – trotz der zweieinhalb Jahre Altersunterschied.

Viele Eltern kennen diese Situation, die oft zu Eifersucht und Geschwisterrivalitäten führt. Manche Eltern reagieren darauf, indem sie versuchen, das Selbstvertrauen des »schwächeren« Kindes zu stärken. Sie nehmen es in den Arm, wenn es sich selbst abwertet, und sagen ihm: »Aber du kannst dafür besser ...« Verzweifelt zählen sie ihm seine Stärken auf in der Hoffnung, dass es sich dadurch besser fühlt. Unserer Erfahrung nach funktioniert das selten. Und zwar deshalb, weil es den Konkurrenzgedanken verschärft. Die Kinder erhalten das Gefühl, es gehe darum, besser und talentierter zu sein als andere.

Das »weniger talentierte« Kind beginnt nun zu kalkulieren und bemerkt bald: Ich mag zwar in ein, zwei Bereichen stärker sein – aber mein Geschwister schlägt mich in fast allem.

Bald flammt jedes Mal Eifersucht auf, wenn der Bruder oder die Schwester einen Erfolg erlebt oder von den Eltern gelobt wird. Nicht selten greift ein Kind in dieser Situation zum letzten Mittel, um sich zu schützen: Es beginnt sein Geschwister abzuwerten, um sich selbst aufzuwerten. Das wiederum wird von den Eltern nicht gerne gesehen und führt zu heftiger Kritik und noch größeren Selbstzweifeln auf Seiten des Kindes.

Meine (Fabians) Eltern konzentrierten sich damals nicht auf mein Selbstvertrauen, sondern auf mein Selbstwertgefühl. Sie wiesen mich darauf hin, wie sehr sich mein kleiner Bruder freut, wenn er mich sieht, wie viel er von mir lernt, wie gern er mich hat, dass er mich braucht und wie wichtig es für ihn ist, einen großen Bruder zu haben.

Im Vordergrund standen nicht wir als Personen, sondern unsere Beziehung zueinander und unser Beitrag für ein schönes Miteinander. Wenn meinem Bruder wieder etwas Erstaunliches gelungen war, rannte ich zu meinen Eltern und rief voller Stolz: »Kommt schnell, schaut, was unser kleiner Johannes kann!«

Wenn wir uns selbst annehmen können, uns auch mit unseren Schwächen wohlfühlen und die Erfahrung machen, dass wir uns unseren Platz in einer Gemeinschaft nicht durch Leistung verdienen müssen, passiert etwas Wunderbares: Wir müssen nicht mehr ständig darüber nachdenken, wie wir abschneiden und wo wir stehen. Wir können uns auf andere einlassen, mit ihnen zusammenarbeiten und uns mit ihnen über ihre Erfolge freuen.

Innere Stärke zu entwickeln bedeutet nicht nur, sich etwas zuzutrauen und sich selbst als wertvoll anzunehmen, sondern auch sich selbst und seine Bedürfnisse kennenzulernen und einen konstruktiven Umgang mit unangenehmen Gefühlen zu finden.

Selbstwahrnehmung und Selbststeuerung: Was geht in mir vor und wie will ich damit umgehen?

Bin ich mir meiner Gedanken und Gefühle bewusst? Kann ich diese ausdrücken und reflektieren? Widerstandsfähige Kinder und Jugendliche besitzen eine gut ausgeprägte Selbstwahrnehmung. Es geht ihnen nicht einfach schlecht: Sie wissen, ob sie traurig, wütend, enttäuscht oder nur mies gelaunt sind. Dadurch kennen sie nicht nur sich selbst besser, sondern können auch die Gefühle und Stimmungen anderer besser »lesen« und adäquat darauf reagieren. Gleichzeitig sind sie dazu in der Lage, ihre Emotionen zu regulieren.

Dies bedeutet, dass sie diesen nicht ausgeliefert sind, sondern Möglichkeiten kennen, um ihre Gefühle zu beeinflussen. Dadurch können sie beispielsweise trotz Wut im Bauch darauf verzichten, ein anderes Kind zu schlagen. Sie können ihre Ängste überwinden, an einer Aufgabe bleiben, obwohl sie keine Lust darauf haben, oder sich selbst beruhigen. Ein Kind kann diese Kompetenzen eher erwerben, wenn es Erwachsene um sich hat, die:

- über ihr eigenes Befinden sprechen.
- ihm dabei helfen, seine Gefühle auszudrücken.
- in der Lage sind, unangenehme Gefühle beim Kind und sich selbst auszuhalten und ihm einen kompetenten Umgang mit Emotionen vorzuleben.

Es gibt keine Abkürzung zu echtem Selbstvertrauen und Selbstwertgefühl

»Wie kann ich meinem Kind mehr Selbstvertrauen einimpfen?« Diese Frage wird uns immer wieder gestellt. Die Idee, dass man einem Kind innere Stärke quasi mit dem Löffel verabreichen kann, wird auch befeuert durch entsprechende Angebote.

Bei einer Suche im Internet oder in der Buchhandlung stößt man bald auf Bücher und CDs, die mit positiven Suggestionen arbeiten wie: »Ich bin beliebt … Ich bin stark … Ich bin voller Selbstvertrauen.« Gerade Erziehungsratgeber aus den USA empfehlen, dem Kind die Haltung zu vermitteln, dass es alles schaffen kann, wenn es nur genügend an sich glaubt. Entsprechend wird den Eltern geraten, das Kind mit Lob zu überschütten, um dadurch Selbstzweifel aus dem Weg zu räumen.

Inzwischen konnten mehrere Forscher/innen (vgl. Oettingen, 2017; Brummelman et al., 2014, 2016, 2017) nachweisen, dass diese Strategie nicht aufgeht: Kinder werden durch solche Methoden zusätzlich verunsichert und wollen sich nicht mehr auf schwierige Aufgaben einlassen. Manche Kinder entwickeln narzisstische Züge: Sie plustern sich auf, wollen ständig im Mittelpunkt stehen, erwarten von anderen bewundert zu werden und reagieren höchst gekränkt oder aggressiv auf Kritik oder mangelnde Beachtung. Die gute Absicht der Eltern, ihr Kind durch übertrieben positive Botschaften zu stärken, führt beim Kind zur falschen Annahme, dass es nur dann liebenswert ist, wenn es etwas Besonderes ist. Diese Besonderheit muss es sich und anderen in der Folge immer wieder unter Beweis stellen.

Als Eltern können wir darauf achten, dass unsere Kinder ein gesundes Selbstvertrauen und Selbstwertgefühl entwickeln. Dabei gilt nicht: Je selbstsicherer, desto besser. Hilfreich ist ein positi-

ves, aber realistisches Bild von sich selbst. Unser Ziel sollte darin bestehen, dass sich Kinder selbst mögen, sich etwas zutrauen, aber auch ihre Schwächen sehen und akzeptieren können. Dazu benötigen sie keine Lobeshymnen, sondern wohlwollende, aber akkurate Rückmeldungen und echte Erfahrungen mit Menschen, die sie so annehmen, wie sie sind.
Corina Wustmann bringt diese Aspekte in ihrem Buch »Resilienz« (2004) auf den Punkt. Wir geben sie hier ein wenig verändert wieder:

Ein starkes Kind kann von sich sagen:
Ich kann:

- mich über Erfolge freuen
- aus Misserfolgen und Fehlern lernen
- mich durch Anstrengung und Übung verbessern
- Probleme lösen und Schwierigkeiten überwinden
- mit anderen sprechen, wenn mich Sorgen quälen
- mir Hilfe und Unterstützung holen, wenn ich sie benötige

Ich bin:

- als Mensch liebenswert
- verantwortlich für das, was ich tue
- zuversichtlich, dass ich mit Herausforderungen und schwierigen Gefühlen umgehen kann
- mir bewusst, dass mein Wert als Mensch nicht von meinen Leistungen abhängt

Ich habe:

- Eltern, die mir zuhören, sich Zeit für mich nehmen, aber auch eigene Standpunkte vertreten
- Menschen in meinem Leben, die mich so annehmen und lieben, wie ich bin
- Menschen, die mir helfen, wenn ich Hilfe brauche, und mich gleichzeitig darin bestärken, selbstbestimmt zu handeln
- Werte, die mir wichtig sind und für die ich mich einsetzen kann und will

Genießen Sie Momente zu zweit

Wie wir in der Einleitung beschrieben haben, hängt unser Selbstwertgefühl davon ab, ob wir uns in eine Gemeinschaft eingebunden fühlen. Die vielleicht grundlegendste stärkende Erfahrung in diesem Zusammenhang machen wir, wenn jemand Zeit mit uns verbringt, sich auf uns einlässt und uns zeigt, dass er oder sie gerne mit uns zusammen ist. Wenn wir erleben dürfen: Du bist eine Bereicherung für mein Leben.

Manchmal begegnen uns Eltern, die sich über die vermeintliche Undankbarkeit der Kinder ärgern. Sie zählen ihren Kindern auf, was sie alles für sie tun, was sie geopfert haben, und erhalten im Gegenzug ein: »Ich habe nicht darum gebeten, dass ihr mich in die Welt setzt. Hättet ihr euch halt vorher überlegen müssen!«

Wir können diese Reaktion der Kinder bzw. Jugendlichen gut verstehen. Niemand möchte hören, dass er eine Belastung ist und dass er Menschen, die ihm wichtig sind, um Träume und Ziele gebracht hat.

Im Umkehrschluss gilt: Wann immer wir mit Kindern Zeit verbringen und ihnen dabei das Gefühl schenken, dass wir das Zusammensein mit ihnen genießen, gemeinsam lachen, etwas erleben, toben und rangeln, schöne Momente teilen und uns gegenseitig zuhören können, stärken wir nicht nur die Beziehung zum Kind, sondern auch sein Selbstwertgefühl.

Ein Kind entwickelt durch solche Erfahrungen das Grundvertrauen, dass es ein Mensch ist, dessen Anwesenheit andere schätzen, was ihm alle weiteren sozialen Beziehungen erleichtert.

Brooks und Goldstein (2011) schreiben dazu: »Es ist ein verbreiteter Mythos, dass sich Nähe und Vertrautheit unter den Familienmitgliedern schon einstellen werden, wenn sie einander räumlich nahe sind. Zeit, die für das einzelne Kind allein reserviert wird, dürfte allerdings die eindrucksvollste Form sein, dem Kind mitzuteilen, dass es uns lieb und wert ist« (S. 136).

Kurze Momente zu zweit in den Alltag einstreuen

Ich (Fabian) kann mich gut daran erinnern, wie besonders es für mich war, wenn sich mein Vater Zeit nur für mich nahm und ich beispielsweise mit ihm alleine und dem Hund spazieren gehen durfte. Bereits kleine Kinder genießen exklusive Momente. Als mein Sohn 2,5 Jahre alt war, wollte er bei jedem Wetter mit mir auf den Spielplatz. Auf dem Weg legten wir jeweils einen Zwischenhalt im Café ein: Ich trank einen Kaffee, er ein Glas Wasser – und dabei erzählte er mir alles, was ihm gerade einfiel und was sein Wortschatz hergab. Ein schöner Nebeneffekt: Nach dieser Zeit war ich deutlich weniger interessant und er spielte auf dem Spielplatz mit den anderen Kindern im Sandkasten und ließ mich auf der Bank mein Buch lesen.

Ein gemeinsames Essen pro Woche genießen

In vielen Erziehungs- und Elternratgebern findet man die Empfehlung, sich als Paar immer mal wieder einen Babysitter zu leisten, um gemeinsam essen oder ins Kino zu gehen. Ein guter Tipp! Es wäre doch schön, das gleiche Prinzip zu verwenden, um mit Kindern und Jugendlichen ins Gespräch zu kommen. Wie wäre es mit einem Essen ganz alleine mit einem Kind oder Jugendlichen? Vielleicht geht der Vater mit der Tochter essen, die Mutter mit dem Sohn – und beim nächsten Mal werden die Rollen getauscht? Wahrscheinlich stellen Sie fest, dass sich dabei ganz andere Gespräche entwickeln als am Familientisch.

Das gilt nicht nur für die Zeit, die Eltern mit ihren Kindern verbringen. Ich (Stefanie) genoss es sehr, dass ich als Jugendliche einmal pro Woche bei meiner Tante Gerti zu Mittag essen durfte. Sie wohnte direkt neben meinem Gymnasium und winkte mir bereits durch das offene Küchenfenster zu, wenn sie mich unten auf der Straße erspähte. Noch heute verbinde ich viele liebgewonnene Erinnerungen mit unserem Ritual: Tante Gerti kochte nicht nur Woche für Woche meine Lieblingsspeisen, vor allem hatte sie die Angewohnheit, Fragen zu stellen, die Erwachsene Jugendlichen viel zu selten stellen. Über Kaffee und Florentinerkeksen entführte sie mich immer wieder in die Vergangenheit, erzählte mir Episoden aus unserer Familiengeschichte und teilte Erfahrungen aus ihrem Leben mit mir. In einigem wurde sie mir zum Vorbild. Gerade auch während der Pubertät fühlte ich mich von ihr ernst genommen und schätzte es, dass wir uns »von Frau zu Frau« begegnen konnten.

Sich aufteilen für den Familienausflug oder einen Kurzurlaub

In den meisten Familien ist es gang und gäbe, jedes Wochenende mit der ganzen Familie zu verbringen. Ein Vater von vier Kindern erzählte uns, dass er und seine Frau sich ein wenig anders organisieren, sodass sie viermal pro Jahr mit jedem Kind einen Tag alleine etwas unternehmen können.

Manchmal begibt sich der Vater mit einem Kind auf eine Wanderung, während die drei Geschwister mit der Mutter zu Hause bleiben. Manchmal trifft sich die eine Hälfte am Wochenende mit Freunden und die Eltern machen mit jeweils einem Kind einen Ausflug. Der Vater erzählte, dass gerade diese Zeit zu zweit sie als Familie zusammenschweißt und für viele schöne, intensive Momente mit den Kindern sorgt.

Ein anderer Vater aus unserem Bekanntenkreis verreist einmal pro Jahr für drei Tage mit seiner mittlerweile fünfzehnjährigen Tochter in den Urlaub. Wir können uns vorstellen, dass er in diesen drei Tagen mehr aus ihrem Leben erfährt als viele andere Väter in einem ganzen Jahr.

Beziehungszeit hat sogar eine therapeutische Kraft

Wie machtvoll Zeit zu zweit ist, wird auch in Familientherapien sichtbar. In angespannten Situationen, aber auch bei Verhaltensauffälligkeiten, wird den Familien eine Eltern-Kind-Zeit verordnet. Dabei fixieren die Eltern und das Kind einen festen Termin pro Woche, an dem sie sich bewusst Zeit füreinander nehmen. Es gilt: Das Kind darf auswählen, was es in dieser Zeit machen möchte, zum Beispiel:

- ein Spiel spielen

- gemeinsam Pizza backen
- etwas basteln
- einen Film ansehen und anschließend darüber sprechen
- sich eine Geschichte vorlesen lassen
- spazieren gehen
- gemeinsam eine Runde gamen.

Wichtig ist für die Kinder, dass:
- der Termin eingehalten wird
- sie den Elternteil ganz für sich allein haben (und sich dieser nicht durch Anrufe etc. ablenken lässt)
- sie darüber bestimmen dürfen, wie sie diese Zeit nutzen möchten
- sich der Elternteil in dieser Zeit mit Kritik und Ermahnungen zurückhält.

Erstaunlicherweise lassen sich oft bereits bei einer einzigen Spielzeit pro Woche nach einer kurzen Phase Veränderungen bei Kind und Eltern beobachten. Viele Familien erzählen, dass verschiedene Symptome des Kindes abnehmen, seine positiven Seiten stärker ins Bewusstsein rücken und sie sich als Familie wieder näherkommen.

Gerade Eltern, die alleinerziehend sind, viele Kinder haben oder einer hohen Arbeitsbelastung ausgesetzt sind, stehen immer wieder vor der Aufgabe, ganz bewusst für solche Momente zu sorgen – im Wissen darum, wie viel sie den Kindern bedeuten.

An Misserfolgen und Niederlagen wachsen

Wenn wir eine Fähigkeit benennen müssten, die Kindern im späteren Leben mit größtmöglicher Wahrscheinlichkeit weiterhelfen wird, ist es die Kunst, mit Misserfolgen umzugehen. Wer scheitern und sich wieder aufraffen kann, wer aus Fehlern lernen und einen neuen Anlauf nehmen kann, kommt weiter, empfindet bei der Arbeit und beim Lernen mehr Freude und ist seltener gestresst.
Wer hingegen ständig darüber nachdenkt, was alles passieren könnte, wie sich Fehler oder ein Scheitern verhindern ließen, und stets versucht, alle Erwartungen zu erfüllen und nichts falsch zu machen, engt sich selbst ein.
Eltern sind sich dessen meist bewusst. Doch wie können wir Kinder begleiten, wenn diese mit hängendem Kopf nach Hause kommen, von einer Niederlage erzählen oder die Prüfung mit einer ungenügenden Note hervorkramen?

Hier bist du sicher

Wir leben in einer Leistungsgesellschaft. Das spüren auch unsere Kinder. Anerkennung, manchmal auch Zuneigung, bekommt, wer gewinnt und Leistung erbringt.
Genau das steht auf dem Spiel, wenn wir »versagen«. So drehen sich die Gedanken von Kindern, Jugendlichen und Erwachsenen bei Misserfolgen meist nicht um reale Konsequenzen, sondern darum, was andere von ihnen denken könnten und ob ihr Status oder eine Beziehung auf dem Spiel steht. Wir fürchten uns davor, dass die Chefin unzufrieden mit uns sein wird, der Lehrer oder die Eltern enttäuscht, der Trainer und die Teamkameraden wütend.
Tritt das befürchtete Ereignis ein und das Prüfungsresultat ist beispielsweise ungenügend, fühlen sich viele von uns auch als Mensch infrage gestellt – sie schämen sich und kommen sich schwach und inkompetent vor.
Wie ein Forscherteam aus den Niederlanden (Brummelman et al.,

2014) zeigen konnte, lässt sich dieses Muster durchbrechen. In einer Studie mit Schüler/innen zwischen 11 und 15 Jahren fanden die Psychologen einen einfachen Weg, der diese im Umgang mit Niederlagen stärkte und die damit einhergehenden negativen Gefühle gegenüber der eigenen Person massiv abschwächte.

Drei Wochen vor dem Zwischenzeugnis besuchten die Forscher/innen die Jugendlichen in der Schule und teilten diese nach dem Zufallsprinzip einer von drei Gruppen zu.

Ein Teil der Jugendlichen erhielt die Aufgabe, an Menschen zu denken, »die sie immer akzeptieren und wertschätzen – unabhängig davon, wie man sich verhält oder wie gut man in etwas ist«. Anschließend sollten sie sich eine konkrete Situation vor Augen führen, in der sie von anderen akzeptiert und wertgeschätzt wurden, obwohl sie selbst einen Fehler gemacht oder etwas Dummes getan hatten. Die Jugendlichen setzten sich also mit Erlebnissen von bedingungsloser Wertschätzung auseinander.

Die Schüler/innen der zweiten Gruppe wurden dazu angehalten, sich Personen in Erinnerung zu rufen, die sie nur dann annehmen und mögen, wenn sie sich nach deren Maßstäben verhalten oder etwas tun, das diese gutheißen. Sie sollten sich ein Erlebnis bewusst machen, in dem sie an Akzeptanz und Wertschätzung eingebüßt hatten, nachdem sie etwas falsch gemacht oder sich ungünstig verhalten hatten. Die Jugendlichen beschäftigten sich also mit Erlebnissen, in denen der ihnen beigemessene »Wert« als Person an Bedingungen geknüpft war.

Die dritte Gruppe sollte über Menschen nachdenken, die sie nicht näher kannten, und eine Situation beschreiben, in der ihnen im Beisein einer unbekannten Person ein Fehler unterlaufen war oder sie sich unangemessen benommen hatten. Die Übung dieser Gruppe hatte keinen tieferen Sinn, sondern sollte später als Ausgangspunkt für Vergleiche dienen.

Insgesamt dauerte diese kurze Intervention rund 15 Minuten. Drei Wochen später erhielten die Jugendlichen ihre Zwischenzeugnisse und schätzten noch am selben Tag ein, welche Gefühle die Noten in ihnen ausgelöst hatten. Die Forscher/innen entdeckten wie vermutet, dass Schüler/innen mit schlechteren Noten auch mit stärkeren negativen Gefühlen wie Scham, Hilflosigkeit, Unsicherheit oder Schwäche kämpften. Nicht aber in der Gruppe der Jugendlichen, die sich drei Wochen zuvor über Erlebnisse von bedingungsloser Wertschätzung Gedanken gemacht hatte! Das Bewusstsein darüber, dass es Menschen gibt, die sie auch bei Fehlern und Unzulänglichkeiten annehmen und schätzen, vertrieb die unangenehmen Emotionen der eigenen Person gegenüber. Diese Erfahrung schien die Jugendlichen davor zu schützen, sich im Falle einer Niederlage selbst abzuwerten oder schuldig zu fühlen.

Wenn wir mit Eltern oder Fachpersonen über bedingungslose Akzeptanz sprechen, kommen rasch Widerstände auf: »Das ist doch Kuschelpädagogik! Schließlich wird man im Berufsleben auch streng bewertet. Die Kinder müssen sich daran gewöhnen, dass der Wert eines Mitarbeiters an seiner Leistung gemessen wird.«

Interessanterweise zeigt sich jedoch auch bei Erwachsenen, dass ein Klima, in dem man immer wieder um seinen Platz kämpfen muss, abträglich ist.

Daniel Coyle, Autor des Buchs »The Culture Code« (2018) untersuchte vier Jahre lang, was besonders erfolgreiche Gruppen ausmacht. Er interviewte Forscher, fasste Studien zusammen und beobachtete Teams aus den Bereichen Wirtschaft, Sport und Schule. Er kommt zum Schluss, dass die Mitglieder solcher herausragender Gruppen sich zwar sehr offen, direkt und ungeschönt Feedback geben, es gleichzeitig aber schaffen, ein Klima der Sicherheit und Zugehörigkeit aufzubauen.

Die Teammitglieder senden einander immer wieder Zeichen, mit Hilfe derer sie sich gegenseitig signalisieren:

- wir sind sicher
- wir sind verbunden
- wir teilen eine gemeinsame Zukunft
- keiner von uns weiß alles – wir sind hier, um uns gegenseitig zu unterstützen

Weil die Mitglieder solcher Teams ein tief empfundenes Gefühl der Sicherheit und gegenseitigen Akzeptanz aufbauen, können sie sich

besser als andere auf die vorliegende Aufgabe konzentrieren und werden dadurch deutlich effektiver.
Oft merken wir im Alltag nicht, wie selten solch ein Klima ist, wie sehr wir auf der Hut und um unseren Status besorgt sind. Es wird jedoch offensichtlich, wenn wir im Alltag genauer hinsehen und uns Fragen der folgenden Art stellen: Wie fühlen wir uns, wenn wir im Team eine Idee äußern? Geht es nur um den Vorschlag an und für sich oder fragen wir uns, was die anderen »von mir denken« werden? Wie geht es der Schülerin, wenn sie vom Lehrer überraschend aufgerufen und um eine Antwort gebeten wird? Kann sie in Ruhe überlegen oder hat sie Angst, etwas Falsches zu sagen und sich dabei zu blamieren? Wie geht es dem Kind, das seine Hausaufgaben im Beisein der Eltern erledigt? Wie sicher fühlt es sich? Rechnet es damit, bei einem Fehler mit einem kalten Blick, einem Seufzer oder einem ärgerlichen »Nein!« konfrontiert zu werden oder kann es sich auf eine neutrale und sachliche Korrektur verlassen?
Interessanterweise sind es genau die schwierigen Momente, die Niederlagen und Misserfolge, die uns die Chance bieten, für Entspannung zu sorgen und anderen ein Gefühl der Geborgenheit zu schenken.

Wir sind füreinander da

Wenn wir einen Misserfolg einstecken mussten, wollen wir vor allem eines: Menschen um uns herum, die uns vermitteln, dass sie zu uns stehen und für uns da sind.
Dazu benötigen wir Empathie. Wir müssen einen Schritt zurücktreten und uns in das Kind hineinversetzen. Wir können uns beispielsweise fragen: Wie geht es einem Kind, das schulisch trotz größter Bemühungen nicht auf einen grünen Zweig kommt und immer wieder ungenügende Noten zurückerhält?
Als Erwachsene können wir uns diese Situation oft kaum vergegenwärtigen: Das Berufsleben ist in dieser Hinsicht eine echte Wohlfühloase. Wir dürfen das tun, was wir gut können und uns andernfalls nach einer neuen Stelle umsehen. Rückmeldungen werden

normalerweise unter vier Augen gegeben und bestehen meist aus einem Mix aus positiven und negativen Punkten.
Ungenügende Noten sind im Vergleich dazu ein knallhartes Feedback. Meist weiß die gesamte Klasse, welche zwei bis drei Schüler/innen die »schlechtesten« der Klasse sind. Ein Kind mit einer Lernschwäche muss immer wieder die Erfahrung machen, dass genau das, was es nicht kann, für alle anderen im Zentrum zu stehen scheint. Es muss sich immer wieder neu auf das Rechnen, Lesen oder Schreiben einlassen und tagein, tagaus den Frust ertragen, dass es trotz seiner Anstrengungen den Ansprüchen nicht genügen kann. Als Erwachsene würden wir in dieser Situation rebellieren, kündigen oder resignieren.
Genau in dieser Situation braucht ein Kind Lehrkräfte, Eltern und Klassenkameraden, die ihm zeigen: Du darfst damit Schwierigkeiten haben. Du gehörst dazu, wir mögen dich und sind für dich da.
Kommt Ihr Kind niedergeschlagen nach Hause, können Sie sich als Eltern zunächst ausschließlich um die Gefühle des Kindes kümmern. Widerstehen Sie dem Drang, Lösungsvorschläge anzubringen oder die Prüfung mit Ihrem Kind durchzusprechen.
Wenn wir starke unangenehme Emotionen wie Ärger, Wut, Enttäuschung oder Angst empfinden, ist ein spezifischer Bereich in unserem Gehirn aktiv: die Amygdala. Wenn dieser Bereich feuert, geht die Hirntätigkeit in unserem präfrontalen Kortex, dem Sitz unseres bewussten Denkens, zurück.
Genau diesen Bereich benötigen wir jedoch, um uns eine Lösung zu überlegen. In diesem Zustand werden Ideen und Lösungsvorschläge von außen keinen Anklang finden: Sie reden gegen eine Wand. Ganz egal, ob es sich beim Gesprächspartner um ein Kind oder einen Erwachsenen handelt.
In diesem Zusammenhang erzählte uns eine Mutter eine wunderbare Geschichte, die wir an dieser Stelle gerne weitergeben.
Sie meinte: »Meine Tochter hat eine Rechenschwäche und egal wie viel wir üben – es bleibt ein Krampf. Wir haben uns nun darauf geeinigt, 10 Minuten pro Tag zu üben und uns dabei über kleine Fortschritte zu freuen. Wichtig ist auch, wie wir mit Prüfungen

umgehen. Wenn unsere Tochter mit einer genügenden Note nach Hause kommt, gehen wir ein Siegereis essen.«

»Und wenn es eine ungenügende Note gab?«, wollten wir wissen.

»Dann gehen wir ein Trosteis essen. Ich will, dass meine Tochter weiß: Wenn ich Erfolg habe, dann freuen sich meine Eltern mit mir. Wenn ich einen Misserfolg habe, fangen sie mich auf.«

Was für eine wunderbare Haltung.

Je besser es uns gelingt, Kinder bei einer Niederlage aufzufangen, desto mehr nehmen wir Misserfolgen und Fehlern den Schrecken. Wir schenken ihnen dadurch das Vertrauen: Ich kann etwas, ich kann lernen, mich entwickeln und Erfolge erzielen – und wenn es nicht gelingt, dann kann ich mich auf Menschen verlassen, die für mich da sind.

»Ich kann das nicht!« Wenn Kinder zu rasch aufgeben

Wie reagiert Ihr Kind, wenn es auf ein Hindernis stößt, beispielsweise eine schwierige Aufgabe? Wirft es gleich das Handtuch oder übt es weiter?

Manche Kinder haben den Anspruch, alles auf Anhieb zu beherrschen, und geben bei der ersten Unsicherheit gleich auf. Andere wissen, dass sie im Lernprozess auch Fehler machen dürfen und es normal ist, dass es ab und zu ein wenig dauert, bis sich ein Aha-Erlebnis einstellt.

Die Psychologieprofessorin Carol Dweck (2007) konnte nachweisen, dass Kinder unterschiedlich auf Leistungssituationen reagieren – je nachdem, welche Art von Selbstkonzept sie haben. Sie unterscheidet zwei Formen: das dynamische und das statische Selbstkonzept.

Menschen mit einem dynamischen Selbstkonzept haben eine Wachstumsperspektive. Sie gehen Herausforderungen mit der folgenden Haltung an:

- Was nicht ist, kann noch werden. Wichtig ist, dass ich mir Mühe gebe und gute Strategien entwickle.
- Das kann ich *noch* nicht.
- Das ist schwierig, aber ich darf mir Zeit lassen und in meinem Tempo lernen.
- Kompetenzen und Wissen erwirbt man durch Ausdauer und Übung.

Ganz anders ergeht es Menschen mit einem statischen (unbeweglichen) Selbstkonzept. Diese vertreten die Überzeugung, dass ihnen spezifische Stärken und Schwächen in die Wiege gelegt wurden – sie glauben an Talent und Begabung, an IQ und Gene und sind auf diese fixiert.

Menschen mit einem statischen Selbstkonzept finden sich in den folgenden Aussagen wieder:

- So bin ich.

- Das kann ich. Das kann ich nicht.
- Dafür bin ich zu dumm/zu unbegabt.
- Das werde ich nie lernen.
- Entweder man checkt es – oder eben nicht.
- Ich muss alles sofort können.
- Ich habe es nicht geschafft, also bin ich für diese Aufgabe nicht gemacht – was nützt da schon das Lernen/Üben?

Eine Vielzahl von Studien konnte nachweisen, dass Kinder gut mit Hürden und Misserfolgen umgehen können, wenn sie glauben, dass sie sich durch Übung verbessern können (vgl. Blackwell et al., 2007; Zentall & Morris, 2010; Mueller & Dweck, 1998). Dies spricht dafür, dass ein dynamisches Selbstkonzept hilfreich ist. Kinder geben hingegen rasch auf, wenn sie den Eindruck haben, eine Leistung hinge von Intelligenz oder Begabung ab. Diese Überzeugung wird bei Kindern sogar durch entsprechendes Lob gefördert: Sagen Erwachsene Kindern, dass sie klug seien, neigen diese in der Folge eher dazu, bei Schwierigkeiten aufzugeben, zu schummeln und Fehler zu vertuschen (Zhao et al., 2017).
Warum? Für Menschen, die ein statisches Selbstkonzept entwickelt haben, wird jedes Hindernis beim Lernen zu einer Bedrohung – schließlich könnte zum Vorschein kommen, dass ihre Intelligenz oder Begabung nicht ausreicht. Ein Misserfolg wird als Beweis angesehen, dass man »zu dumm ist«, weshalb es sich nicht mehr lohnt, einen zweiten Anlauf zu nehmen.
Wir sollten uns daher damit zurückhalten, Kinder dafür zu loben, dass sie »begabt in XY« oder »intelligent« sind.
Stattdessen können wir uns darum bemühen, Kindern ein dynamisches Selbstkonzept mit auf den Weg zu geben, ihnen also zu vermitteln, dass sich Fähigkeiten entwickeln lassen und es sich auszahlt, hartnäckig zu sein. Dabei fallen Situationen, in denen Kinder auf Schwierigkeiten stoßen, besonders ins Gewicht. Sehen wir uns verschiedene Wege an, um die Beharrlichkeit bei Kindern zu wecken.

Bezeichnen Sie die Aufgabe als schwierig

Wenn Kinder über einer Matheaufgabe oder mit ihrem Instrument über einem neuen Musikstück brüten, fällt oft der Satz »Ich kann das nicht!«. Schnell sind wir Erwachsenen zur Stelle und versuchen, dem Nachwuchs klarzumachen, dass die Aufgabe machbar ist:

- »Komm, das ist doch nicht so schwierig – das schaffst du!«
- »Du musst doch nur ...!«
- »Das ist eigentlich ganz leicht, du musst es nur versuchen!«

Diese Aussagen sind nur dann hilfreich, wenn die Tochter oder der Sohn sie glaubt, loslegt und unmittelbar die Erfahrung macht, dass die Aufgabe wirklich leicht und auf Anhieb lösbar ist. In allen anderen Fällen führen sie dazu, dass das Kind die Aufgabe als bedrohlich für den eigenen Selbstwert wahrnimmt.

Stellen Sie sich vor, Sie haben Ihren Job gewechselt und haben Schwierigkeiten mit einer der Ihnen zugewiesenen Aufgaben – zum Beispiel mit einem neuen Computerprogramm. Wie würden Sie sich fühlen, wenn Ihre Kollegen sagen: »Ach komm, das ist doch ganz leicht!«?

Wahrscheinlich würden Sie denken: »Wenn die das alle so einfach finden und ich es nicht kapiere – dann bin ich wahrscheinlich zu blöd!«

Es ist viel schlimmer, an einer scheinbar einfachen Aufgabe zu scheitern als an einer anspruchsvollen. Wahrscheinlich wären Sie gelassener und gleichzeitig motivierter und zuversichtlicher, wenn Ihre Kollegen Ihnen auf die Schulter klopfen und sagen: »Ja ... das hat mich auch einiges an Einarbeitungszeit gekostet. Bleib einfach dran und melde dich, wenn du Fragen hast – mit der Zeit und etwas Übung wird es nach und nach klarer ...«

Verzweifelt Ihr Kind an einer Aufgabe, ist es hilfreich, zunächst auf seine Wahrnehmung einzugehen: »Das scheint dir im Moment wie ein riesiger Berg« oder »Das ist wirklich knifflig«. Stimmt das Kind zu, kann man seinen Fokus wieder auf die Aufgabe lenken: »Komm, jetzt lesen wir die Aufgabe erst mal in Ruhe durch und dann lass uns überlegen, worum es genau geht ... Wie könntest du vorgehen?«, »Was hast du davon verstanden?« Wir können ihm den aktuellen Stand bewusst machen und ihm helfen, Ziele und einen Plan zu entwickeln. Dabei ist es hilfreich, wenn wir dem Kind vermitteln, dass vieles Übungssache ist: »Da habe ich als Kind auch lange gebraucht, bis ich das begriffen habe. Das erfordert ein wenig Ausdauer. Aber dir traue ich das zu!«

Ein schöner Nebeneffekt dabei ist: Wenn wir eine schwierige Aufgabe lösen konnten, empfinden wir danach ein Gefühl von Befriedigung und Stolz. Dieses Gefühl wird dem Kind genommen, wenn man die Aufgabe als leicht betitelt.

Bringen Sie Ihrem Kind Wertschätzung entgegen, wenn es sich durchbeißt

Um schwierige Aufgaben zu lösen und uns auf etwas Neues einzulassen, benötigen wir Zuversicht, Geduld und eine gute Portion Frustrationstoleranz.

Je mehr ein Kind meint, alles sofort begreifen und können zu müssen, desto schwerer wird es ihm fallen, mit Misserfolgen und anspruchsvollen Aufgaben umzugehen.

Wir können Kinder und Jugendliche unterstützen, indem wir sie dazu ermuntern, bei Schwierigkeiten dranzubleiben, sie ermutigen und uns darüber freuen, wenn sie Ausdauer und Hartnäckigkeit zeigen. Das könnte wie folgt klingen:

- »Hey, jetzt bist du aber lange drangeblieben!«
- »Okay, das wird nicht leicht … das braucht ein wenig Biss!«
- »Jetzt hast du es verstanden! Manchmal braucht es zwei, drei Anläufe, aber dann ist es umso schöner, wenn das große ›AHA!‹ endlich kommt!«
- »Ich weiß, das hat letztes Mal nicht geklappt. Jetzt erfordert es einiges an Mut, um sich wieder darauf einzulassen. Willst du es nochmal versuchen?«
- »Das klingt doch schon viel flüssiger! Mit jedem Durchgang wirst du ein bisschen schneller.«

In der Regel erhalten Kinder Wertschätzung für das Ergebnis – dafür, dass sie »gut sind« oder eine Aufgabe »richtig« gelöst haben. Wenn wir die Frustrationstoleranz von Kindern stärken möchten, sollten wir unseren Blickwinkel verlagern und den Fokus vermehrt auf die Arbeitshaltung des Kindes lenken.

Kinder profitieren von Eltern, die (je nach Kind auch kleine) Fortschritte sehen, sich darüber freuen können und dem Kind bewusst machen, dass man Fähigkeiten mit der Zeit entwickelt und sich die eigenen Bemühungen auszahlen.

Sich anzustrengen, sich auf ein schwieriges Fach einzulassen, sich seinen Schwächen zu stellen und sich nach Misserfolgen wieder auf das Lernen einzulassen, verlangt gerade von einem »schwachen« oder »schwierigen« Schüler Motivation, Mühe und die Bereitschaft, über seinen Schatten zu springen. Hat der Schüler Eltern oder Lehrer/innen, die diese Mühen sehen und es aus seiner Sicht wert sind, wird er diesen Weg eher auf sich nehmen.

Unterstützen Sie Ihr Kind dabei, sich seine Strategien bewusst zu machen

Hat Ihr Kind sich nochmals auf das Rechenblatt, das knifflige Puzzle oder das schwierige Musikstück eingelassen und einen kleinen Erfolg erzielt, können Sie sich mit ihm darüber freuen und ihm eine einfache Frage stellen: »Wie ist dir das gelungen? Wie hast du das geschafft?«

Das Kind beginnt nun, sich seine Strategie bewusst zu machen:

- »Na ja, ich habe zuerst die Ecken gesucht und den Rand zusammengesteckt. Von da an ging's leichter.«
- »Hm ... es gab doch die Stelle im Stück, bei der ich mich immer verspielt hab, die habe ich ein paar Mal einzeln geübt.«
- »Ich habe eine kurze Pause gemacht und mich dann nochmal drangesetzt. Dann hat's irgendwie geklappt.«

Indem Sie Ihrem Kind dabei helfen, über sein Vorgehen nachzudenken, stärken Sie es für zukünftige Herausforderungen. Es wird sich bewusst, dass seine Erfolge und Fortschritte nicht zufällig entstehen, sondern durch sein Zutun.

Auf diese Weise rüsten Sie seinen Werkzeugkoffer und steigern die Zuversicht in die eigenen Fähigkeiten: »Aha, wenn ich mit einer schwierigen Aufgabe konfrontiert werde, dann kann ich X oder Y tun. Wenn das nicht funktioniert, dann kann ich Z versuchen.«

Bieten Sie sich als Modell an

Wir können Kindern auch zu mehr Beharrlichkeit verhelfen, indem wir uns als Modell anbieten. Es hilft Kindern im Alltag, wenn sie immer wieder miterleben, dass ihren Eltern auch nicht alles leichtfällt. Wenn die Eltern bei Schwierigkeiten geduldig und hartnäckig bleiben und zu sich selbst sagen: »O.K., ruhig Blut ... du hast irgendwo einen Fehler gemacht ... lies die Bedienungsanleitung nochmals genau durch«, werden die Kinder, die sie beobachten, merken, dass es manchmal etwas Geduld erfordert, um auf eine Lösung zu kommen. Es ist hilfreich, wenn wir Kindern von Zeit zu Zeit von eigenen Schwierigkeiten erzählen und davon, wie wir ihnen die Stirn bieten. Wie effektiv schon ein kurzer Kontakt mit einem positiven Modell sein kann, zeigte das Forscherteam Perry und Penner (1990). Sie führten Psychologiestudenten ein Video eines Professors vor. Dieser erzählte von seinen Studienzeiten und schilderte ein Ereignis, bei dem er wiederholt Misserfolge einstecken musste und nur durch gutes Zureden eines Freundes nicht aufgab. Danach habe er die Uni erfolgreich abgeschlossen. Er betonte, dass die Leistung vor allem von der eigenen Anstrengung abhänge und sich Fähigkeiten durch Übung trainieren ließen. Die Studierenden, die das Video gesehen hatten, erbrachten am Ende des Semesters bessere Leistungen.
Wo gab es in Ihrer Schul- oder Berufslaufbahn Momente, in denen Sie sich nach einem Rückschlag wieder aufraffen mussten? Welche Episoden könnten Sie mit Ihren Kindern teilen?

Vielleicht haben Sie als Ergänzung auch Lust, sich gemeinsam mit Ihrem Kind unseren Kurzfilm »Ich kann das nicht!« anzusehen, in dem der kleine Bär seinen Matheproblemen mit echtem Kämpferherzen zu Leibe rückt: www.biber-blog.com

Intelligenz, Begabung, Stärken und Schwächen

Es ist hilfreich, wenn wir Kindern und Jugendlichen vermitteln können, dass es sich auszahlt, beharrlich zu sein. Diese Haltung hat aber auch ihre Grenzen.

Wir alle wissen, dass Menschen unterschiedliche Stärken und Schwächen, Begabungen und Interessen mitbringen.

Wenn wir uns der Illusion hingeben, dass diese überhaupt keine Rolle spielen und dass alles machbar ist, wenn man sich nur genügend anstrengt und daran glaubt, laufen wir Gefahr, uns und unsere Kinder zu überfordern. Gerade Schüler/innen mit Lernschwächen machen mitunter jahrelang die Erfahrung, dass sie sich unheimlich bemühen, sich diese Hartnäckigkeit aber nicht in den Noten niederschlägt. Hier sind wir gefordert:

- das Engagement des Kindes zu würdigen
- den Blick auf die kleinen Fortschritte zu richten
- das Kind in seiner Enttäuschung zu sehen und aufzufangen

... aber auch zu akzeptieren, dass manche Bereiche trotz großen Einsatzes problematisch bleiben können!

Das Wichtigste in Kürze

Kinder entwickeln mehr Beharrlichkeit, wenn:

- das Umfeld Ausdauer und Geduld mehr wertschätzt als Begabung und Talent
- die Eltern vorleben, dass sich Fähigkeiten durch Übung entwickeln und Schwierigkeiten zum Lernprozess gehören
- die Aufgabe als schwierig bezeichnet wird
- die Erwachsenen das Kind ermutigen, es nochmals zu versuchen
- das Kind durch Fragen dazu angeregt wird, Lösungen zu finden (»Wie könntest du vorgehen? Willst du wissen, was mir manchmal hilft?«) und sich seine Strategien bewusst zu machen (»Wie hast du das geschafft?«)
- Erwachsene die Erwartung äußern, dass das Kind sich Mühe gibt, aber nicht mehr von ihm fordern, als es leisten kann

Wie Kinder leichter Freunde finden

Kinder möchten dazugehören, Freundschaften schließen, sich mit anderen austauschen und mit ihnen spielen. Doch nicht allen fällt es leicht, auf andere zuzugehen. Für manche Kinder ist diese Situation mit Unsicherheiten und Ängsten verbunden. Sie fragen sich: »Und wenn mich die anderen gar nicht dabeihaben wollen?«

Bei Noemi (9) wird dieser innere Konflikt deutlich. Sie steht am Fenster und blickt verstohlen in den Hof hinunter, wo die anderen Kinder aus der Nachbarschaft Gummitwist und Verstecken spielen. »Geh doch runter und frag, ob du mitmachen kannst«, schlägt ihre Mutter vor. Noemi zuckt zusammen: »Ich muss noch Hausaufgaben machen.« Noemis Mutter versteht die Welt nicht mehr: »Das kannst du doch später erledigen. Geh einfach zu ihnen hin und frag, ob du mitspielen darfst! Was soll denn schon passieren? Mehr als ›Nein‹ sagen können sie nicht.«

Diese Diskussion findet nicht zum ersten Mal statt. Die Mutter versucht, Noemi zu ermutigen, die Tochter nimmt eine Verteidigungshaltung ein. Auf ein »Die lassen mich eh nicht mitspielen!« folgt ein »Wie willst du das wissen, wenn du es nicht versuchst?«.

Doch was können Eltern tun, wenn ihr Kind schüchtern und zurückhaltend ist?

Leidet Ihr Kind unter der Situation?

Bevor Sie sich als Elternteil unnötig Sorgen machen, sollten Sie sich die Frage stellen, ob Ihr Kind unter der Situation leidet. Nicht für alle Kinder haben Freundschaften den gleichen Stellenwert. Manche blühen in der Gruppe auf, andere fühlen sich allein oder mit ein, zwei vertrauten Freunden wohl.

Introvertierte Kinder sind beispielsweise gerne in Kontakt mit anderen, benötigen jedoch mehr Zeit für sich, um sich zu regenerieren. Während extrovertierte Kinder in der Gruppe Energie auftanken, laden introvertierte Kinder ihre Batterien auf, wenn sie alleine lesen oder zusammen mit einem einzigen vertrauten Freund draußen sind, Lego spielen oder etwas entdecken. Die Gruppensituation ist für diese Kinder kräftezehrend. Und so möchten sie sich nach dem Rummel im Kindergarten oder in der Schule zuerst ein wenig zurückziehen und ihre Ruhe haben. Extrovertierten Eltern fällt es oft schwer, das Verhalten introvertierter Kinder zu verstehen. Sie erscheinen ihnen verschlossen oder unzugänglich. Das kann dazu führen, dass die Eltern ihr Kind zwingen, mehr Kontakt mit anderen zu pflegen, indem sie es in Vereinen oder Ferienlagern anmelden oder es dazu drängen, Freunde einzuladen.

Das ist kontraproduktiv. Introvertierte Menschen leiden darunter, wenn man sie zu extrovertierterem Verhalten auffordert. Das zeigt auch eine Studie des Forscherteams um Rowan Jaques-Hamilton (2018). Die Forscher leiteten 150 Versuchspersonen dazu an, sich während einer Woche auf Begegnungen mit anderen Menschen »so mutig, gesprächig, aufgeschlossen, aktiv und durchsetzungsfähig wie nur möglich« einzulassen. Dabei entdeckten sie, dass die extrovertierten Teilnehmer/innen von dieser Aufgabe profitierten und sich im Laufe der Woche gut fühlten, wohingegen die introvertierten Teilnehmer/innen darüber klagten, sich unauthentisch und erschöpft zu fühlen.

Je mehr Eltern sich auf das Wesen ihres Kindes einlassen können, desto eher entdecken sie die schönen Seiten des stillen Kindes. Diese Mädchen und Jungen sind oft gut dazu in der Lage, sich selbst zu beschäftigen, können sich in eine Tätigkeit vertiefen und entwickeln zwar weniger, dafür aber oft umso schönere und stabilere Freundschaften.

Verständnis ist der Schlüssel

Wünscht sich Ihr Kind mehr Kontakt und Freunde, können Sie es unterstützen. Je mehr Sie sich dabei auf Ihr Kind einlassen und versuchen, seine Welt zu verstehen, desto besser merken Sie, was es braucht und was ihm hilft.

Introvertierten und schüchternen Kindern fällt insbesondere die Kontaktaufnahme schwer: die erste Phase der Freundschaft, in der

es darum geht, auf andere zuzugehen, jemanden anzurufen oder Verabredungen zu treffen. Möchten Sie Ihrem Kind diese Schritte erleichtern?
Dazu können Sie den Wunsch des Kindes aufgreifen und fragen, was ihm schwerfällt. Noemi fiele es leichter, auf ihre Mutter zu reagieren, wenn diese zum Beispiel sagen würde: »Du würdest gerne mitspielen … aber es macht dir auch ein wenig Angst runterzugehen, hm?« Vielleicht könnte Noemi darauf antworten: »Ja, was mache ich, wenn die mich nicht mitspielen lassen?« Nun wäre es an der Mutter, wahrzunehmen, wie schwierig es ist, zurückgewiesen zu werden – gerade dann, wenn man kaum Freunde hat –, und sich gemeinsam mit der Tochter eine Strategie zu überlegen.
Dabei ist es oft schon hilfreich, wenn man sich als Erwachsener bewusst macht, wie man sich in einer ähnlichen Situation fühlen und verhalten würde. Angenommen, Sie sind umgezogen und möchten mit den Nachbarn in Ihrer neuen Wohnsiedlung in Kontakt kommen. Wie würden Sie vorgehen? Wenn Sie drei Nachbarinnen im Café um die Ecke sehen, würden Sie einfach hingehen und sagen: »Darf ich mich setzen und mitreden?«?
Wahrscheinlich nicht! Das wäre zu aufdringlich. Wir merken bei diesem Gedankenspiel zudem, wie unangenehm es tatsächlich wäre, wenn die anderen »Nein« sagen.
Wie würden Sie sich stattdessen verhalten? Vielleicht schnappen Sie sich eine Zeitung, setzen sich an einen angrenzenden Tisch und nicken der Mutter, die Sie bereits am Spielplatz gesehen haben, zu – oder stellen sich kurz vor. Sie könnten ein wenig Zeitung lesen und sich in einer Gesprächspause dem Nachbartisch zuwenden und eine Frage stellen. Vielleicht bitten die anderen Sie nun zu sich. Falls nicht, kennen Sie die anderen Mütter jetzt bereits etwas besser – und können bei der nächsten Begegnung leichter in Kontakt treten.
Besprechen Sie solche Strategien mit Ihrem Kind. Zum Beispiel: »Du könntest dein eigenes Gummitwist mit runternehmen, es zwischen den Pfosten befestigen und allein üben. Vielleicht fragen dich die anderen dann, ob du auch mitspielen willst. Vielleicht müs-

sen sie dich auch erst ein paar Mal gesehen haben, bevor sie dich mitspielen lassen.« Sie können mit Ihrem Kind auch überlegen, wie es Kontakt aufnehmen kann: »Was könntest du sagen? Wonach könntest du die anderen fragen?«

Wie Kinder leichter in Kontakt kommen

Oft sind es Kleinigkeiten, die es zurückhaltenden und schüchternen Kindern erleichtern, mit anderen in Kontakt zu kommen. Manchmal lässt sich das Kennenlernen über die Eltern anbahnen. So könnte Noemis Mutter eine Nachbarin zum Kaffee einladen und den Kindern dadurch die Möglichkeit geben, sich zu beschnuppern. Noemi würde es wahrscheinlich auch leichter fallen, bei einem Nachbarskind zu klingeln, wenn sie ein konkretes Angebot machen darf: »Wir gehen am Mittwochnachmittag in den Wald. Möchtest du mitkommen?«

Zu guter Letzt kann man dem Kind auch einen »Eisbrecher« mitgeben: Eine Knabberei zum Teilen oder Spielsachen, die zum gemeinsamen Spiel einladen, wie Wasserbomben, Federballschläger, einen Ball oder Wasserpistolen.

Strukturierte Freizeitangebote wie Vereine oder Kurse bieten die Möglichkeit, andere Kinder über ein gemeinsames Hobby kennenzulernen. Überlegen Sie mit Ihrem Kind, wie es Gleichaltrige, die es auf diese Weise kennenlernt, auch einmal zu sich nach Hause einladen könnte.

Wie Sie Ihr Kind dazu anregen, auf andere zuzugehen, ohne es unter Druck zu setzen

Elterliche Ratschläge und Versicherungen wie »Geh doch einfach mal hin« oder »Mach dir doch nicht so viele Gedanken, die sind bestimmt nett« lassen den Stresspegel von Kindern wie Noemi schlagartig in die Höhe schnellen.

Hilfreicher ist es, wenn Sie Ihr Kind aktiv darauf hinweisen und liebevoll ermutigen, wenn sich gerade die Möglichkeit zur Kontaktaufnahme bietet:

- »Das Mädchen guckt immer wieder rüber, ich glaube, sie würde gerne mit dir spielen.«
- »Schau mal, der liest auch Gregs Tagebücher.«
- »Willst du ihr auch was von deinen Keksen abgeben? Ich glaube, sie würde sich freuen.«
- »Der Junge macht das gut, oder? Vielleicht zeigt er dir, wie das geht?!«
- »Ah, die sind da am Ballspielen. Willst du dich mal an den Spielfeldrand setzen und einfach ein bisschen zuschauen? ... Vielleicht brauchen sie nach der Pause noch Verstärkung ...«

Eltern jüngerer Kinder ist es auch oft möglich, ein Spiel zu initiieren und sich dann langsam zurückzuziehen. Ich (Stefanie) erinnere mich noch gut an einen unserer ersten Familienurlaube in Italien. Unsere Eltern bauten mit meinem Bruder und mir am Strand eine große Sandburg mit Wassergraben, den wir fleißig mit Meerwasser befüllten. Bald hübschten wir das Ganze mit einigen Sandrinnen auf, durch die man kleine Murmeln sausen lassen konnte. Ein paar Kinder packte die Neugier. Sie schauten erst aus etwas Abstand zu und kamen dann näher. Mit einem »Wollt ihr auch mal?« gaben meine Eltern ihre restlichen Kugeln und den Platz im Sand frei, woraufhin wir wenig später einträchtig nebeneinanderher buddelten – und für den Rest des Urlaubs neue amici gefunden hatten.

Gehen Sie gemeinsam auf Entdeckungsreise

Zurückhaltende Kinder sind oftmals gute Beobachter. Diese Gabe können sie nutzen, um sich von anderen Kindern etwas abzuschauen. Vielleicht führen Sie mit Ihrem Kind ein Beobachtungs-Experiment durch? Ein belebter Platz mit vielen Kindern eignet sich besonders für die Detektivarbeit: Stellen Sie sich gemeinsam die Aufgabe, herauszufinden, wie Kinder miteinander in Kontakt kommen. Oft lassen sich die folgenden Varianten beobachten:

- Einfach fragen: Manche Kinder gehen auf andere zu und fragen, ob sie mitmachen dürfen. Sozial kompetentere Kinder erwischen dabei den richtigen Moment. Sie unterbrechen laufende Spiele nicht, sondern warten, bis sich eine Pause oder ein Spielwechsel ergibt, um sich einzuklinken.

- Blickkontakt suchen: Manche Kinder setzen sich in die Nähe und schauen zu. Dabei nehmen sie Blickkontakt auf und signalisieren zum Beispiel durch ein kurzes Zuwinken, dass sie mitmachen möchten.
- Nebeneinander spielen: Eine weitere »Taktik«, die viele Kinder intuitiv verwenden, besteht darin, dass sie in der Nähe eines anderen Kindes etwas Ähnliches spielen und sich dann etwas annähern.
- Komplimente machen: Anstatt zu fragen, ob sie mitspielen können, kommentieren manche Kinder laufende Spiele oder sprechen ein Kompliment wie »cooles Skateboard« aus, um die Chance zu erhöhen, zum Mitspielen eingeladen zu werden.
- Um Hilfe bitten: »Wow! Kannst du mir zeigen, wie das geht?« ist oft eine sehr charmante Annäherung. Das Gegenüber kann stolz seine Fähigkeiten präsentieren und dem anderen Kind zeigen, wie man ein Rad schlägt oder Gummitwist spielt.
- Andere einladen: Sich mit dem Ball hinzustellen und zu fragen »Machst du mit?« ist oft einfacher, als auf eine Gruppe zuzugehen und zu fragen, ob man mitspielen darf.

Oft sind schüchterne Kinder ganz darauf fixiert, was alles falsch laufen könnte, wie sie auf andere wirken und was sie sagen müssen. Wenn sie den Fokus mehr darauf richten, wie andere Kinder »es machen«, erweitern sie ihr Repertoire und bauen Hemmungen ab.

Wie hilfreich diese Form der Beobachtung ist, konnte der Psychologe Robert O'Connor bereits 1972 nachweisen. Er filmte elf verschiedene Szenen, bei denen ein Kind zuerst schüchtern abseitssteht, dann auf eine Gruppe von Gleichaltrigen zugeht und schließlich fröhlich mit ihnen spielt. Eine Erzählstimme kommentiert währenddessen beiläufig, was das Kind tut, um sich in die Gruppe zu integrieren, und weist auf die positiven Reaktionen der anderen Kinder hin. Diesen Film zeigte er sozial ängstlichen und gehemmten Kindergartenkindern. Nachdem diese den Film gesehen hatten, trauten sie sich ebenfalls, auf andere zuzugehen. Sechs Wochen später gehörten sie sogar zu den sozial aktivsten Kindern ihrer Kindergartengruppe. Leider ist nur die Studie öffentlich zugänglich, nicht aber die Filmsequenzen.

Weitere Hinweise finden Sie in den Büchern »Freundschaft. Wie Kinder sie erleben und Eltern sie stärken können« von Nora Imlau (2014) sowie »The unwritten rules of friendship« von Natalie Elman und Eileen Kennedy-Moore (2003).

Streit im Freundeskreis: Manchmal brauchen Kinder ein wenig Hilfe, um sich zu versöhnen

»Diese blöde Kuh! Mit der rede ich nie wieder!« Mit Tränen in den Augen schlägt Marie die Haustür hinter sich zu und stürzt sich in die Arme ihrer Mutter. Diese drückt ihr Mädchen fest an sich und sagt nichts. Sie weiß, dass ihre Tochter und Lena bald wieder dicke Freundinnen sein werden.

In Freundschaften erleben Kinder auch schwierige und konfliktreiche Phasen. Diese bieten ihnen die Möglichkeit, ihre zwischenmenschlichen Fähigkeiten zu trainieren und zu sozial kompetenten Erwachsenen heranzureifen. Als Eltern können Sie Ihr Kind auf diesem Weg begleiten. Natürlich gibt es kein Patentrezept für den Umgang mit Krisen und Streit – aber einige hilfreiche Ideen.

Bleiben Sie gelassen

Wenn man ein tränenüberströmtes Kind in den Armen hält, wünscht man sich nichts mehr, als seine Welt sofort wieder in Ordnung zu bringen. Man will wissen, was los ist, und das Problem aus dem Weg schaffen. Greift Maries Mutter jedoch gleich zum Hörer und ruft Lenas Eltern an, um das Missverständnis zu klären oder den Streit zu schlichten, beraubt sie ihr Kind wichtiger Erfahrungen.

Viele Konflikte können Kinder gut allein lösen. Sie benötigen nur jemanden, der sie auffängt. Als Eltern können Sie Ihr Kind umarmen, es fragen, was vorgefallen ist, und einfach zuhören. Manchen Kindern hilft auch die Frage: »Du bist ja ganz aufgelöst – was würde dir jetzt guttun?« Sie können dem Kind Vorschläge machen: »Willst du es mir erzählen oder soll ich dich einfach halten? Möchtest du dich ablenken?« Manche Kinder wollen ihr Erlebnis gleich loswerden, andere sind zu aufgebracht, möchten nicht darüber reden und sind froh, wenn man nicht weiter nachbohrt.

Als ich (Fabian) die erste Klasse besuchte, schlug ich meiner Mutter Folgendes vor: »Wenn es mir nicht gut geht, komme ich nicht herein, sondern klingle an der Tür. Dann musst du aufmachen und fragen: Fabian, was ist denn los? Dann kann ich es erzählen.« So konnte ich selbst bestimmen, ob ich über eine Schwierigkeit reden wollte oder nicht, oder mir vor der Tür noch einen Moment Zeit lassen.

Leben Sie auch Konflikte vor

Damit Kinder konstruktiv mit Meinungsverschiedenheiten umgehen können, ist es hilfreich, wenn sie die Erfahrung machen: Streit ist nur eine Momentaufnahme in einer Beziehung. Versöhnung und Wiedergutmachung sind möglich.

Genau diese Haltung können wir unseren Kindern vorleben. Wir alle machen Fehler und verhalten uns unseren Kindern gegenüber nicht immer fair oder korrekt. Anstatt uns in Rechtfertigungen zu verlieren, könnten wir die sich bietende Chance beim Schopf packen und uns entschuldigen: »Es tut mir leid, dass ich laut geworden bin – das war nicht in Ordnung.« Damit büßen wir keinen Respekt ein, sondern zeigen, dass man in einer Beziehung Fehler machen und sich wieder versöhnen kann – und wir nicht perfekt sein müssen, um einander gern zu haben.

Die Fähigkeit, sich nach Konflikten wieder zu vertragen, wird für Kinder auch erlebbar, wenn sie ab und zu beobachten dürfen, wie sich ihre Eltern nach einer stressigen Situation in den Arm nehmen und etwas der folgenden Art zueinander sagen: »Entschuldige, ich habe überreagiert.« Durch diese kleinen, unscheinbaren Signale lassen wir Kinder spüren: Es ist eine ganz normale Sache, sich zu entschuldigen, und man muss nicht versuchen, einen Fehler zu vertuschen oder auf andere abzuschieben. Eine ehrlich gemeinte Entschuldigung ist kein Zeichen von Schwäche, sondern Teil eines respektvollen Umgangs miteinander.

Empathie hilft Kindern mehr als Ratschläge

Sowohl Kinder als auch Erwachsene erleben immer wieder Konflikte, die sie überfordern. Man fragt sich, was mit dem anderen los ist, und versteht nicht, wie eine Situation plötzlich so aus dem Ruder laufen konnte. Wenn Kinder aufgrund einer Streitigkeit sehr aufgewühlt sind, hilft es, wenn Sie ihm zuerst in Ruhe zuhören und es anschließend dazu anregen, sich in das andere Kind einzufühlen: »Hm ... das ist natürlich gar nicht okay, dass Lena dich als hohle Nuss bezeichnet hat. Wie hat sie sich wohl gefühlt? ... Ja, sie muss sehr wütend gewesen sein. Was meinst du, wieso war sie denn so sauer?«

Oft erweist es sich auch als nützlich, wenn man anspricht, dass sich beide Kinder mit der Situation unwohl fühlen: »Ich kann mir vorstellen, dass es Lena im Moment ganz ähnlich geht wie dir. Wahrscheinlich sitzt sie gerade auch zu Hause und weiß nicht, was sie tun soll.«

Eine Entschuldigung erfordert Mut

Manchmal sind sich Kinder und Jugendliche sehr wohl bewusst, dass sie einen Freund enttäuscht oder verletzt haben. Sie wissen ganz einfach nicht, wie sie nun reagieren sollen, und sind froh, wenn man sich gemeinsam mit ihnen eine Lösung überlegt.

Meine (Stefanies) Nachbarin Pati und ich waren von klein auf ein Herz und eine Seele. Wir spielten gemeinsam mit unseren Puppen, schlugen uns später als Räuberinnen stundenlang mit dem Hund durch den Wald und sparten unser Taschengeld eisern für unseren gemeinsamen Traum – ein Pony, das unserer Ansicht nach in der Garage wohnen und im Garten weiden sollte. Ich erinnere mich noch genau an eine Situation, in der wir uns furchtbar zerstritten. Als wir gerade 10 Jahre alt waren, warf ihr unser Lehrer bei einer Mathe-Prüfung ungerechtfertigterweise vor, gespickt zu haben und ich – was für eine Freundin – hatte nicht einmal für sie Partei ergriffen.

Was unseren Freundschaftskodex betraf, war ich ihr gehörig in den Rücken gefallen. Ganz schön gemein! Einige Bauchschmerzen,

Gewissensbisse und Tränen später war ich mit meinem Latein am Ende. Pati war stinksauer und wollte nicht mehr meine Freundin sein. Zum Glück fasste sich meine Mutter damals ein Herz und überlegte mit mir gemeinsam, wie ich mich entschuldigen könnte. Die Situation war mir derart peinlich, dass ich partout nicht persönlich bei meiner Freundin vorbeigehen wollte. Gedanken der folgenden Art quälten mich: »Was, wenn nur ihre Eltern da sind und die auch böse auf mich sind? Was, wenn sie gar nicht mit mir reden will und mir die Türe vor der Nase zuknallt?« Ich entschied mich schließlich dafür, meiner Freundin eine kleine Plüschkuh zu schenken, die ich bei einer Tombola in der Woche zuvor gewonnen hatte. Pati war damals enttäuscht gewesen, dass sie nur Nieten gezogen hatte. Ich umwickelte die Kuh mit einer kleinen Schleife und band einen Zettel mit einem selbst erfundenen Gedicht daran:

»Muh, muh, ich bin Mia, die Kuh.
Ich war nicht gescheit, das tut mir sehr leid.
(…)
Ich will wieder deine Freundin sein,
es ist ganz blöd allein.«

Es schüttete wie aus Eimern, als ich mich abends zum Haus meiner Freundin wagte. Die Kuh wartete nun eingepackt in einer Plastiktüte in der Zeitungsrolle auf Pati. Am nächsten Tag kam bereits ein Zettel zurück und schon bald waren wir wieder die dicksten Freundinnen.

Ich war froh, dass meine Mutter in dieser Situation für mich da war, Verständnis hatte, dass ich mich nicht überwinden konnte, mich persönlich zu entschuldigen, und den Gedanken äußerte, Pati zu schreiben. Den Rest konnte ich alleine.

Es ist wertvoll, wenn unsere Kinder Wege finden, um eine wichtige Freundschaft wieder in positive Bahnen zu lenken. Jüngere Kinder malen vielleicht ein Bild, basteln etwas oder ersetzen einen zerstörten Gegenstand mit ihrem Taschengeld, Schulkinder schreiben einen kleinen Zettel, Jugendliche verfassen vielleicht einen Brief, drehen ein Video, hinterlassen eine Sprachnachricht oder tätigen einen Anruf. Ältere Kinder und Jugendliche, die nicht wissen, wie man eine Entschuldigung formuliert, können die folgenden Fragen beantworten:

- Was genau tut mir leid/Was habe ich falsch gemacht?
- Wie fühlt sich der/die Andere, was hat es bei ihm/ihr ausgelöst?
- Wie hätte ich stattdessen reagieren sollen/wollen?

So verfasste meine (Stefanies) beste Freundin Kathrin aus Jugendtagen nach einem hitzigen Konflikt eine Geschichte über die beiden Waldelfen Estefania und Ekatharina, die mit ihrem Streit einen bitterlichen Frost über den Wald kommen ließen, und wie die Sonne und Farben zurückkehrten, als sie sich wieder vertrugen. Und darüber, warum die beiden so verschieden waren, einander aber dringend brauchten.

Das hilft, damit Kinder gestärkt aus Konflikten hervorgehen:

- Lösen Sie den Konflikt nicht vorschnell anstelle Ihres Kindes, indem Sie selbst aktiv werden und beispielsweise die Eltern des anderen Kindes anrufen.
- Oft benötigen Kinder nur jemanden, der sie auffängt. Seien Sie einfach da – mit einer lieben Umarmung und einem offenen Ohr.
- Nicht jedes Kind will sofort über schwierige Situationen sprechen. Bohren Sie nicht nach. Fragen Sie Ihr Kind stattdessen, was ihm guttun würde.
- Helfen Sie Ihrem Kind nach einem Streit dabei, sich in sein Gegenüber hineinzuversetzen.
- Zeigen Sie Ihrem Kind Anerkennung, wenn es die Größe hatte, sich zu entschuldigen.
- Leben Sie Ihrem Kind vor, dass Beziehungen Konflikte aushalten und eine Versöhnung möglich ist.

Gruppendruck: Mein Kind kann nicht Nein sagen

Stellen Sie sich vor, Sie sitzen mit einer kleinen Gruppe von Unbekannten an einem Konferenztisch. Ein Versuchsleiter zeigt Ihnen das folgende Bild:

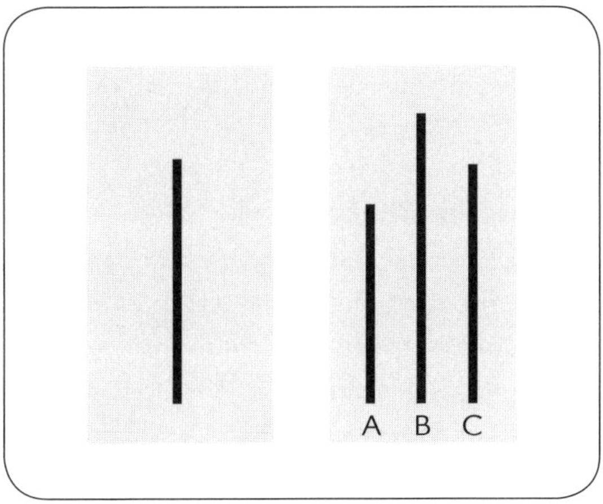

Ihre Aufgabe besteht darin, zu entscheiden, ob Strich A, B oder C gleich lang ist wie die Linie auf der linken Seite. Die Antwort liegt auf der Hand, es ist C. Komischerweise haben sich die anderen aus Ihrer Gruppe unisono für A entschieden. Wie reagieren Sie? Wahrscheinlich sind Sie irritiert, fragen sich, ob Sie Ihrer Wahrnehmung trauen können, und sehen nochmals genauer hin.

Vielleicht lassen Sie sich sogar dazu hinreißen, sich über Ihre eigene Einschätzung hinwegzusetzen und sich der Gruppenmeinung anzuschließen. Im Experiment von Solomon Asch (1951) ist dies immerhin in 32 Prozent der Fälle passiert.

Die Resultate des Asch-Experiments sind deswegen so verwunderlich, weil sie zeigen, dass Gruppendruck sogar dann eine gewichtige Rolle spielt, wenn:

- einfachste Entscheidungen anstehen, bei denen die richtige Lösung offensichtlich ist.

- die Gruppe aus Fremden besteht, mit denen wir in keinerlei Abhängigkeitsverhältnis stehen und die wir nie wiedersehen werden.
- Erwachsene, die sich selbst wahrscheinlich als gefestigte Persönlichkeiten beschreiben würden, zu ihrer Meinung befragt werden.

Wer glaubt, dass Menschen heute weniger zu Konformität neigen, findet auf www.biber-blog.com einige witzige Videos, die ihn vom Gegenteil überzeugen werden.

Der Mensch: ein Herdentier?

Mahatma Gandhi sagte einst, dass sich Glück dann einstellt, wenn das, was man denkt, sagt und tut, miteinander in Einklang steht. Genau deshalb ist es uns allen so wichtig, dass unsere Kinder trotz Gruppendrucks und Gegenwinds für sich selbst einstehen und authentisch bleiben können. Wir möchten, dass sie eigene Werte und Meinungen entwickeln, zu ihren Gefühlen stehen, Ja sagen, wenn sie Ja meinen, und Nein, wenn sie sich abgrenzen möchten.
Manchen Kindern gelingt dies sehr gut. Anderen fällt es schwer. Sie lassen sich zu Dingen überreden, die sie hinterher bereuen. Sie fühlen sich genötigt, Ja zu sagen, wenn sie Nein meinen. Sie passen ihre Meinung der Gruppe an und spüren immer weniger, was ihnen selbst wichtig wäre. Doch wieso ist es so schwierig, zu sich zu stehen? Und wie können wir Kinder und Jugendliche diesbezüglich stärken?
Als soziale Lebewesen sind Menschen so sehr auf die Gruppe angewiesen, dass sich im Laufe der Evolution ein angeborener Wunsch nach Zugehörigkeit und eine angeborene Angst vor Ausschluss aus der Gruppe entwickelt haben.
Daher ist unser Handeln von Natur aus darauf ausgelegt, uns an anderen zu orientieren. Für unsere Vorfahren war es überlebenswichtig, Teil eines Stammes zu sein und zu bleiben, um Schutz, Nahrung und soziale Unterstützung erhalten zu können. Sozialer

Ausschluss bedeutete auf der anderen Seite den sicheren Tod. Wer sich nach seinen Mitmenschen ausrichtete, Spannungen frühzeitig wahrnahm und versuchte, sich (wieder) in den Stammesverband zu integrieren, dem schenkte die Natur mit höherer Wahrscheinlichkeit ein längeres, sichereres Leben und damit die Chance, seine Gene an die nächste Generation weiterzugeben. Auf diese Weise entwickelte sich das menschliche Gehirn über Generationen hinweg zu einem hoch angepassten sozialen Organ, das noch heute treue Dienste verrichtet, indem es sich an der sozialen Umwelt orientiert.

Vor diesem Hintergrund lässt sich schnell erkennen, dass der gut gemeinte Spruch »Das muss dich doch nicht kümmern, was andere sagen« unhaltbar ist. Vielleicht möchten wir nicht, dass es uns kümmert, was andere sagen oder über uns denken, aber: Ein jahrtausendelanger Überlebensvorteil derer, die sich eben darum kümmerten, wie die soziale Umwelt auf sie reagierte, steckt in uns und lässt sich nicht einfach durch einen Appell an die Vernunft ausschalten. Bis heute schlägt der Körper zuverlässig Alarm, wenn unsere sozialen Bedürfnisse nach Anschluss, Anerkennung und Partizipation frustriert werden, indem uns Angst, Trauer oder Scham überrollen.

Zu der eigenen Meinung zu stehen, kann negative Folgen nach sich ziehen. Auch heute noch kostet eine abweichende Haltung in vielen Ländern die Freiheit oder gar das Leben.

Aber auch in unserer Gesellschaft sollte nicht unterschätzt werden, wie schwierig es sein kann, sich abzugrenzen, anders zu denken und sich anders zu verhalten. Kein Smartphone zu besitzen, kann in manchen Schulen und Klassen dafür sorgen, dass man zum Außenseiter wird. Mit »falscher« Kleidung entwickelt man sich rasch zu einer Zielscheibe für Spott. Sagen, was man denkt, kann Freundschaften, den Job oder die soziale Stellung kosten.

Es ist wichtig, dass man als Eltern bewusst wahrnimmt, wie bedrohlich es sein kann, zu sich zu stehen. Für Kinder und Jugendliche ist dies schwieriger als für Erwachsene, weil sie sich ihre soziale Gruppe noch nicht aussuchen können, sondern sich mit der Klasse oder ihrer Nachbarschaft arrangieren müssen.

Wenn wir in eine Situation geraten, in der wir Stellung beziehen müssen, beginnt ein Prozess des inneren Abwägens. Wir schätzen Vor- und Nachteile ein und entschließen uns, entweder mutig für uns einzustehen oder dem Druck von außen nachzugeben. Wir fragen also: Ist es mir das wert?

Will ich für mich einstehen?

Ob es uns »das« wert ist, hängt von verschiedenen Faktoren ab. Es fällt Kindern deutlich leichter, sich für ihre Anliegen einzusetzen, wenn sie:

- eigene Wünsche und Gefühle differenziert wahrnehmen und sich gut ausdrücken können;
- in der Gruppe eine starke Position innehaben und sich sicher sind, dass eine abweichende Meinung an ihrer Beliebtheit nichts ändern wird;
- viele Freunde haben und daher unabhängiger sind;
- wissen, dass Beziehungen einiges aushalten und man sich nach Streit und Unstimmigkeiten auch wieder vertragen kann;
- Vorbilder haben, die ihnen vermitteln, dass man sich nicht verbiegen muss, um dazuzugehören, und die sie so annehmen, wie sie sind.

Es hängt auch von der Persönlichkeit ab, wie gut Kinder mit sozialem Druck umgehen können. Manche Kinder weisen eine hohe Zurückweisungsempfindlichkeit auf. Man versteht darunter die Tendenz, Zurückweisung zu erwarten (»Die werden mich eh nicht mögen!«), Ereignisse rasch als solche zu interpretieren (»Die lachen sicher über mich!«) und emotional übermäßig stark darauf zu reagieren (»Die hassen mich alle! Ich bin nichts wert!«). Mehr dazu erfahren Sie im Kapitel »Was tun, wenn Kinder sich schnell zurückgewiesen fühlen?« auf Seite 293.

Manchmal sind es auch neue Situationen und Veränderungen, beispielsweise eine bislang unbekannte Gruppe, ein Schulwechsel oder die Pubertät, die Kinder verunsichern, welche sonst keine Probleme damit haben, für sich einzustehen.

Reagieren Eltern in dieser Situation mit Forderungen wie: »Du musst einfach sagen, wie du dich fühlst!« oder »Es spielt doch keine Rolle, was die anderen von dir denken!«, setzen sie das Kind unter Druck. Gleichzeitig nimmt man ihm damit die Möglichkeit zu echter Unabhängigkeit. Das Kind kann nur noch »entscheiden«, wessen Druck es nachgibt – dem der Eltern oder einer anderen Gruppe. Es wird ihm aber nicht mehr gelingen, in sich hineinzuhorchen und die eigene Stimme zu hören. Echte Unabhängigkeit entsteht, wenn Sie Ihrem Kind dabei helfen, auf sich selbst zu hören.

Das Dilemma des Kindes ansprechen

Meist merkt man als Erwachsener, dass sich das Kind für eine Freundschaft zu etwas hinreißen lässt, womit es sich unwohl fühlt. Kinder spüren oft einen diffusen Druck, den sie nicht einordnen können. Wahrscheinlich kennt jeder aus eigener Erfahrung Situationen, in denen es uns ähnlich ging. Die scheinbar beliebte Klassenkameradin, mit der man sich gut stellen muss, damit sie und ihre Clique einem das Leben nicht zur Hölle machen. Der freche, gleichzeitig faszinierend-rebellische Freund, der für Nervenkitzel sorgt, spannende Ideen hat, einen aber auch immer wieder zu Blödsinn anstiftet und bei dem man mitziehen muss, um nicht als »Schlappschwanz« zu gelten. Die eigene Clique, die etwas ausprobieren möchte und einen vor die Wahl stellt, mitzumachen oder den »Spielverderber« zu mimen.

Oft ist bereits viel gewonnen, wenn man Kindern und Jugendlichen ihr inneres Dilemma bewusst macht, anstatt ihnen zu sagen, wie sie sich verhalten sollen:

- »Ich habe den Eindruck, es ist immer Benjamin, der den Ton angibt und entscheidet. Wie siehst du das? Inwiefern ist das okay für dich?«
- »Ich habe das Gefühl, bei Vanessa muss man als Freundin stets gleicher Meinung sein, sonst landet man schnell auf dem Abstellgleis. Ich fände das nicht leicht ...«
- »Du möchtest nicht zu dieser Party – aber du hast Angst, dass Tom und Rebecca dann enttäuscht von dir sind?«

Vielleicht erzählen Sie auch von eigenen Beispielen, in denen Sie in Bedrängnis gekommen sind, und überlegen mit Ihrem Kind gemeinsam, wie es in solchen Situationen reagieren möchte. Dabei sind es Kleinigkeiten, die es dem Kind erleichtern können, sich dem Druck zu widersetzen. Ich erinnere mich, wie eine Freundin mir (Stefanie) und den anderen im Vorfeld eine Nachricht schrieb, dass sie gerne mit in den Europapark kommt, aber nicht auf die Achterbahn will und auf keinen Fall dazu gedrängt werden wolle. Manchmal hilft es Kindern auch, wenn sie eine Standardantwort parat haben wie: »Darauf habe ich keinen Bock. Komm, wir machen ...« Macht es dem anderen Kind Spaß, einen zu überreden, verleidet es ihm am schnellsten, wenn man immer die gleiche Antwort gibt, »Sorry, echt keine Lust ..., nein, keine Lust ... immer noch keine Lust.«

Manchmal wird Ihr Kind zu sich stehen und ist dankbar, wenn Sie es dabei unterstützen, nach der richtigen Formulierung zu suchen. Manchmal wird es sich auf etwas einlassen, um andere nicht zu enttäuschen. Solange es nichts Gefährliches ist, ist auch das okay. Es sollte uns als Eltern eher darum gehen, das Kind langfristig zu stärken, als es dazu zu bringen, sich in jeder Situation gegen Gruppendruck zu wehren.

Dem Kind den Rücken stärken

Bei potenziell gefährlichen Situationen ist es hilfreich, diese vorzubesprechen. Ich (Stefanie) bin in einem ländlichen Gebiet aufgewachsen, in dem die nächste Diskothek über eine halbe Stunde Autofahrt entfernt lag, der öffentliche Verkehr aber ab 18 Uhr ruhte. Meine Eltern versicherten mir immer wieder: »Egal, wie spät es ist, egal, wo du bist: Du kannst uns jederzeit anrufen und wir holen dich ab. Bitte steig nie zu einem angetrunkenen Fahrer ins Auto. Falls es dir unwohl wird, weil jemand waghalsig fährt, sag bitte, dass du sofort aussteigen möchtest – ruf an und wir holen dich direkt ab, ohne Wenn und Aber. Das Wichtigste für uns ist, dass ihr sicher nach Hause kommt.«

Es wird deutlich wahrscheinlicher, dass man in brenzligen Momenten die richtige Entscheidung trifft, wenn die Eltern einem ehrlich

und klar zu verstehen geben: Wir, deine Mutter, dein Vater, sind froh, wenn du auf dich und deine Freunde aufpasst.
In meiner Klasse gab es einige junge Frauen, die nachts um drei lieber per Anhalter ins nächste Dorf gefahren wären, als ihre Eltern anzurufen, weil diese »sonst Stress machen, wenn man sie mitten in der Nacht aus dem Bett haut«.
Wenn der Druck überhandnimmt, ist es manchmal auch wichtig, sich vor das eigene Kind zu stellen. Ich (Fabian) habe es immer gehasst, an Wettkämpfen teilzunehmen. In der Grundschule besuchte ich das Leichtathletiktraining und kam immer wieder in Bedrängnis, bei Wettkämpfen am Wochenende anzutreten. Andauernd musste ich den Trainern und den Teammitgliedern erklären, warum ich nicht kann oder nicht will. An einem Sonntag klingelte es plötzlich bei meinen Eltern und die ganze Meute von 25 Kindern inklusive der drei Trainer stand vor unserer Haustür, um mich zu zwingen. Ich versteckte mich weinend im Wohnzimmer. Zum Glück machte meine Mutter die Trainer vor versammelter Mannschaft dermaßen zur Schnecke, dass für einige Zeit Ruhe war.

Ausschau nach Verbündeten halten

Manche Verbindungen sind uns als Erwachsenen ein Dorn im Auge. Wir spüren, dass ein Mädchen, ein Junge oder eine Gruppe dem Kind nicht guttut, es unter Druck setzt oder zu schädlichem Verhalten anstiftet. Solche Beziehungen lösen bei Kindern und Jugendlichen meist eine gewisse Ambivalenz aus: Auf der einen Seite steht der Reiz des Abenteuers, der Lockruf des Gefährlichen, der Wunsch, dazuzugehören, auf der anderen Seite das Zögern, die Vorbehalte und Ängste. Als Eltern können Sie diese Punkte ansprechen: »Ich merke, dass es dir ganz wichtig ist, dass Luca dich mag. Mit ihm ist immer was los, er hat viele Ideen, oder? … Was fasziniert dich an ihm? Und gibt es auch manchmal Momente, in denen du dich unwohl fühlst?«
Falls Ihr Kind sich öffnet und von Situationen berichtet, in denen es sich unter Druck gesetzt fühlt, lohnt sich eine Frage der folgenden Art: »Meinst du, das geht nur dir so oder gibt es noch andere (aus

eurer Clique), die das vielleicht ähnlich erleben? Willst du mal mit ihm/ihr unter vier Augen darüber sprechen, wie er/sie zu der Sache steht?«

Sobald wir spüren, dass wir mit unserer abweichenden Meinung beziehungsweise unseren Vorbehalten nicht allein sind, verliert der Konformitätsdruck an Macht. Dies konnte bereits im Asch-Experiment gezeigt werden, das wir eingangs beschrieben haben: Die bloße Anwesenheit einer einzigen Person, die der Mehrheit widersprach, führte dazu, dass sich auch die Versuchsteilnehmer/innen (bis auf wenige Ausnahmen) wieder trauten, ihre ehrliche Meinung vor der Gruppe zu vertreten.

Wenn jemand das Schweigen bricht, ziehen andere in der Regel mit. Dieses Wissen kann Ihrem Kind oder Jugendlichen helfen, wenn es darum geht, Verbündete zu finden, die ähnlich denken und fühlen. Gerade bei Risikoverhalten (Drogen, Mutproben etc.) stärkt es den Jugendlichen den Rücken, wenn sie merken: Ich bin nicht die einzige Person der Clique, die nicht mitziehen will.

Aktuelle Ereignisse zum Gesprächsanlass nehmen

Es ist leichter, sich gegen Konformitätsdruck zu wehren, wenn man die Mechanismen dahinter versteht. Filme oder Bücher wie »Die Welle« (Rhue, 1997), das oben genannte Experiment oder tragische Beispiele aus den Nachrichten können Anlass zu Gesprächen geben.

Spannende Fragen dazu sind:

- Warum tun Menschen in Gruppen Dinge, die sie allein nie tun würden?
- Wie funktionieren Ideologien oder Sekten?
- Wie versuchen Gruppen Konformität zu erzwingen? (Oft wird mit Abwertung oder Ausschluss gedroht, wenn man eine andere Meinung vertritt.)
- Wo spüre ich selbst unangenehmen Konformitätsdruck?
- Wie merkt man, dass die Situation aus dem Ruder läuft? (In Gruppen von Jugendlichen wird die Stimmung oft aufgepeitscht und Bedenken niedergewalzt durch Aussagen wie

»Ist doch nur Spaß«, »Hab dich nicht so«, »Die … traut sich nicht«, » … ist ein kleines Baby, geh doch heim zu Mama«.)

- Hat man es schon mal erlebt, wie sich jemand gegen die Gruppe stellt? Wie hat man das empfunden?
- Wie kann man sich wehren, wenn es einem unwohl wird?
- Wie würden echte Freunde auf Bedenken reagieren? Würde ich von meinen Freunden erwarten, dass sie sich auf Dinge einlassen, bei denen sie ein schlechtes Gefühl haben?

Die eigenen Erwartungen hinterfragen

Die Schwierigkeit bei solchen Gesprächen besteht darin, nicht nur die Beweggründe des Kindes, sondern auch die eigenen zu reflektieren. Ein Vater meinte: »Was kann ich tun, damit mein Sohn mehr Selbstvertrauen entwickelt? Er wünscht sich Nike-Turnschuhe, nur weil die alle in der Klasse tragen. Ich möchte, dass er sich dem Gruppenzwang widersetzen kann.«

Im Gespräch wurde ihm bewusst, dass es ihm nicht um Unabhängigkeit ging: »Wissen Sie, wenn ich ehrlich bin, finde ich Markenkleidung bescheuert und möchte, dass er das so sieht wie ich. Er scheint diese Turnschuhe aber wirklich toll zu finden.« Der Vater sprang schließlich über seinen Schatten und erfüllte seinem Sohn den Wunsch.

Wir alle verbiegen uns von Zeit zu Zeit. Wir jammern zu Hause, anstatt dem Chef diplomatisch, aber direkt zu sagen, dass wir seine Idee unausgereift finden. Wir treffen uns mit Bekannten oder Verwandten, obwohl wir keine Lust darauf haben. Wir verschweigen dem Partner Dinge, die uns missfallen, um keinen Streit zu riskieren oder ihn nicht zu verletzen. Wir reden über andere anstatt mit ihnen. Manchmal ist das sinnvoll – oft ist es lediglich im Moment bequemer und führt langfristig dazu, dass wir uns fremdbestimmt fühlen. Darum wäre der letzte Tipp, um Ihr Kind zu stärken: Sagen Sie ein wenig öfter, was Sie denken – und handeln Sie danach. In vielen Fällen werden die Folgen viel positiver sein, als Sie sich dies vorstellen können. Ihr Kind wird Sie dabei beobachten und selbst etwas mutiger werden.

Etwas mehr Optimismus, bitte!

»Hallo meine Freunde ...« sang mein (Stefanies) Großvater jeweils aus voller Kehle, wenn ich an der Tür klingelte. So fröhlich war er, egal, ob es sich dabei um uns Enkel, den Briefträger oder Kinder aus der Nachbarschaft handelte. Jeder war willkommen und wurde angesteckt von seiner unbändigen Lebensfreude. Als ich ihm erzählte, dass ich in der Schule nun Französisch lernte, antwortete er: »Ah, vous parlez français, Mademoiselle!«, und sprach fließend drauflos. Es waren meist alltägliche Begebenheiten, die Bruchstücke seiner Lebensgeschichte zutage förderten. Als ich erstaunt nachfragte, woher er Französisch könne, meinte er: »Das ist eine lange Geschichte.«

Er strich sich über die Glatze mit vereinzelten weißen Haarbüscheln, die hügelig und vernarbt war von den Granatsplittern, die sich nicht entfernen ließen, und erzählte vom Krieg und der Gefangenschaft: den vielen Jahren, die er in Kriegsgefangenenlagern an der italienisch-französischen Grenze verbrachte, den Minenfeldern, die sie räumen mussten, und den jungen Männern in seiner Umgebung, die durch Explosionen zu Tode kamen, erfroren oder verhungerten. Wann immer ich etwas zum Thema Optimismus oder Resilienz lese, muss ich an ihn denken: an seinen ungebrochenen Lebenswillen, seine Besonnenheit und seine Fähigkeit, sich über scheinbare Kleinigkeiten zu freuen.

In unserer Kultur gelten Optimisten oftmals als realitätsfremd und naiv. Als ich (Stefanie) in einem unserer Seminare darüber sprach, wie wichtig es für Kinder sei, eine optimistische Grundhaltung zu entwickeln, entgegnete eine Mutter: »Das sehe ich anders. Ich muss mein Kind doch auf die Realität vorbereiten! Wenn man vom Schlimmsten ausgeht und sich innerlich darauf vorbereitet, dass die Welt nun mal ungerecht ist und dass andere Menschen einen ausnützen wollen, wenn man zu nett zu ihnen ist, ist man besser dran und wird seltener enttäuscht!«

Das stimmt nicht. Menschen, die davon ausgehen, dass die Welt schlecht ist, und tief im Inneren bangen, dass eine düstere Zukunft

vor ihnen und ihren Kindern liegt, sorgen schlussendlich dafür, dass es ihnen selbst und ihren Familien tatsächlich schlechter geht. Wer dem Leben mit einer pessimistischen Haltung gegenübertritt, lenkt seine Aufmerksamkeit automatisch auf alle Aspekte, die dieser Einstellung entsprechen: auf das »gemeine Kind« auf dem Spielplatz, die Schulfreundin, die ein Geheimnis ausplaudert, die rücksichtslosen älteren Schüler, die einen Teil des Pausenhofs für sich beanspruchen, auf den unfairen Lehrer, die strenge Sporttrainerin. All diese Erlebnisse werden zur Bestätigung, wie schlimm und ungerecht die Welt ist. Wer mit dieser Brille durchs Leben geht, empfindet negative Gefühle länger und stärker. Und ihm entgehen die vielen Momente, in denen die Klassenkameraden hilfsbereit, freundlich oder loyal sind, die Lehrer/innen sich wertschätzend verhalten und die strenge Sporttrainerin durch klare Regeln und Rückmeldungen dafür sorgt, dass das Kind sich über Fortschritte freuen kann. Momente, die für positive Gefühle sorgen, geraten in den Hintergrund, gleichzeitig werden negative Gefühle wie Ärger, Missgunst, Neid oder Enttäuschung geschürt. Man fühlt sich als Opfer der Umstände und gleitet rasch in Passivität ab: »Es geht eh alles den Bach runter. Was soll ich da schon ausrichten können.«
Die Forschung zeichnet ein deutliches Bild: Menschen mit einem gesunden Optimismus leben länger, sind körperlich fitter, haben glücklichere Beziehungen, sind erfolgreicher, kommen mit Enttäuschungen besser zurecht und packen Probleme aktiver an (z.B. Carver & Scheier, 2014; Prati & Pietrantoni, 2009; Rasmussen et al., 2009).
Mit Optimismus ist kein blauäugiges positives Denken gemeint, sondern die Überzeugung, dass das Leben lebenswert ist, viel Schönes bereithält und sich Krisen und Schwierigkeiten überwinden lassen. Doch wie können Familien optimistischer werden? Bei dieser Frage kommt man fast nicht an der Dankbarkeit vorbei. Die bekannte Talkmasterin Oprah Winfrey, die als Kind in bitterer Armut aufwuchs und sexuellen Missbrauch erleben musste, sagt dazu (2012): Ein Dankbarkeitstagebuch zu führen »war der wichtigste Schritt, den ich in meinem gesamten Leben gemacht habe.

Egal, was gerade in deinem Leben vorgeht, wenn du dich darauf konzentrierst, was du hast, wirst du letztlich immer mehr haben als zuvor. Wenn du dich darauf konzentrierst, was du nicht hast, wirst du nie, nie, nie genug haben.«

Als Eltern können wir unsere Kinder dazu anleiten, ab und zu innezuhalten, um dankbar zu sein für all das Gute, das uns manchmal selbstverständlich erscheint.

Sie können dazu gemeinsam die folgende Übung nutzen:

ÜBUNG:
Wofür ich in meinem Leben dankbar bin

Was ich habe (z.B. einen liebevollen Partner, ein Dach über dem Kopf, gesunde Kinder etc.):

- ....
  ....
- ....
  ....
- ....
  ....
- ....
  ....
- ....
  ....

Was ich kann:

- ....
  ....
- ....
  ....
- ....
  ....
- ....
  ....

Was ich erleben durfte:

- ....
  ....
- ....
  ....
- ....
  ....
- ....
  ....

Mein Kind ist ein Pessimist!

Manche Kinder sind richtige kleine Schwarzmaler. Sie nehmen alles wahr, was schiefläuft, jedes Problem, jede Ungerechtigkeit. Und sie reden darüber – fast pausenlos. Die Eltern können sich teilweise gar nicht vorstellen, woher das kommt, und helfen, so gut sie können: durch Zuhören, mit Verständnis, Beschwichtigungen, Tipps und Vorschlägen.

Jammern und Nörgeln hat oft versteckte Gründe

Bei Kindern, die oft jammern und nörgeln, hat man als Eltern das Gefühl, gegen Windmühlen zu kämpfen. Kaum ist ein Problem gelöst, taucht schon ein neues auf. Es scheint dem Nachwuchs wichtiger zu sein, ein Problem zu haben, als es zu lösen. Dieser Gedanke führt auf die richtige Spur. Oft erfüllen das Klagen und Meckern einen Zweck, der Kind und Eltern verborgen bleibt: Es befriedigt wichtige Bedürfnisse. Die Frage ist nur: welche?

Für manche Kinder ist das Jammern eine Möglichkeit, unmittelbar das Interesse und die Aufmerksamkeit der Eltern zu erlangen. Man hört als Erwachsener fast nie so intensiv zu, wie wenn der Nachwuchs von einem Problem erzählt. Sofort sind wir hellwach und ganz Ohr. Manche Kinder registrieren diesen Zusammenhang zwischen einer intensiven Beziehungserfahrung und dem Jammern unbewusst. Sie haben gelernt: Auf diese Weise kann ich Nähe und Intimität herstellen und bekomme das Gefühl, dass sich jemand um mich kümmert.

Auch für Eltern ist diese Situation zunächst oft mit positiven Gefühlen verbunden. Man hört dem Kind zu, zeigt Verständnis, hilft, und darf erleben, wie sich die Miene des Kindes aufhellt, da man ihm hat helfen können, eine Lösung zu finden oder eine Situation anders zu sehen. Für die Eltern stellt dies ebenfalls eine schöne Beziehungserfahrung dar. Zudem fühlen sie sich kompetent und anerkannt. Sie dürfen erleben: Ich bin wichtig für mein Kind! Manchmal fühlt sich ein Elternteil auch geschmeichelt, weil das Kind bei Problemen immer zu ihm kommt, dem verständnisvollen Elternteil, der sich auf das Kind einlässt.

Aus diesen Prozessen heraus entwickelt sich manchmal ein Teufelskreis. Das Kind jammert immer öfter, die Eltern werden müde. Nun begegnen sie ihm mit Ungeduld, hören nicht mehr so aufmerksam zu. Das Kind reagiert darauf, indem es mit noch dramatischeren Problemen aufwartet, um die ersehnte Aufmerksamkeit und Zuwendung zurückzugewinnen. Erzählt das Kind zur Abwechslung etwas Positives oder spielt unbekümmert, sind die Eltern erleichtert. Endlich ist mal alles in Ordnung und wir können uns anderen Aufgaben oder dem Geschwisterchen widmen! Das Kind lernt: Wenn ich keine Probleme habe, werde ich kaum beachtet.

Raus aus dem Teufelskreis!

Kritik am Kind, Zurechtweisungen oder Apelle, die Welt positiver zu sehen, nützen wenig. Erlebt das Kind diese Reaktionen als Zurückweisung, verstärkt das seinen Wunsch, Nähe herzustellen, und es wird noch eindringlicher über seine Sorgen sprechen. Falls hinter dem Jammern das Bedürfnis nach Nähe, Zuwendung und Intimität steckt, lässt sich der Teufelskreis am leichtesten durchbrechen, indem man das Kind die Erfahrung machen lässt, dass seine Eltern voll und ganz für es da sind, wenn es ihm gut geht und es über schöne Erlebnisse spricht. Hören Sie weiterhin zu, wenn Ihr Kind klagt – aber achten Sie darauf, dass Sie noch einen Tick präsenter sind, wenn es von seinen Stärken, schönen Momenten mit anderen Kindern oder den Sonnenseiten seiner Lehrerin oder seines Lehrers erzählt.

Vielleicht merken Sie, dass es Ihnen viel schwerer fällt, zuzuhören, wenn Ihr Kind von positiven Aspekten berichtet. Wir sind es gewohnt, Probleme genau zu sezieren. Das tun wir bei schönen Erlebnissen viel zu selten. Wenn ein Kind erzählt, dass die Lehrerin gemein war, dann fragen wir sofort: »Was ist passiert? Warum hat sie das gesagt? Wie ging es dir dabei?« Berichtet ein Kind hingegen davon, dass die Lehrerin ihm ein Kompliment gemacht hat, lassen wir es oft bei einem »Aha – schön!« bewenden.

Falls Ihr Kind ein kleiner Pessimist ist, können Sie beginnen, bei guten Erlebnissen genauer nachzufragen: »Was hat dich daran besonders gefreut?«, »Was meinst du, wie es dazu gekommen ist?«, »Was hast du dazu beigetragen?«, »Wie könntest du dafür sorgen, dass das öfter passiert?«. Indem Sie den schönen Dingen auf den Grund gehen, werden diese erlebbar, wiederholbar und zu einem verbindenden Element in der Beziehung zu Ihrem Kind.

Das mag sich am Anfang seltsam anfühlen. Dann sind konkrete Übungen wie die oben erwähnte Dankbarkeitsübung hilfreich.

Noch wirksamer ist es, wenn man über einige Wochen hinweg ein tägliches Ritual pflegt, bei dem man sich bewusst macht, wie viele schöne Momente man erlebt und wie vieles gut und richtig läuft. Sie können dazu gemeinsam mit Ihrem Kind die »Was ist gut gelaufen«-Übung aus der positiven Psychologie durchführen.

Bei dieser Übung nehmen Sie sich am Abend einen Moment Zeit, um am Bett mit Ihrem Kind über drei Momente zu sprechen, die an diesem Tag »gut gelaufen« sind oder über die man sich gefreut hat. Sie können lediglich das Kind erzählen lassen oder selbst drei weitere Momente beisteuern. Das können scheinbare Kleinigkeiten sein:

- Wir haben auf dem Heimweg ein Eichhörnchen beobachten können.
- Es gab beim Mittagessen in der Schule ein leckeres Dessert.
- Yasemin hat mich gefragt, ob ich am Wochenende zu ihr zum Spielen komme.

Damit lenken Sie einerseits den Fokus des Kindes auf die schönen Aspekte seines Lebens – auf der anderen Seite vermitteln Sie ihm indirekt: Ich bin auch dann für dich da und höre dir zu, wenn du über Positives sprichst! Wir können uns gemeinsam über etwas freuen.

Die »Was ist gut gelaufen«-Übung ist erstaunlich wirkungsvoll. Versuchspersonen, die die Übung über fünf Wochen hinweg anwandten, ging es sogar ein halbes Jahr später noch signifikant besser als der Kontrollgruppe (Seligman, 2015). Achten Sie darauf, dass Sie die Übung nicht zu häufig hintereinander durchführen. Wird sie zur Routine oder verkommt sogar zu einer lästigen Pflicht, verliert sie ihre Wirkung (vgl. Härtl-Kasulke & Revers, 2018).

Zu dieser Übung finden Sie auf unserer Webseite www.biber-blog.com einen Kurzfilm mit dem kleinen Biber.

Anti-Nörgel-Tipps

- Regen Sie Ihr Kind dazu an, über positive Aspekte seines Lebens zu sprechen – zum Beispiel mit der »Was ist gut gelaufen« – oder einer Dankbarkeits-Übung.
- Hören Sie gut zu, wenn Ihr Kind über schöne Erlebnisse spricht.
- Vertiefen Sie gute Erfahrungen, indem Sie neugierig nachfragen.
- Vermitteln Sie Ihrem Kind, wie viel Spaß es macht, sich über Angenehmes auszutauschen, indem Sie dabei zusammen lachen, Schönes gemeinsam in Gedanken nochmals durchspielen und Pläne aushecken, um noch mehr Tolles auf die Beine zu stellen.
- Nehmen Sie sich als Elternteil ab und zu Momente, um darüber nachzudenken, was Ihr Leben lebenswert macht.

Es braucht Mut, Kindern Freiräume zu schenken

Liest man Medienberichte zum Thema Freiräume für Kinder, machen sich oft zweierlei Gefühle breit. Einerseits nicken wir innerlich. Vor unserem geistigen Auge ziehen Bilder auf von glücklichen Kindern, die durch den Wald streifen, Baumhütten bauen und vergnüglich in Matschpfützen hüpfen: So muss Kindheit sein!
Auf der anderen Seite beschleicht uns das schlechte Gewissen: Haben die eigenen Kinder genügend Zeit für sich? Machen wir alles richtig? Wann waren wir das letzte Mal im Wald? Und hat es den Kindern da wirklich so gut gefallen?
Was wir auch wissen: Die Freiräume sind in den letzten Jahrzehnten kleiner geworden. Die Bevölkerungs- und Bebauungsdichte und der Verkehr haben zugenommen, und die Orte, an denen Kinder ungestört spielen können, verschwinden zunehmend. Gleichzeitig verbringen die Kinder viel mehr Zeit in Tagesstrukturen, Vereinen oder Sportangeboten. Ihre Freizeit wird immer stärker von Erwachsenen durchorganisiert.
Was braucht es, damit Kinder wieder die nötigen Frei- und Gestaltungsräume erhalten? Und was kann jeder Einzelne von uns dazu beitragen, anstatt sich nur die »gute alte Zeit« herbeizusehnen? In vielerlei Hinsicht ist von uns Erwachsenen dazu eine Haltungsänderung, Mut und eine Portion guter Ideen erforderlich.

Was ist, wenn etwas passiert?

Wenn wir an unsere eigene Kindheit zurückdenken, sehen wir nicht nur die glücklichen Stunden alleine mit Freunden im Wald und im Quartier, sondern auch all die brenzligen Momente und die teilweise waghalsigen Aktionen: das Klettern auf den etwas zu hohen Baum, die Indianerspiele, bei denen mit selbstgemachten Pfeilen aufeinander geschossen wurde, zündeln und Nielen rauchen, mit dem eigens zusammengebastelten Gefährt (wir nannten ihn den »Schumpegeppel«), bestehend aus Klappstuhl und zwei Skateboards, die Straße runtersausen – all diese »Ich darf gar nicht daran denken, was dabei hätte passieren können«-Momente gehören zum Gesamtpaket.

Die jetzige Elterngeneration hat ein deutlich höheres Sicherheitsbedürfnis als vorherige. Wenn es uns ernst ist mit der Freiheit unserer Kinder, müssen wir uns immer wieder überwinden, unsere eigenen Ängste ein Stück weit auszuhalten. Ich (Fabian) bin eigentlich kein sorgenvoller Typ, aber seit ich Kinder habe, hat sich etwas verändert. Plötzlich verfüge ich über einen gut ausgebauten Gefahrenradar und sehe alles, was passieren könnte. Sich mit Warnungen zurückzuhalten und die Kinder an der »langen Leine« zu lassen, braucht immer wieder Überwindung. Vielleicht ist es hilfreich, wenn wir uns regelmäßig fragen, wo wir etwas mutiger werden können, wo wir unseren Kindern mehr zutrauen dürfen.

Was geschieht, wenn ich die Kontrolle abgebe?

Kindern mehr Freiräume zuzugestehen, erfordert auch deshalb Mut, weil wir die Kontrolle abgeben müssen. Eine Schulsozialarbeiterin erzählte uns, dass sie für die Organisation des Abschlussfests an ihrer Schule verantwortlich war. Eines Tages entschied sie sich dafür, diese Verantwortung in die Hände der Abschlussklassen zu legen. Die Kinder der beiden sechsten Klassen erhielten ein Budget und sollten die Feier selbständig vorbereiten – inklusive Bewirtung, Programm und Musik.

Die Schulsozialarbeiterin meinte: »Es war fast nicht auszuhalten. Die ersten zwei Wochen passierte nichts! Sofort machten sich Zweifel breit: Sind sie mit der Aufgabe überfordert? Haben sie überhaupt Lust drauf? Was ist, wenn am Ende nichts steht?« Sie hatte Angst, vor den Kollegen und den Eltern blöd dazustehen. Schließlich sagte sie sich: »Wenn es nichts wird, dann wird es halt nichts. Ich zieh das jetzt durch. Zur Not gibt es Chips und Cola.« Schließlich überraschten die Kinder alle. Es wurde ein tolles Fest mit gutem Essen und einem bunten Programm. Seither ist es an dieser Schule zur Tradition geworden, dass die Sechstklässler die Organisation des Sommerfests übernehmen.

Warum ist es so schwierig, die Kinder machen zu lassen?

Als Erwachsene fühlen wir uns rasch ein wenig unwohl und nutzlos, wenn wir uns zurückhalten. Eine Kindergärtnerin, die einen Tag pro Woche mit den Kindern in den Wald geht und sie dort entdecken, suchen und sammeln lässt, hat rasch den Eindruck, sie käme ihrem pädagogischen Auftrag nicht nach, oder fühlt sich von der Kollegin, die die Kinder Arbeitsblättchen ausfüllen lässt, unter Druck gesetzt. Eine Schule, die die Organisation eines Festes in die Hände der Schülerinnen und Schüler legt, riskiert, sich lächerlich zu machen. Eine Tagesschule, die Zeiten mit freiem Spiel einrichtet, sieht sich vielleicht mit der kritischen Frage konfrontiert, wofür die Lehrer/innen eigentlich bezahlt würden, wenn sie nur rumstehen und den Kindern zuschauen.

Erzieher/innen und Lehrer/innen, die sich zugunsten der Kinder zurücknehmen und Vorwürfe riskieren, weil es mal eine Schramme gibt oder scheinbar zu wenig gelernt wurde, benötigen unserer aller Zuspruch und Rückhalt. Diesen können wir ihnen nur geben, wenn wir uns bewusst machen, wie wertvoll diese Erfahrungen für unsere Kinder sind.

Lernt mein Kind genug?

Das oben beschriebene Abschlussfest wurde ein Erfolg. Wenn wir Kindern mehr Verantwortung übertragen und ihnen mehr Gestaltungsräume schenken möchten, müssen wir aber damit klarkommen, dass das nicht immer so ist. Wir müssen unseren Kindern zugestehen, dass sie scheitern und es erneut versuchen dürfen.

Das fällt uns schwer, weil wir Erwachsenen den sicht- und planbaren Erfolg mögen. Wenn wir ein Kind in die Musikstunde schicken, können wir zusehen, wie es immer anspruchsvollere Stücke spielt, und einmal pro Jahr eine Aufführung genießen. Wenn die Jugendliche mit ihren Freundinnen eine Garagenband gründet, ist das nicht der Fall. Sie wird wahrscheinlich nicht die gleichen Fortschritte auf ihrem Instrument erzielen wie die Klassenkameradin, die den Musikunterricht besucht und brav zu Hause übt. Wie viel ihr diese Erfahrung gebracht hat, wird sich vielleicht erst Jahre später zeigen, wenn sie sagt: Mit meiner Band war ich kreativ, habe gelernt, etwas Eigenes mutig nach außen zu tragen, kleine Auftritte zu erkämpfen, mit Lampenfieber umzugehen, Spannungen in der Band auszuhalten, mich zusammenzuraufen, wenn es nicht so lief wie geplant. Das braucht von uns Eltern immer wieder Vertrauen in die Entwicklungsfähigkeit der Kinder. Aber es lohnt sich: Die Erfahrung, etwas eigenständig auf die Beine stellen und den Lernprozess selbst gestalten zu können, stärkt die Selbstwirksamkeit unserer Kinder mehr als jedes vorgegebene Programm, das sich Erwachsene ausdenken können.

Mein Kind trödelt

»Was nervt euch aneinander am meisten?« Diese Frage stellten wir Eltern und ihren Kindern bei einem Seminar zum Thema Lernen. Ich, Fabian, befragte die Eltern. Bei ihnen führte das Trödeln die Liste an. Für die Kinder war dies keine Überraschung. Sie wussten, dass ihre Tagträume und ihre Langsamkeit die Eltern störten – schließlich hörten sie den ganzen Tag »Beeil dich!«, »Mach vorwärts!«, »Bist du immer noch nicht weiter?!«. Währenddessen sprach ich, Stefanie, mit den Kindern. Als wir zurück in die Gruppe kamen, zeigten sich die Eltern sehr überrascht über die Antwort der Kinder auf die Frage, was für sie das Schlimmste überhaupt sei. Die Mehrzahl sagte: »Das dauernde Gestresse, Hetzen und Drängen meiner Eltern!«

Erst durch diese Rückmeldung wurde den Eltern bewusst, wie sehr ihr ständiges Antreiben die Kinder beim Lernen unter Druck setzt, ihnen unbeschwerte Momente stiehlt und sie aus dem Spiel herausreißt.

Wir haben also auf der einen Seite Eltern, die ihren Tagesplan im Kopf haben, auf die Uhr schielen und dafür sorgen müssen, dass die Kinder rechtzeitig in der Schule oder beim Sport sind. Auf der anderen Seite stehen die Kinder, die im Moment leben, den Augenblick genießen und sich in etwas vertiefen möchten. Wie können Familien in diesem Punkt zueinander finden?

Das Kind unterstützen

In vielen Familien beginnt der Kampf bereits beim Aufstehen: Das Kind kommt nicht aus dem Bett, beginnt plötzlich zu spielen, anstatt sich anzuziehen, und baggert im Müsli herum, anstatt es zu essen.

Der oft geäußerte Vorschlag, die Eltern sollen die Kinder früher wecken, damit sie am Morgen nicht hetzen müssen, bringt nur manchen Familien Entlastung. Bei anderen dauert alles noch länger.

Doch auch das ständige Antreiben nützt herzlich wenig. In den letzten Jahren haben wir vielen Eltern verträumter Kinder die Fra-

ge gestellt: »Was passiert, wenn Sie Ihr Kind dazu drängen, sich zu beeilen? Wird es dadurch langsamer oder schneller?« Die allermeisten Eltern antworteten: »Mein Kind wird noch langsamer.«
Uns scheint, dass Kinder, die zum Träumen und Trödeln neigen, sich vermehrt in ihre Innenwelt flüchten, wenn sie von außen unter Druck gesetzt werden. Sie blenden die fordernde Umgebung, die gestressten Eltern, den vollen Terminkalender aus, um einen Moment der Ruhe zu finden. Unser Vorschlag wäre daher: Hören Sie auf, »Beeil dich!« zu sagen.
Wenn Sie möchten, können Sie es mit mehr Struktur versuchen – dies hilft verträumten Kindern, sich nicht zu verlieren. Hat ein jüngeres Kind beispielsweise Schwierigkeiten, sich morgens zügig anzuziehen, können Sie einen Parcours mit seinen Kleidungsstücken auslegen: die Unterhose neben das Bett, das T-Shirt auf die Türschwelle, die Socken in den Gang, die Hose in die Küche. Ihr Kind bewegt sich vom Zimmer zum Frühstück, während es sich anzieht.

Für Entspannung sorgen

Ich (Fabian) komme morgens nur schlecht in die Gänge. Mir hilft es, wenn ich alles am Abend vorbereite: Tisch decken, Pausenbrot einpacken, die Kleidung der Kinder im Wohnzimmer in Form eines Kleidermännchens (Hose und Pullover zuunterst, Unterwäsche, T-Shirt und Socken obendrauf) bereitlegen. Am Morgen muss ich nichts anderes tun, als Brot, Butter und Konfitüre auf den Tisch zu stellen, und kann mich ansonsten auf die Kinder konzentrieren. Wenn ich noch das Pausenbrot vorbereiten muss, während der Große etwas erzählen will und die Kleine die Socken nicht über die Füße bekommt, sind am Ende alle gestresst.
Bei älteren Kindern kann eine Playlist mit einer fixen Abfolge von Songs helfen. Schalten Sie morgens die Liste mit den Lieblingsliedern Ihres Kindes ein. Das erste Stück darf es im Bett hören, die nächsten drei unter der Dusche, das fünfte beim Abtrocknen, das sechste beim Anziehen. Kinder lassen sich lieber sanft von ihren Lieblingsliedern aus der Tür begleiten als von genervten Eltern.

»Wir hatten monatelang jeden Morgen ein riesiges Theater mit unserem Sohn«, erzählte ein Vater in einem unserer Seminare: »Er wollte einfach nicht aufstehen, verlor sich auf dem Weg ins Bad in seinen Spielsachen. Wenn er ausnahmsweise nach dem Wecken gleich aufstand, fanden wir ihn meist kurze Zeit später in eine Decke eingewickelt irgendwo auf dem Fußboden, wo er einfach etwas spielte, noch kurz weiterdöste oder Löcher in die Luft starrte und vor sich hin träumte. Er wollte morgens seine Ruhe haben, keiner der üblichen Tipps hat geholfen. Uns platzte regelmäßig der Kragen. Bis wir eines Tages zu ihm sagten: Weißt du was? Wenn es dir so wichtig ist, es morgens gemütlich zu haben und dich nochmals einzukuscheln, dann ist das eben so. Sobald du angezogen bist und wir gefrühstückt haben, kannst du dich die restliche Zeit auf die Couch oder wieder ins Bett legen – einfach so lange, bis der Bus kommt. Unser Sohn ist dadurch morgens viel schneller geworden. Seine ›Chill-Zeit‹ vor der Schule ist ihm heilig und er will sie so gut wie möglich ausschöpfen. Es mag seltsam klingen, aber bei uns funktioniert das.« Ich (Stefanie) musste bei dieser Geschichte schmunzeln: Ich war als Kind ebenfalls eine Langschläferin und bin bis heute ein großer Gemütlichkeitsfan geblieben. Auch meine Mutter bewies jahrelang die Engelsgeduld, jeden Morgen mehrmals in mein Zimmer zu kommen, um mich zum Aufstehen zu bewegen, weil ich mich »nur noch 5 Minuten« gemütlich im Bett umdrehen wollte – und dabei nicht selten wieder einschlief. Heute nutze ich einen ähnlichen Trick wie die Familie, die weiter oben zu Wort kam: Nach einer ausgiebigen Morgendusche und dem Anziehen mache ich es mir mit einer dampfenden Tasse Milchkaffee nochmals auf dem Bett gemütlich – bis der Wecker ein zweites und letztes Mal klingelt. Für meinen Mann und mich sind diese fünfzehn Minuten am Morgen eine kleine gemeinsame Ruheinsel, um entspannt und ohne Hektik in den Tag zu starten, und trotzdem rechtzeitig aus dem Haus zu kommen.

Auf gute Momente achten

Manche Kinder hören Tag für Tag Kommentare wie »Du bist so ein Träumer, warum kannst du nicht aufpassen?!« oder »Du bist immer so langsam!«. Mit der Zeit verinnerlicht das Kind diese Zuschreibungen als Tatsachen und beginnt, sich selbst abzuwerten. Gleichzeitig belasten solche Rückmeldungen die Beziehung – das Kind wird noch langsamer und bockiger, die Erwachsenen setzen mehr Druck auf, und es entsteht ein Teufelskreis, bei dem Kind, Eltern und Lehrer/in verlieren.
Wenn wir einem verträumten Kind hingegen in einem guten Moment sagen: »Hui, bist du schon angezogen?«, und es kurz anlächeln, stärken wir die Beziehung und die Motivation des Kindes, es morgen wieder zu versuchen.

Das Kind schützen

Manchmal bleibt Ihnen als Eltern eines langsamen Kindes nichts weiter übrig, als es vor dem Tempo und dem Druck der Welt zu bewahren. Manche Eltern von Träumerkindern berichten, dass ihre Kinder bereits in der Grundschule mehrere Stunden für die Hausaufgaben aufwenden. Diese Kinder sind oft so schulmüde, dass sie während dieser Hausaufgabenmarathons kaum etwas zustande bringen. Dafür entwickeln sie eine immer größere Aversion gegen das Lernen. Es fehlt ihnen an Freizeit und Erholungsräumen. Die dringend benötigten Pausen nehmen sie sich zunehmend während des Unterrichts, indem sie sich ausklinken, träumen und aus dem Fenster schauen.
Wir empfehlen Ihnen in diesem Fall, die Zeit für die Hausaufgaben zu begrenzen. Reden Sie mit der Lehrkraft, schildern Sie ihr, wie lange Ihr Kind für die Aufgaben braucht. Fast alle Lehrer/innen sind offen für den Vorschlag: Das Kind wendet täglich 10 Minuten Hausaufgaben pro Schuljahr auf (zum Beispiel 30 Minuten in der dritten Klasse). Hat es in dieser Zeit konzentriert gearbeitet, darf es die Hausaufgaben abbrechen.
Sie als Eltern schreiben ins Hausaufgabenheft: »Hat 30 Minuten konzentriert gearbeitet.« Meist gehen die Kinder konzentrierter

und speditiver ans Werk, wenn das Pensum reduziert wird. Viele packt der Ehrgeiz, in dieser Zeit möglichst viel zu schaffen. Ihr Kind arbeitet noch besser, wenn Sie die Hausaufgaben gemeinsam planen, Ihr Kind die Arbeitszeiten mit kurzen Pausen unterbrechen darf und Sie ihm wirksame Lernstrategien vermitteln.

Vom Kind lernen

Schließlich möchten wir Ihnen vorschlagen, von Ihrem Kind zu lernen – und sich damit selbst etwas Gutes zu tun. Vertieft sich Ihr Kind gerne in ein Spiel? Beobachtet es jeden Käfer auf dem Weg? Ist es ihm egal, wenn der Einkauf etwas länger dauert und Sie den Bus verpassen?

Kinder benötigen Zeit, um die Welt zu erkunden: Interesse entwickeln, etwas emotional erfassen, sich von einer Geschichte, der Natur oder einem Musikstück berühren lassen – all das kann man nicht beschleunigen. Auch wir Erwachsene profitieren davon, wenn wir in solchen Momenten nicht auf die Uhr schauen.

Ob Sie Momente der Entschleunigung mit Ihrem Kind genießen können oder gestresst reagieren, hängt davon ab, welche Ziele Sie im Kopf haben.

Wenn Sie sich vornehmen, den Einkauf zu erledigen oder die Geschirrspülmaschine einzuräumen, werden Kinder mit ihren Plänen, ihrem Spiel und ihrem eigenen Kopf zu einem Hindernis auf dem Weg zu Ihrem Ziel. Hindernisse frustrieren und ärgern uns. Je stärker Sie sich einem bestimmten Zeitplan und einer Aufgabe verpflichtet fühlen, desto größer der Frust – und desto mehr stellen sich die Kinder quer.

Dürfen wir Ihnen ein Experiment vorschlagen? Setzen Sie sich nächste Woche an zwei Nachmittagen das Ziel, Zeit mit Ihren Kindern zu verbringen und sich auf deren Rhythmus einzulassen. Dabei gilt: Alles kann, nichts muss. Betrachten Sie es als Bonus, wenn Sie in dieser Zeit einkaufen oder die Wohnung aufräumen können. Fragen Sie sich am Ende dieser Nachmittage: Wie habe ich mich gefühlt? Wie war die Stimmung zwischen mir und den Kindern? Was haben wir gemacht?

Vielleicht bemerken Sie, dass Sie genauso gut vorankommen, dabei aber weniger Stress empfinden.
Wir Erwachsenen leben nach der Uhr. Sich wieder einmal auf den Rhythmus des Lebens einzulassen und die Dinge dann zu tun, wenn es sich richtig anfühlt, kann befreiend wirken.

Kurztipps für den Umgang mit langsamen und verträumten Kindern:

- Verzichten Sie darauf, Ihr Kind zur Eile anzutreiben. Meist verlangsamt das die Kinder zusätzlich.
- Geben Sie dem Kind mehr Struktur, indem Sie mit ihm planen oder feste Abläufe einüben. Besprechen Sie den nächsten Tag beim Abendessen vor.
- Schützen Sie Ihr Kind vor Überforderung. Begrenzen Sie die Hausaufgabenzeit in Kooperation mit der Lehrkraft. Es ist wichtiger, dass Ihr Kind lernt, kurze Phasen konzentriert zu arbeiten, als alles fertig zu machen.
- Achten Sie gerade bei trödelnden Kindern darauf, dass Sie das Lernen durch kurze Pausen (5 Minuten) unterbrechen. Bewusste Pausen reduzieren das Bedürfnis, sich Erholungszeiten zu stehlen, indem man aus dem Fenster schaut und vor sich hin träumt.
- Lassen Sie sich öfter auf den Rhythmus des Kindes ein und genießen Sie es, selbst langsamer zu werden und das Leben bewusster wahrzunehmen.

Mit Kindern über Ängste sprechen

»Mensch Nicole, man hat doch nicht jedes Mal Bauch- oder Kopfweh, wenn man zu einer Geburtstagsfeier eingeladen wird!« Schüchterne und ängstliche Kinder fühlen sich von Erwachsenen oftmals in die Enge gedrängt. Wir sind so damit beschäftigt, ihnen ihre Unsicherheiten auszureden und ihnen eine Extraportion Selbstbewusstsein einzuimpfen, dass wir das Zuhören vergessen. In der Folge gelingt es Kindern kaum mehr, in sich hineinzuhorchen und zu sagen, was sie wirklich beschäftigt:

Mutter: »... jetzt sag doch einfach, was los ist!«
Nicole: »Ich will da nicht hin.«
Mutter: »Aber warum denn nicht? Das wird bestimmt schön!«
Nicole: »Was mache ich, wenn die mich da gar nicht haben wollen?«
Mutter: »Finn würde dich doch nicht einladen, wenn er dich nicht mag.«
Nicole: »Die ganze Klasse ist eingeladen ...«
Mutter: »Dann sind Emma und Mahide auch dabei – und mit denen verstehst du dich doch gut. Du kannst dich doch nicht immer in deinem Schneckenhaus verkriechen.«

Mit der Zeit verstummen Kinder wie Nicole und sprechen immer weniger über ihre Gefühle. Sie entwickeln die Überzeugung, dass ihre Eltern sie »sowieso nicht verstehen«. Es ist hilfreich, wenn wir uns in solchen Momenten als Forscherinnen oder Entdecker sehen, die gemeinsam mit dem Kind seine Gefühlswelt auskundschaften. Dabei kann man an Orte geraten und Dinge sehen, die unangenehm sind. Gerade dann wird der Wunsch umso stärker, die Sache mit einem Tipp »zu regeln«. Wenn wir diesem Drang widerstehen und weiter offen zuhören können, erfahren wir mehr.

Nicole: »Was mache ich, wenn die mich da gar nicht dabeihaben wollen?«

Mutter: »Hm ... Warum meinst du denn, hat Finn dich eingeladen?«
Nicole: »Alle kommen zu seinem Geburtstag! Seine Mutter hat bestimmt gesagt, dass er die ganze Klasse einladen muss.«
Mutter: »Emma und Mahide kommen in diesem Fall auch?«
Nicole: »Ja ...«
Mutter: »Du hast trotzdem Angst, dass du am Ende alleine dastehst?«
Nicole: »Emma und Mahide haben den gleichen Schulweg wie ich – aber weißt du, wenn wir in der Schule sind, gehöre ich nicht wirklich dazu – dann sind die beiden mit Jessica und Svetlana zusammen.«

Wir Erwachsenen treffen ständig Annahmen über die Welt der Kinder und glauben meist, recht gut im Bild zu sein. So ging Nicoles Mutter davon aus, dass ihr Mädchen in der Klasse gut integriert ist und Emma und Mahide verlässliche Freundinnen ihrer Tochter sind. Erst ein offenes Ohr und die Annahme, »mein Kind würde keine Bauchschmerzen entwickeln, wenn es keinen triftigen Grund dazu gäbe«, machten ihr bewusst, dass ihr Kind ziemlich isoliert war. Auch beim Finden einer Lösung sollten wir das Kind genau beobachten und bei Zeichen von Anspannung genauer nachfragen:

Mutter: »Hm ... du musst da nicht hin. Aber vielleicht wird es schön und du lernst die anderen besser kennen. Was würde es dir leichter machen, hinzugehen?«
Nicole: »Keine Ahnung.«
Mutter: »Du könntest es doch Finns Mutter sagen, wenn du nach Hause willst – dann hole ich dich sofort ab.«
Nicole: »Ja ...«
Mutter: »Das überzeugt dich nicht?«
Nicole: »Wenn die dann mit den anderen aus unserer Klasse redet, wird es oberpeinlich.«
Mutter: »Und wenn du Papas Handy mitnimmst? Dann schleichst du dich aufs Klo, schreibst mir eine Nachricht, und ich hole dich sofort ab?«
Nicole: »Das fände ich gut.«

Ängste sind nicht rational

Manchmal erliegen wir auch dem Irrglauben, wir könnten Ängste bei anderen durch gut begründete Argumente wegdiskutieren. Damit erreichen wir jedoch nur, dass das Kind nicht mehr über seine Befürchtungen spricht. Viele Ängste sind irrational – aber deswegen nicht weniger real. Dem Spinnenphobiker können wir noch so viele Beweise liefern, dass diese Krabbeltierchen in unseren Breiten ungefährlich sind. Er wird das alles bejahen – und sich trotzdem fürchten. Es gibt daher eine Frage, die wir nicht stellen sollten: »Warum macht dir das Angst?« Kinder (und auch Erwachsene) kommen bei dieser Frage in Erklärungsnot. Eine bessere Frage lautet: »Was könnte denn passieren?«

Jonas, sieben Jahre alt, wurde von seinem Freund und dessen Eltern in ein Erlebnisbad eingeladen. Bereits zwei Wochen vor dem Besuch konnte er nicht mehr schlafen. Seinem Vater gelang es, mit dieser Frage genauer zu erfassen, wovor sich sein Kind fürchtete:

Vater: »Das macht dir ganz schön Angst, dieser Alpamare-Besuch, hm?«

Jonas: »…«

Vater: »Wenn man etwas noch nicht kennt, kann einem das Schiss machen. Was meinst du, was könnte denn passieren?«

Jonas: »Mara hat gesagt, dass mal einer bei der Rutsche aus der Kurve geflogen ist …«

Vater: »Ich weiß jetzt nicht, ob die Geschichte stimmt. Aber klar, dass dich das beunruhigt. Was hast du denn noch vom Alpamare gehört?«

Jonas: »Da gibt es ein Bad mit riesigen Wellen!«

Vater: »Ja, das Wellenbad … das findest du unheimlich …?«

Jonas: »Ja! Was, wenn die Wellen über meinen Kopf schwappen und ich unter Wasser gezogen werde?«

Vater: »Weißt du was? Wir gehen dieses Wochenende einfach zu zweit hin und schauen uns das Ganze in Ruhe an. Wenn es dir weiterhin Angst macht, gehen wir wieder und finden eine Ausrede, damit du nicht mit musst. Einverstanden?«

Jonas war unter dieser Voraussetzung bereit, das Erlebnisbad auszukundschaften. Sein Vater setzte sich mit ihm an den Rand des Wellenbads. Dort erkannte Jonas bald, dass »die Köpfe über den Wellen schwimmen«. Die Rutschen wollte er ausprobieren, als er gesehen hatte, dass auch kleinere Kinder Spaß daran haben. Sein Vater konnte ihm zusätzlich Angst nehmen, indem er beim Beobachten feststellte: »Aha, wenn man will, dass man nur langsam runterrutscht, muss man gerade sitzen – und wenn man will, dass es richtig schnell flutscht, kann man sich flach auf den Rücken legen.« Jonas entschied sich zuerst für die sichere Methode und wurde mit jeder Partie mutiger.

Kurztipps für Gespräche über die Angst:

- Fragen Sie bei Ängsten nicht nach dem »Warum«. Kinder fühlen sich dadurch unter Druck gesetzt, ihre Ängste erklären oder rechtfertigen zu müssen.
- Die Frage »Was könnte da passieren?« und ein offenes Ohr helfen Kindern dabei, ihre Ängste genauer zu beschreiben.
- Die Frage »Was würde dir helfen?« ist eine Ermutigung, sich mit der Situation auseinanderzusetzen. Das Angebot, das Kind zu begleiten und zu unterstützen, wirkt mehr als gute Argumente.

Wie Eltern die Ängste ihrer Kinder unbewusst verstärken

»Komm, der beißt doch nicht! Willst du ihn nicht mal streicheln? Du brauchst doch keine Angst zu haben!«

Die meisten Kinder entwickeln im Laufe ihres Lebens Ängste. Fast jedes hat während der Kindheit Angst vor der Dunkelheit, vor Monstern oder bestimmten Tieren. Als Eltern können Sie in diesem Fall ganz entspannt bleiben, das Nachtlicht brennen und die Schlafzimmertüre offen lassen oder das Kind nach einem Albtraum in Ihrem Bett schlafen lassen. Meist verschwinden diese Ängste genauso plötzlich, wie sie gekommen sind.

Anders ist es, wenn ein Kind Ängste entwickelt, die es einschränken und unter denen es leidet. Sie sollten als Eltern reagieren, wenn Ihr Kind oft schlaflose Nächte vor Prüfungen hat, unter sozialen Ängsten leidet, die es ihm sehr schwer machen, auf andere Kinder zuzugehen, oder wenn die Angst vor bestimmten Tieren oder Situationen so groß wird, dass sich das Kind kaum mehr nach draußen traut.

Im Umgang mit Ängsten kann man als Eltern in einige Fallen tappen und damit die Unsicherheiten des Kindes unbewusst verstärken. In diesem Kapitel möchten wir Sie dafür sensibilisieren.

»Davor brauchst du doch keine Angst zu haben!«

Diesen Satz bekommen Kinder bei Ängsten von Erwachsenen oft zu hören. Er verstärkt die Unsicherheit des Kindes, weil er ihm nicht dabei hilft, seine Gefühle »abzustellen«, sondern sie als unangemessen bezeichnet. Eine häufige Folge ist, dass das Kind zwar nicht weniger Angst hat, sich aber für seine Ängste zusätzlich zu schämen beginnt.

Roland, Vater des achtjährigen Tom, meinte stattdessen: »Weißt du, Hunde haben mir als Kind auch Angst eingejagt.« Sofort wurde Tom hellhörig und neugierig: »Und was hast du dann gemacht?«

»Du schaffst das ganz bestimmt!«

Oft möchten Eltern Kindern versichern, dass ihre Sorgen unbegründet sind. Gerade bei Prüfungsängsten begegnen uns oft Versicherungen der Art: »Du kannst das!«, »Du schaffst das bestimmt!«. Kurzzeitig mögen diese Parolen das Kind beruhigen – aber immer rascher kommt der Zweifel: »Und wenn nicht? ...«

Komischerweise werden Kinder durch solche Beruhigungsversuche oft zusätzlich verunsichert. Sarah, eine Jugendliche, die vor der Lehrabschlussprüfung stand, erklärte uns: »Für meine Eltern existiert die Möglichkeit gar nicht, dass ich durchfallen könnte! Die sagen immer, dass ich es ganz bestimmt schaffe! Die wären sicher mega enttäuscht, wenn es bei den Prüfungen nicht so rund läuft!«

Wir ermutigten Sarah, mit ihren Eltern ernsthaft darüber zu sprechen, was passiert, wenn sie es »nicht schafft«. Diese konnten ihr glaubhaft darlegen, dass für sie als Eltern keine Welt zusammenbrechen würde und es für Sarah ebenfalls nicht so tragisch wäre, wenn sie ein Jahr länger für den Abschluss braucht. Welch eine Entlastung!

Kinder mit Ängsten fragen sich oft, »was passieren würde, wenn ...« Sie denken diesen Gedanken aber nicht zu Ende. Wenn wir ihnen genau dabei helfen, erkennen sie häufig: Erstens wäre es nicht so tragisch und zweitens gibt es einen Plan B!

»Sie konnte sich nicht konzentrieren, weil sie solche Angst hatte!«

Wie wir mit der Angst umgehen, wirkt sich oft entscheidender auf das Ergebnis aus als die Angst selbst. So gibt es fast keinen Zusammenhang zwischen der Leistung in Prüfungen und der körperlichen Aufgeregtheit (Deffenbacher, 1980; Hembree, 1988; Seipp, 1991). Prüfungsängste führen meist deswegen zu schlechteren Resultaten, weil Sorgen von den eigentlichen Aufgaben ablenken. Dies wird am Beispiel der beiden Schauspieler Lars und Oliver deutlich. Lars denkt: »Ohne Lampenfieber bringe ich einfach nicht die volle Leistung!« Wenn sein Herz kurz vor dem Auftritt zu klopfen beginnt, heißt er dies willkommen. Er hat das Gefühl, voll da zu sein, und profitiert von seinem »Adrenalinschub«.

Oliver sagt sich: »Hoffentlich werde ich nicht nervös!« Als sein Herz zu klopfen beginnt, denkt er: »Oh nein! Mein Herz rast! Jetzt fängt das wieder an! Sicher sehen alle, wie nervös ich bin! Ich vergesse bestimmt den Text!« Vor lauter Sorgen steigt seine Angst weiter an, und sein Herz klopft noch heftiger. Abgelenkt von all den negativen Gedanken über seine Angstsymptome kommt er tatsächlich ins Stocken.

Reagieren Eltern sehr besorgt, wenn ihr Kind von Ängsten berichtet, können sie die »Angst vor der Angst« verstärken und beim Kind das Gefühl wecken: »Wenn ich Angst bekomme, bin ich geliefert! Dann geht gar nichts mehr!« Als Eltern können Sie Ihr Kind stärken, indem Sie ihm vermitteln, dass Nervosität in solchen Situationen dazugehört und es diese Gefühle zulassen und annehmen darf.

Vielleicht überlegen Sie sich mit Ihrem Kind sogar einen Satz wie: »Ich habe Angst ... das ist okay – ich konzentriere mich jetzt wieder auf die Aufgabe ... eins nach dem anderen.« Oder: »Wenn ich ein Blackout habe, dann drehe ich die Prüfung um und sage zu mir: Du hast gerade ein Blackout – das kann vorkommen. Atme langsam ein und aus und lies die Aufgabe dann nochmals durch.«

Kurztipps

So können Eltern ihrem Kind helfen, seine Ängste zu bewältigen:

- Nehmen Sie seine Gefühle ernst. Sprechen Sie mit ihm darüber, wie es mit seinen Ängsten umgehen kann.
- Zeigen Sie Ihrem Kind, dass Ängste zum Leben dazugehören und überwunden werden können. Räumen Sie der Angst nicht zu viel Macht ein.
- Verdeutlichen Sie Ihrem Kind: Du kannst trotz Nervosität einen Vortrag halten, eine Prüfung schreiben oder auf andere Kinder zugehen.
- Erklären Sie Ihrem Kind, dass man im Leben immer eine zweite Chance erhält und man auch ein glückliches Leben

führen kann, wenn die eine oder andere »Katastrophe« eintritt.

Nehmen Sie bei gravierenden Ängsten Hilfe in Anspruch

Falls Ihr Kind unter seinen Ängsten leidet, sollten Sie Hilfe in Anspruch nehmen. Ängste lassen sich in einer Psychotherapie meist sehr gut behandeln – und der Zugewinn an Lebensqualität ist so hoch, dass sich der Aufwand mehr als lohnt! Auf den folgenden Webseiten finden Sie Hilfe:
www.psychologie.ch
www.bptk.de/service/therapeutensuche.html
www.psychotherapie.at

Angst mit Mut begegnen

Elias steht mit zittrigen Beinen auf dem Dreimeterbrett. »Eli, Eli, Eli!«, feuern seine Freunde ihn an. Er nimmt all seinen Mut zusammen und – springt. Als er auftaucht, johlt die Clique. Grinsend und stolz klettert er aus dem Becken und erneut auf das Sprungbrett. Beim zweiten Mal ist die Angst bereits ein wenig kleiner.

Ängste gehören zum Leben. Sie können hilfreich sein und uns vor realen Gefahren und Bedrohungen schützen. Sie können uns aber auch einengen, lähmen, uns die Lebensfreude und Lebendigkeit rauben. Damit Letzteres nicht geschieht, sollten Kinder lernen, sich mit ihren Ängsten auseinanderzusetzen. Schon die Kleinsten bringen dazu eine große Motivation mit. Sie suchen immer wieder Situationen auf, in denen sie ihren Mut beweisen und sich ihren Ängsten stellen können. Sie balancieren über Hindernisse, springen freiwillig vom Sprungbrett, fahren gern in halsbrecherischem Tempo Fahrrad, klettern auf Bäume oder hören sich gruselige Geschichten an. Sie mögen den Nikolaus auch, weil er ein wenig unheimlich ist, und fiebern mit Ronja Räubertochter oder Harry Potter mit, wenn diese von grausigen Wilddruden oder dem bösen Lord Voldemort verfolgt werden.

Kinder können im Umgang mit Ängsten jedoch Schwierigkeiten entwickeln, wenn sie ungünstige Erfahrungen machen. Manchmal werden problematische Ängste von Vorbildern übernommen oder durch Eltern und Lehrpersonen geweckt.

Beobachtet Paul, wie sich sein großer, starker Vater vor einem Hund fürchtet und die Straßenseite wechselt, ist es nur logisch, dass ihm Hunde als Bedrohung erscheinen, die es zu meiden gilt.

Sieht Laras überfürsorgliche Mutter überall Gefahren, wird auch die Welt für ihre Tochter immer bedrohlicher. Mit jedem vorschnell geäußerten »Komm da runter!«, »Weißt du eigentlich, was da alles passieren könnte!«, »Pass auf!«, »Nicht so schnell!« oder »Was werden die anderen denken?!« wird sie noch ängstlicher.

Wird Rahel für Fehler von ihren Eltern mit bösen Blicken abgestraft und von der Lehrerin in der Schule bloßgestellt, lernt sie, keine

Risiken einzugehen, sich lieber nicht zu melden, als einen Fehler zu machen, und beim Referat lieber krank zu sein, als sich vor der Klasse zu blamieren.

Sich der Angst stellen

Ängste nehmen ab, wenn wir uns mit ihnen konfrontieren. Allerdings gilt das nur dann, wenn wir dabei gute Lernerfahrung machen. Für Rahel wäre es hilfreich, wenn sie während des Vortrags merkt: »Jetzt habe ich schon weniger Angst als zu Beginn! Es ist gar nicht so schlimm! Die Lehrerin nickt mir zu und lächelt mich an.« Elias dachte nach seinem Sprung: »Cool! Ich habe es geschafft!« Er war stolz und ließ sich feiern.
Besonders bei Kindern mit großen Ängsten besteht rasch die Gefahr, dass Eltern sie entweder zu sehr schonen oder überfordern. Beides verstärkt die Unsicherheiten. Wie also soll man vorgehen, wenn man einem Kind dabei helfen möchte, sich seinen Ängsten zu stellen?

Mutig vorangehen

Wir »lernen« Ängste vorwiegend durch Modelllernen. Genau dieser Lernprozess kann auch genutzt werden, um mutiger zu werden und Ängste zu mildern. Albert Bandura, der die Theorie des Modelllernens beschrieb, zeigte mit seinem Team bereits 1967 (Bandura, Grusec & Menlove, 1967), wie stark der Einfluss von Modellen sein kann, wenn es gilt, Ängste zu überwinden. Er ließ Kinder mit einer Hundephobie mehrere Tage lang jeweils 20 Minuten ein anderes Kind beobachten, das ausgelassen mit einem Hund spielte. Die Kinder hatten die Wahl, einfach zuzusehen oder sich dem Zwinger langsam zu nähern und ihn schließlich zu betreten. Bereits am vierten Tag ließen sich 67 Prozent der ängstlichen Kinder darauf ein, den Hund zu streicheln!
Auch als Eltern können wir diesen Lernprozess nutzen. Interessanterweise sind Sie dann als Modell bestens geeignet, wenn Sie selbst ängstlich sind bzw. die gleiche Angst haben wie Ihr Kind. Sieht ein Kind mit einer Hundephobie einen Erwachsenen, der gar

keine Angst vor Hunden hat, kann es davon kaum profitieren. Das Modell ist ihm zu unähnlich, ein anderer Mensch mit anderen Empfindungen. Anders war es im Fall von Louis. Sein Vater überwand sich seinem Sohn zuliebe und bat eine Bekannte, mit deren Hund trainieren zu dürfen. Die Bekannte hielt den Hund an der Leine, der Vater näherte sich ihm voller Angst. Louis beobachtete ihn aufmerksam und hielt dabei genügend Abstand. Der Vater sagte: »Mann, habe ich Schiss – aber ich mach das jetzt trotzdem!« Langsam ging er auf den Hund zu. Schließlich berührte er ihn. Das Herz klopfte ihm bis zum Hals. Er blieb standhaft. Die Angst nahm ab. Dann sagte er: »Es geht schon besser.« Er streichelte den Hund: »Das fühlt sich weich an. Schau, er freut sich.« Bald konnte er sehen, wie Louis den ersten, dann einen zweiten Schritt auf den Hund zu machte.

Kleine Schritte

Wie lässt sich Angst überwinden? Elias und seine Freunde geben die Antwort darauf: in kleinen Schritten. Bevor sich Elias auf das Dreimeterbrett wagte, ist er vom Beckenrand, vom Einmeter- und vom Zweimeterbrett gesprungen – bis er sich sicher fühlte und es Zeit war für eine neue Herausforderung. Wenn wir einem Kind helfen wollen, sich seinen Ängsten zu stellen, können wir uns überlegen, wie die Angst in kleinen Schritten überwunden werden könnte. Wozu ist das Kind bereit? Wozu reicht sein Mut aus? Analog zur Höhe des Sprungbretts könnte die Größe des Hundes oder die Anzahl der Zuhörer beim Vortrag variiert werden. Schüchterne Kinder können mit Personen üben, die ihnen vertraut sind, und zuerst mit einem Elternteil, dann mit der Patentante, mit einem Freund und schließlich mit einer unbekannten Person telefonieren. Sie können ihren Mut zusammennehmen und in Begleitung der Eltern, später alleine beim Bäcker etwas bestellen.

Mutiges Verhalten anerkennen

Besonders bei Ängsten im sozialen und im Leistungsbereich ist es hilfreich, wenn Sie sich als Elternteil mit Lob für die Leistung zurückhalten. Wenn Sie Ihrem Kind sagen, es habe seine Sache »gut gemacht«, lenken Sie seine Aufmerksamkeit auf seine Leistung – das erhöht den Druck und den Wunsch, »gut« zu sein und keine Fehler zu machen. Zeigen Sie ihm stattdessen Ihre Anerkennung für seine Bereitschaft, sich auf die schwierige Situation einzulassen, betonen Sie seinen Mut und seine Tapferkeit.

Das hilft:

- Ängste können in kleinen Schritten überwunden werden. Suchen Sie nach einem Schritt, der Ihrem Kind zwar Mut abverlangt, aber nicht zu groß ist.
- Freuen Sie sich mit Ihrem Kind darüber, wenn es ihm gelingt, sich mit seiner Angst auseinanderzusetzen.
- Bieten Sie sich als Modell an, indem Sie sich eigenen Ängsten stellen.
- Ermutigen Sie Ihr Kind, Angst in kleinen Dosen auszuhalten, und heben Sie seinen Mut und seine Tapferkeit hervor, auch wenn der erste Schritt unbedeutend erscheint.

Auch ein Biber hat mal Angst. Unserer fürchtet sich vor Vorträgen. Vielleicht will ihm Ihr Kind dabei zuschauen, wie er diese überwindet (www.biber-blog.com)? Als Eltern erfahren Sie in der kleinen »Angstmonsterkunde« ganz praktisch, was Ängste verstärkt und wie sie sich abschwächen lassen.

Kinder und Jugendliche wollen sich nützlich fühlen

Wir sind alles andere als Schwarzmaler. Was die Erziehung von Kindern betrifft, freuen wir uns über viele positive Veränderungen, die in den letzten Jahrzehnten stattgefunden haben. Eltern begegnen ihren Kindern mit mehr Wärme, Wertschätzung und Respekt und verbringen im Durchschnitt mehr Zeit mit ihnen (Dotti Sani & Treas, 2016; Hellmann, 2014). Die meisten Jugendlichen geben an, dass ihnen die Familie wichtig ist und sie eine gute Beziehung zu ihren Eltern haben, und immer mehr Väter bringen sich aktiv in die Erziehung ein (z.B. Eidgenössische Jugendbefragung ch-x, 2012/2013; Shell Jugendstudie, 2015; Stamm, 2016). Dafür darf sich unsere Elterngeneration auch einmal selbst auf die Schulter klopfen! Es gibt aber auch Entwicklungen, die uns Sorgen bereiten.

Eine davon ist, dass sich Eltern heute zwar intensiv um ihren Nachwuchs kümmern, sich die Kinder und Jugendlichen selbst aber von unserer Gesellschaft nicht gebraucht fühlen. Wir stecken vieles in die Kinder und erwarten, dass sie sich für eine Zukunft bemühen, die für sie in weiter Ferne liegt. Gleichzeitig gelingt es uns aber kaum, ihnen die Erfahrung zu ermöglichen, dass wir auf sie zählen und sie einen wichtigen Beitrag für die Gemeinschaft leisten.

Für unsere Eltern war es anstrengend, wenn sie nach der Schule noch auf dem Hof oder im Haushalt mithelfen oder auf die Geschwister aufpassen mussten. Aber sie durften sich nützlich fühlen.

Ein Schlüssel zum Glück

Bei unserer Arbeit begegnen uns immer wieder Jugendliche und junge Erwachsene, die am Sinn des Lebens zweifeln. Vielen gemeinsam ist das Gefühl, im Hier und Jetzt nichts beitragen zu können. Eine 25-jährige Studentin meinte kürzlich in einem Seminar: »Ich weiß einfach nicht, wozu ich hier bin. Seit ich sieben bin – also seit 18 Jahren –, dreht sich alles immer nur darum, dass ich gute Noten schreibe. Es ist, als ob ich mich seit ewigen Zeiten immer nur

auf ein Leben vorbereiten soll, das irgendwann einmal stattfinden wird.« Es geht ihr wie einer Schülerin, die es auf den Punkt brachte: »Ich fühle mich wie ein Haustier – geliebt, aber nicht gebraucht.«
Wenn wir möchten, dass unsere Kinder und Jugendlichen glücklich werden, das Leben als sinnstiftend empfinden und ein gesundes Selbstwertgefühl entwickeln, sollten wir uns nicht nur fragen, was wir für sie tun können. Fast wichtiger wäre die Frage, was unsere Kinder und Jugendlichen für uns und andere tun können.

Helfen-Wollen ist uns angeboren

Den Wunsch zu helfen bringen Kinder als natürliche Anlage mit auf die Welt: Er ist tief in unserem genetischen Programm verankert und wird bereits bei Kleinkindern sichtbar. Kaum können sie laufen, halten sie einem Erwachsenen die Tür auf, heben Dinge auf, die heruntergefallen sind, oder trösten andere Kinder.
In einer originellen Studie konnte ein Forscherteam um die Psychologin Kiley Hamlin (2007) sogar zeigen, dass bereits Säuglinge positiv auf Figuren reagieren, die anderen helfen, und diejenigen ablehnen, die gemein zu anderen sind. Die Babys beobachteten dazu drei verschiedenfarbige Figuren: ein Dreieck, einen Kreis und ein Viereck. Sie sahen zu, wie eine Figur einen Hügel erklimmen will und dabei von einer anderen Figur angeschoben oder von einer dritten Figur behindert wird. Nach der Beobachtungsphase durften die Kinder eine Holzfigur auswählen. Fast alle entschieden sich für die Helferfigur – egal, welche Farbe oder Form diese hatte.
Als Erwachsene können wir Kinder stärken, indem wir den Wunsch zu helfen respektieren, Hilfe zulassen und uns dankbar zeigen.
Das ist gar nicht so leicht, wie Kameras, die in einer Kindertagesstätte installiert wurden, zum Vorschein brachten:
Wie erwartet zeigte sich, dass Kinder andere Kinder trösten, wenn diese sich wehgetan haben. Es wurde aber noch etwas anderes deutlich: Wenn ein Kind weinte, eilte sofort eine Erzieherin herbei, nahm das aufgelöste Kind auf den Arm und trug es weg. Bereits nach kurzer Zeit trösteten sich die Kleinen nicht mehr gegenseitig. Sie hatten gelernt: Das ist der Job der Erwachsenen.

Das spontane Helfen von Kindern wird oft durch Erwachsene unterbunden – auch zu Hause. Eine Dreijährige möchte beim Kochen helfen und wir finden es zu gefährlich, die Pfanne zu heiß, das Messer zu scharf oder sehen schon die Unordnung und das Geschmier, das sich in der Küche ausbreitet. Wir vertrösten das Kind, sagen ihm, dass es noch etwas älter werden muss, und wundern uns später, dass das Kochen seinen Reiz verloren hat.

Toast Hawaii oder eine Pizza belegen, den Crêpes-Teig zubereiten oder einen Kuchen backen: Viele Gerichte sind nicht nur rasch, sondern so einfach in der Zubereitung, dass auch kleine Kinder mithelfen können.

Eine dreckige Küche können die meisten Eltern ertragen. Im oben erwähnten Beispiel mit der Krippe ist es viel anspruchsvoller, den Wunsch zu helfen zu würdigen. Wenn ein Kind weint, stellt sich oft ein Tunnelblick ein: Wir sehen nur noch dieses Kind, gehen hin, heben es hoch und trösten es – in der besten Absicht. Das weinende Kind zählt schließlich darauf, dass wir uns um es kümmern.

Helfen und helfen lassen schließen sich jedoch nicht aus. Als Elternteil oder Erzieher/in können wir uns zum weinenden Kind setzen und es im Beisein der anderen Kinder in den Arm nehmen. Dabei können wir die Gruppe einbinden, indem wir etwas sagen wie »Aline hat sich wehgetan, hm?« und den anderen Kindern zulächeln, wenn diese Aline streicheln und ihr gut zureden.

Mein Kind will nicht helfen

Manche Eltern haben das Gefühl, ihre Kinder seien gar nicht bereit, mit anzupacken. Sie erleben sie als passiv oder sogar »faul«. Bei näherer Betrachtung erkennt man jedoch oft ungünstige Muster, durch die den Kindern das Helfen schon früh verleidet.

Kinder wollen eine echte Hilfe sein

Kinder möchten helfen – aber nicht irgendwie. Sie wollen Verantwortung übernehmen und ihre Fähigkeiten nutzen können.

Aus diesem Grund sind Haushaltspflichten – in der Schweiz liebevoll als »Ämtli« bezeichnet – oft wenig beliebt. Viele Kinder spüren instinktiv: Meine Eltern sind nicht wirklich auf diese Hilfe angewiesen. Es handelt sich nur um eine weitere »pädagogische Maßnahme«, durch die ich etwas lernen und auf das Leben vorbereitet werden soll.

Verstehen Sie uns nicht falsch: Es ist sicher sinnvoll, wenn ein Kind seinen Teller abräumt. Nur gibt ihm das ab einem bestimmten Alter nicht mehr das Gefühl, tatsächlich etwas zur Familiengemeinschaft beizutragen.

Je mehr Sie darauf achten, dass Ihr Kind beim Helfen seine Fähigkeiten einbringen und Interessen verwirklichen kann, desto mehr wird es aus dieser Erfahrung ziehen.

Kinder wollen keine Handlanger sein

Ich (Fabian) durfte als Kind bei vielem mithelfen und dabei auch sehr spannende und anspruchsvolle Arbeiten übernehmen: mit der Axt Holz spalten, Äste zersägen, den Rasen mähen. Was ich absolut hasste, waren Handlangerjobs: rumstehen, während mein Vater werkelte, und ab und zu etwas holen müssen: »Fabian, hol mir den Schraubenschlüssel … Nein! Das ist ein Schraubenzieher – hörst du eigentlich zu!?« Das hatte ich nicht – ich hatte bei diesen Jobs nie zugehört – ich hatte mich gelangweilt und kam mir blöd vor. Also ging ich in den Keller und dachte: »Was hat er gesagt? Irgendwas bringen. Ich nehme mal das da mit.«

Geben Sie Ihrem Kind, wenn möglich, eine Arbeit, die es als Ganzes erledigen darf, anstatt nur als Zuarbeiter zu fungieren.

Für eine Zwölfjährige ist es wenig erfüllend, an drei Tagen in der Woche das Geschirr abzuräumen und bei der Essensvorbereitung die Gurken und Karotten zu schneiden. Ganz anders ist es, wenn sie an einem Tag in der Woche für die Familie einkauft, kocht und stolz darauf sein darf, wenn ihr Gericht allen schmeckt. Sie wird wissen: Heute habe ich meine Eltern wirklich entlastet.

Eine Mutter, die ihren 14-jährigen Sohn bei Haushaltspflichten als wenig hilfsbereit empfand, erzählte uns: »Er brauchte eine spannende und anspruchsvolle Aufgabe. Wir haben ihm die Planung unseres Urlaubs überlassen. Er bekam ein Budget und die ganze

Familie hat Wünsche eingebracht. Und dann hat er losgelegt. Wochenlang hat er abends das Internet durchforstet und geplant. Wir mussten uns zurücknehmen, ihm vertrauen – ich habe absichtlich nie nachgefragt. Das muss man aushalten, aber es hat sich gelohnt. Ich hätte nie gedacht, dass man für diesen Betrag so tolle Ferien machen kann!«

Kinder und Jugendliche wachsen an ihren Aufgaben, wenn sie mehr Verantwortung übernehmen dürfen. Eine Schulleiterin meinte dazu bei einer Weiterbildung: »Wir veranstalten jedes Jahr eine Tauschbörse, bei der die Kinder Spielsachen mitbringen und miteinander tauschen können. Die jetzige sechste Klasse hatte diese Tauschbörse im Jahr zuvor sabotiert. Da sind ein paar coole Jungs und Mädels drin, die den Tag genutzt haben, um Blödsinn zu machen. Zuerst wollten wir für diese Klasse in diesem Jahr parallel eine Filmvorführung einplanen, damit sie die anderen nicht stören. Aber das konnte doch nicht die Lösung sein! Also haben wir ihnen den Auftrag gegeben, je ein Kindergartenkind zu betreuen. Sie mussten dafür sorgen, dass die Kleinen etwas zu essen bekommen, sich beim Tauschen nicht übers Ohr hauen lassen und zur richtigen Zeit am richtigen Ort sind. Wir haben diese Klasse noch nie so gesehen. Es war rührend, wie liebevoll sie sich um die Jüngeren gekümmert haben – und wie stolz sie am Ende waren.«

Kinder möchten helfen, aber vielleicht nicht »Jetzt!«

Mein (Stefanies) Vater ist nicht nur ein warmherziger und humorvoller Mensch, er ist auch handwerklich sehr geschickt. Es hat sich daher eingebürgert, dass er sich um sämtliche Heimwerkeraufgaben kümmert. So auch, als ein Zimmer im Haus renoviert werden sollte, wobei allerlei Arbeiten anfielen: es wurden Möbel verrückt, Kisten geschleppt und Wände gestrichen. Immer wieder kam es dabei zur gleichen Situation: Mein Vater ruft meinen Bruder und fragt: »Xaver, man müsste noch ... kannst du mir kurz helfen?« Dieser antwortet: »Ja, ich komme gleich hoch, ich mache nur noch das hier fertig, in 20 Minuten bin ich da.« Wenn er wenig später bereit war, mit anzupacken, hatte mein Vater in einem Kraftakt die schweren

Möbel alleine herumgehievt und meinte mürrisch: »Jetzt brauchst du mir auch nicht mehr helfen!«

Irgendwann erwiderte mein Bruder: »Ich helfe dir gern – aber vorher musst du lernen, ein bisschen mehr Geduld zu haben. Wenn ich sage, ich komme in 20 Minuten, dann komme ich auch.«

Eltern, die rasch die Ungeduld packt, haben oft den Anspruch, dass Kinder sofort alles stehen und liegen lassen, um zu helfen. Tut der Nachwuchs dies nicht, gehen sie die Aufgabe mit zusammengebissenen Zähnen und dem Gedanken »dann mache ich es halt allein!« an. Kommen die Kinder später hinzu und möchten helfen, werden sie angeschnauzt und entwickeln ein schlechtes Gewissen – und mit der Zeit die Haltung: »Was fragst du mich überhaupt? Dann mach's doch gleich alleine!«

Wenn Sie merken, dass Sie selbst zu Ungeduld neigen, können Sie sich fragen: »Bis wann muss das wirklich erledigt sein?« Oft merkt man dabei, dass die Aufgabe nicht dringlich ist. Falls doch, können Kinder besser darauf reagieren, wenn Sie einen Zeitrahmen angeben und begründen, warum die Hilfe dringend ist. Sie könnten zum Beispiel sagen: »Du, ich habe das Brot vergessen. Hättest du Zeit, noch eines einzukaufen? Ich brauche es spätestens bis 17 Uhr, damit wir rechtzeitig essen können.«

Es ist hilfreich, wenn Sie in sich hineinhören, woher die Ungeduld rührt. Manche Eltern erkennen, dass mangelndes Vertrauen die Ursache ist: Sie haben die Überzeugung entwickelt, dass die Kinder sowieso nicht helfen möchten und die Aufgabe wahrscheinlich vergessen geht. Ist das der Fall, entwickelt sich oft ein Teufelskreis: Mutter oder Vater bitten mit einem argwöhnisch-misstrauischen Unterton um Hilfe, äußern vielleicht sogar einen Nachsatz wie »aber machst du es dann wirklich?!« bzw. »kann ich mich darauf verlassen?!«. Das nimmt Kindern und Jugendlichen jegliche Lust, der Bitte nachzukommen. Nachdem das Kind »Ja, ich mach's ja« gebrummelt hat, schleichen die Eltern immer mal wieder um das Kind herum, werfen ihm kontrollierend-vorwurfsvolle Blicke zu und ärgern sich. Mit einem »Ich hab's ja gewusst« erledigen sie die Aufgabe wenig später selbst.

Die Bitte um Unterstützung fühlt sich für das Kind auf diese Weise an wie ein Beziehungs- oder Charaktertest mit dem typischen Ausgang, dass es nicht zuverlässig ist, sich aus der Verantwortung stiehlt und so undankbar ist, dass es »gar nicht sieht, was man alles für es tut.«

Es mag sein, dass das Kind tatsächlich Zusagen vergisst und das Brot nicht rechtzeitig einkauft. Aber die oben beschriebene Haltung der Eltern verstärkt genau diese Tendenz, weil das »Helfen-Sollen« für das Kind mit negativen Gefühlen besetzt ist. Am einfachsten können Sie diesen Teufelskreis durchbrechen, indem Sie so tun, als ob Sie Ihrem Kind voll und ganz vertrauen, dass es Ihrer Bitte nachkommt. Sie können sich vorstellen, es hätte den Auftrag bereits ausgeführt. Übergeben Sie die Aufgabe und denken Sie nicht mehr daran. Fragen Sie nicht nach, kontrollieren Sie nicht.

Vielleicht erleben Sie eine Überraschung und Ihr Kind erledigt den Auftrag. In diesem Fall gilt: Auch wenn Sie überrascht sind, zeigen Sie es nicht. Kommentare wie »Wow, der Herr hat es ja tatsächlich erledigt« oder »War das jetzt so schwierig? Warum kann das nicht immer so laufen?« oder sogar ein »Noch schöner wär's, wenn ich dich gar nicht erst drum bitten müsste« können auch das hilfsbereiteste Kind in die Verweigerung treiben. Ein »Danke« reicht.

Ein ehrlich gemeintes »Danke« ist auch besser als ein Lob – weshalb, erfahren Sie im Kapitel »Belohnungen, ein zweischneidiges Schwert«.

Wo kann Ihr Kind mitwirken?

Vielleicht haben Sie Lust, kurz darüber nachzudenken, wo Ihr Kind bereits die Erfahrung machen darf, dass sein Beitrag wertvoll ist.

Oder möchten Sie neue Felder auskundschaften? Welche Aufgaben würden Ihr Kind herausfordern? Kann es im Rahmen seiner Fähigkeiten beim Kochen mitwirken? Einen Sonntagsauflug für die Familie planen? Ein Gemüsebeet im Garten anlegen? Sich um das kleine Geschwister kümmern? Einem Freund bei Schulproblemen weiterhelfen?

Haben Sie etwas mehr Verständnis!

Das Zusammenleben mit Kindern kann für Eltern zeitweise frustrierend sein. Manchmal »beichten« uns Eltern, dass sie sich das Familienleben so schön vorgestellt hatten und sich jetzt kaum wiedererkennen. Sie schreien ihr trotziges Kleinkind an und verachten sich selbst dafür. Sie machen bei der Elfjährigen massiv Druck bei den Hausaufgaben, obwohl sie sich geschworen hatten, genau das nicht zu tun. Sie erleben sich im Umgang mit dem Fünfzehnjährigen überhaupt nicht als die entspannte Mutter oder den gesprächsbereiten Vater, die sie gerne sein würden. Doch wie lässt sich das ändern?

Begegnen Sie sich mit mehr Verständnis

»Warum habe ich das gemacht?«, »Jetzt bin ich schon wieder ausgetickt – ich habe es einfach nicht im Griff!«, »Warum schaffe ich das nicht? Andere Eltern können es doch auch!«. Viele Eltern, insbesondere Mütter, machen sich nach einem Wutausbruch richtiggehend selbst fertig. Ein schlechtes Gewissen führt aber nur zu noch mehr Druck und Stress und macht es Ihnen nicht leichter, sich in Zukunft anders zu verhalten. Haben Sie deshalb etwas mehr Verständnis – und zwar für sich selbst!

Das bedeutet nicht, dass Sie Ihr Verhalten rechtfertigen. Zeigen Sie Mitgefühl, wenn Sie mit sich selbst sprechen. Sie könnten etwas in der folgenden Art zu sich sagen: »Okay, es ist nicht in Ordnung, sein Kind anzuschreien. Jetzt ist es passiert, und es nützt nichts, wenn du dich dafür selbst fertigmachst. Du warst müde und gestresst. Im Moment hängt wirklich alles an dir.«

Überlegen Sie sich, wie Sie in Zukunft reagieren möchten

Viele Situationen, die uns den letzten Nerv rauben, tauchen immer wieder auf. Dies hat den Vorteil, dass man sich darauf vorbereiten kann. Anstatt darüber nachzudenken, was wir wieder »falsch« gemacht haben, könnten wir darüber nachdenken, wie wir in dieser Situation das nächste Mal reagieren möchten. Als Mutter oder Vater ist man nicht selten müde, frustriert und unter Zeitdruck. Dieser Cocktail macht es wahrscheinlicher, dass wir ins Schreien kommen. Nichts macht uns unkreativer als Stress. Wenn die Gefühle hochschießen, läuft unser präfrontaler Kortex, der Sitz unseres bewussten Denkens, auf Sparflamme. Wir reagieren aus dem Bauch heraus und spulen ohne nachzudenken das immer gleiche Programm ab. Uns fehlt schlicht die notwendige Denkkapazität, um uns etwas Kluges einfallen zu lassen.

Wenn wir einen Schritt zurücktreten und in einem ruhigen Moment mit kühlem Kopf darüber nachdenken, wie wir in Zukunft reagieren möchten, fällt uns regelmäßig eine bessere Möglichkeit ein. Wenn wir diese aufschreiben, wird es wahrscheinlicher, dass wir uns im richtigen Augenblick daran erinnern und diese auch tatsächlich ausprobieren.

Ein Stift, ein Blatt Papier und 15 Minuten Zeit sind alles, was Sie dazu benötigen. Warten Sie einen Moment ab, in dem Sie sich gut, entspannt und energievoll fühlen. Gehen Sie spazieren oder in Ihr Lieblingscafé etwas trinken und nehmen Sie Ihr Schreibzeug mit.

Notieren Sie sich zuerst, um welche Situation es sich handelt, und wie Sie momentan reagieren.

Beginnen Sie dann mit dem Brainstorming und suchen Sie zusätzliche Möglichkeiten. Was könnten Sie zu sich selbst sagen, um ruhig zu bleiben? Wie könnten Sie Ihrem Kind begegnen? Gibt es Tage, an denen es besser läuft? Wie reagieren Sie dann? Was ist an diesen Tagen anders?

Achten Sie darauf, dass Sie auch einige verrückte Lösungen zu Papier bringen.

Ein Beispiel:

Wenn mein Sohn bei den Hausaufgaben richtig mies gelaunt ist und mich anschnauzt, dann reagiere ich im Moment so:

- Ich drohe ihm damit, dass er ohne gute Noten später keine Chance hat!

- Ich sage Sätze wie: »Meinst du eigentlich, ich habe nichts Besseres zu tun, als dir bei den Hausaufgaben zu helfen?«

Ich könnte stattdessen:

- in ruhigem Ton sagen: »Jetzt wird es unproduktiv – ich gehe meine E-Mails erledigen. Ruf mich, wenn wir weitermachen können.«
- denken: »Drohen und Schimpfen nützt nichts. Lass ihn mal machen, koch dir einen Tee und komm runter!«
- fragen, ob er die Hausaufgaben nicht lieber gemeinsam mit seinem Freund oder in der Hausaufgabenbetreuung der Schule erledigen will.
- zum Nena-Lied trällern: »Irgendwie fängt irgendwann, irgendwo das Lernen an. Ich warte nicht mehr lang, dümdüm-di-düm.«

Handlungsoptionen aufzuschreiben ist ausgesprochen hilfreich. Es fallen uns nicht nur viele Möglichkeiten ein, an die wir unter Druck nicht denken. Es wird uns auch bewusst, wie nutzlos unsere Stressreaktionen oft sind.

Nehmen wir die erste Variante »Ich drohe ihm damit, dass er ohne gute Noten später keine Chance hat«: Wenn wir verärgert sind, scheint uns das eine gute Idee zu sein. Wir möchten das Kind wachrütteln und zur Vernunft bringen. Sobald wir diese Option aber aufschreiben und mit einem kühlen Kopf betrachten, fällt uns auf, wie unfruchtbar sie ist.

Wählen Sie aus Ihren Vorschlägen einen aus, den Sie ausprobieren möchten. Stellen Sie sich in Gedanken vor, wie die Situation aussieht und wie Sie reagieren wollen. Spielen Sie diesen Ablauf in Ihrer Vorstellung ruhig mehrmals durch – das macht es wahrscheinlicher, dass Sie beim nächsten Mal an Ihr Vorhaben denken.

Wenn die neue Lösung hilfreich ist, behalten Sie sie bei – und sonst probieren Sie es mit einem anderen Vorschlag. Das Zusammenleben mit Kindern macht mehr Freude, wenn man ein wenig experimentiert.

Beziehen Sie Ihr Kind mit ein

Sie können auch in einem ruhigen Moment gemeinsam mit Ihrem Kind darüber nachdenken, wie Sie mit der Situation umgehen möchten. Sagen Sie zuerst, was Sie sich wünschen, und fragen Sie dann Ihr Kind, was es sich wünscht. Vielleicht finden Sie Lösungen, die beiden Rechnung tragen oder zumindest einen Kompromiss darstellen, mit dem sich alle arrangieren können.

Kurztipps

- Unter Stress können Sie schlecht nachdenken und reagieren immer gleich. Denken Sie daher über schwierige Situationen und mögliche Reaktionen nach, wenn es Ihnen gut geht und Sie Zeit haben.
- Schreiben Sie sich Ihren Frust von der Seele. Damit gewinnen Sie Distanz und können Probleme aktiv anpacken, anstatt Gedankenkarussell zu fahren.
- Machen Sie ab und zu ein Brainstorming – alleine oder mit Ihrem Kind zusammen –, um neue Lösungen zu finden und sich wieder näherzukommen.
- Haben Sie den Mut, zu experimentieren. Es gibt nicht die eine richtige Lösung. Aber wenn etwas nie funktioniert, sollten Sie etwas anderes ausprobieren.

Mein Kind hört mir nicht zu

Kinder und Jugendliche, die nicht zuhören, sind für Lehrer/innen und Eltern unheimlich lästig. Das weiß ich (Fabian) aus Erfahrung. Noch heute sehe ich meine Kindergärtnerin vor mir, wie sie mich mit ärgerlichem Gesichtsausdruck ermahnt: »Fabian! Hörst du zu!?«

Ich war nicht frech, ich war mit dem Kopf einfach immer woanders. Bei der morgendlichen Geschichte im Stuhlkreis hörte ich drei Minuten zu, dann dachte ich mir selbst aus, wie es weitergehen könnte.

Manche Kinder sind verträumt, andere – besonders Jugendliche – blocken die Eltern ab. Was können wir als Mutter oder Vater tun, damit uns Kinder und Jugendliche zuhören?

Wie Ihnen ein verträumtes Kind zuhört

Meine verträumte Art ist mir geblieben. Und es kommt immer noch vor, dass sich Menschen, die mir wichtig sind, darüber ärgern. Mein Sohn, damals drei Jahre alt, wusste instinktiv, wie man mit Menschen meines Schlags umgeht. Wenn ich in die Arbeit oder ein Buch vertieft war, pirschte er sich an. Er legte mir die Hand aufs Knie und wartete, bis ich ihn anschaute. Dann sagte er: »Papa?«, und machte eine kunstvolle kleine Pause, die mir Zeit gab, zu nicken. Als Zweites warnte er mich vor: »Ich will dir etwas erzählen …«, und um den Ernst seiner Absicht zu betonen: »Etwas Langes.«

Manchmal habe ich fast das Gefühl, er liest heimlich meine Psychologiebücher. Auf jeden Fall hat er das Prinzip »Handeln statt reden« gut verinnerlicht, indem er mich durch eine Berührung ins Hier und Jetzt holt und zuerst Blickkontakt herstellt, um sich meine Aufmerksamkeit zu sichern. Und indem er sagt, was er vorhat – und mir damit die Möglichkeit gibt, mich darauf einzustellen.

Während wir uns die Aufmerksamkeit von jüngeren Kindern relativ gut sichern können, indem wir einige Kommunikationsregeln beachten und uns beispielsweise auf Augenhöhe begeben und das Kind zuerst anschauen oder berühren, werden Gespräche mit Jugendlichen oft deutlich anspruchsvoller.

Wie Ihnen Jugendliche zuhören

Eltern von Pubertierenden haben oft das Gefühl, gegen eine Wand zu reden. Die Jugendlichen nehmen ihre guten Ratschläge nicht an, zeigen keine Einsicht, verhalten sich renitent und impulsiv. Inzwischen ist es populär geworden, dieses Verhalten von Teenagern mit Umbauprozessen im Gehirn zu erklären. Vielleicht klinken sie sich – zumindest ab und zu – aber auch deshalb aus dem Gespräch aus, weil sie das Gefühl haben, dass die Erwachsenen nichts zu sagen haben. Nichts Hörenswertes zumindest. Manche Jugendlichen hören nicht zu, weil sie sich selbst ungehört und unverstanden fühlen. Sie haben den Eindruck, dass sich ihre Eltern nur dafür interessieren, welche Ziele sie erreichen, wie sie zu denken und wie sie sich zu fühlen haben.

Junge Menschen brauchen ihre Eltern. Aber sie wollen eigene Wege gehen, eigene Standpunkte entwickeln und vertreten können und kein Produkt ihrer Eltern sein. Sie öffnen sich eher und hören zu, wenn sie das Gefühl haben, dass man sie ernst nimmt und zumindest versucht, sich auf ihre Welt einzulassen. Aus Sicht von Teenagern laufen Gespräche mit den Eltern oftmals nach dem folgenden Muster ab: Sohn: »Alle gehen auf diese Party. Wenn ich als Einziger nicht hingehe, bin ich wieder der Außenseiter.« Eltern: »Die Schule ist wichtig. Wenn du später einen guten Job willst, musst du am Ball bleiben.« Vielleicht befinden sich dazwischen noch ein paar weitere Sätze. Aber oft wissen Jugendliche genau, worauf es hinauslaufen wird. Und es stellt sich die berechtigte Frage, weshalb man sich dann ein Gespräch überhaupt antun sollte.

Viele Diskussionen in Familien laufen ab, als hätte jemand ein Theaterstück geschrieben, das wieder und wieder aufgeführt wird – mit den immer gleichen Dialogen und dem immer gleichen Ausgang.

Ändern Sie das Drehbuch

Laufen Gespräche wie nach Drehbuch ab, kann man zwei Dinge tun: den eigenen Text beibehalten und hoffen, dass das Gegenüber plötzlich seinen Part ändert – oder die eigene Rolle variieren und sich überraschen lassen, welche Wendung das Stück nimmt. Die zweite Variante ist spannender und bringt Bewegung in die Sache. Vor allem dann, wenn Sie eine interessante neue Rolle einnehmen. Wenn Sie merken, dass Sie Ihren Jugendlichen bisher vor allem in der Rolle des Staatsanwalts in die Zange genommen oder als Richter sein Verhalten beurteilt haben, könnten Sie in die Rolle des Detektivs schlüpfen. Bringen Sie mehr über Ihr Kind in Erfahrung, indem Sie genauer nachfragen. Versuchen Sie, möglichst unvoreingenommen zu ergründen, welche verborgenen Motive Ihr Kind zu seinen Handlungen antreiben, welche Perspektive es einnimmt, was ihm momentan wichtig ist und warum es ihm schwerfällt, Ihren Rat anzunehmen.

Sie können sich vorstellen, Sie wären eine Journalistin. Schreiben Sie einen dramatischen Bericht über die sich abspielenden Diskussionen, und beleuchten Sie die verschiedenen Akteure und deren Handlungen. Schreiben Sie dabei über sich in der dritten Person: Rita betritt das Zimmer ihres Sohnes. Sogleich steigt ihr der Geruch aus gammligen Turnschuhen und jugendlichen Ausdünstungen in die Nase. »Wie sieht es denn hier wieder aus?! Kannst du nicht ab und zu etwas saubermachen? Und wie es hier stinkt!«, keift sie den Sprössling an. Ihr Sohn verschränkt provokativ-lässig die Arme hinter dem Kopf und lehnt sich im Bürostuhl zurück. Im Hintergrund läuft das Videogame. Es ist diese Pose, die das Fass zum Überlaufen bringt ... Sie können sich den Text am nächsten Tag anschauen, vielleicht darüber schmunzeln oder sich überlegen, wie sich der Ablauf verändern ließe.

Sie könnten auch die Rolle des Anwalts Ihres Kindes einnehmen und einige Notizen für eine flammende Verteidigungsrede zusammenstellen – zum Beispiel darüber, weshalb es ganz normal ist, dass sich Teenager mehr für Freundschaften und Spaß als für die Schule interessieren. Das heißt nicht, dass Sie von Ihrer Position abrücken – aber vielleicht hilft Ihnen der Perspektivenwechsel, Ihre Argumente zu überdenken oder anders vorzubringen.

Kurzum: Ab und zu lohnt es sich, darüber nachzudenken, welche Theaterstücke man leid ist – und wo es sinnvoll und interessant wäre, die Aufführung etwas abzuändern.

Mobbing: Und alle schauen weg

Was gehört zu einer schönen Kindheit? Andauernde Einsamkeit, Trauer und Verzweiflung sicher nicht. Es gibt wenig, das das Selbstwertgefühl eines Kindes so nachhaltig schädigt wie Mobbing. Doch warum mobben Kinder andere Kinder? Woran erkennen Eltern, dass ihr Kind gemobbt wird? Und was können sie dagegen tun?

»Hey Tobias, hast du ein paar Anrufe bekommen?« Alle lachen. »Ihr wart das. Etwa hundert Leute haben bei uns angerufen!« Tobias schluckt. Ihm wird klar, dass Silvan, Fabian und Thomas ihm wieder einen Streich gespielt haben. Auf der Messe, die die drei am Samstag besucht hatten, gab es die Möglichkeit, kostenlos ein Zeitungsinserat aufzugeben. Fabian meinte zu seinen Freunden: »Kommt, wir schauen die Telefonnummer von Tobias im Telefonbuch nach und schreiben rein, dass er eine kostenlose Nintendo-Konsole abzugeben hat.« Ein lustiger Streich? Oder bereits Mobbing?

In diesem Fall war es Mobbing. Wir haben uns ab und zu auf dem Pausenplatz geprügelt, dabei auch mal eine blutige Nase geholt – ohne dass wir dabei von Mobbing sprechen würden. Warum bezeichnen wir diesen scheinbar harmlosen Streich als Mobbing? Wir tun es deshalb, weil wir die Hintergründe kennen, weil – so sehr ich (Fabian) mich dafür schäme – wir in diesem Beispiel alle Namen verändert haben außer meinen eigenen.

Mobbing war es, weil wir Tobias ständig solche Streiche spielten. Weil wir die Augen verdrehten, wenn er sich im Unterricht so fleißig meldete und mit den Fingern schnippte; weil die halbe Klasse stöhnte, wenn er eine von seinen »neunmalklugen« Antworten gab. Mobbing war es, weil wir viele waren und Tobias allein. Mobbing war es, weil er stets das Opfer war, weil wir ihm unmissverständlich und immer wieder signalisierten: Wir mögen dich nicht! Und wir werden dich nicht in Ruhe lassen, egal was du tust!

Mobbing war es, weil Tobias uns nie etwas getan hatte – und weil er keine Möglichkeit hatte, uns auszuweichen, sich zu wehren oder sich anzupassen. Aus allem, was er tat, leiteten wir Gründe ab, um

ihn weiter fertigzumachen. Dabei gelang es uns – und das finden wir an Mobbing das Schlimmste –, die Erwachsenen auf unsere Seite zu ziehen. Ihnen zu suggerieren, dass diese Aktionen gerechtfertigt waren und dieser Junge es nicht anders verdient hatte.
Während der gesamten Grundschulzeit hat kein einziges Mal ein Elternteil oder eine Lehrkraft klar Stellung gegen diese Taten bezogen. In der dritten Klasse wurde Tobias' Mutter dreimal beim Klassenlehrer vorstellig. Dieser führte danach jeweils ein Gespräch mit uns Jungs. Der Lehrer brachte uns viel Verständnis entgegen, stimmte uns zu, dass dieser Junge schwierig sei, und sagte, er könne es nachvollziehen, dass wir teilweise so reagierten. Und dass die Streiche natürlich nicht so schlimm gewesen seien, Tobias einfach sehr sensibel sei. Aber wir sollten doch bitte damit aufhören, denn diese Mutter käme ständig in die Schule. Die Botschaft war klar: Tobias hatte es eigentlich verdient, aber wir sollten es auf eine Art und Weise tun, die den Lehrer weniger stört.
Irgendwann kam die Mutter nicht mehr. Sie hatte aufgegeben. Tobias war nun ganz allein.

»*Das haben wir doch früher auch gemacht!*«

Wie konnten wir nur so fies sein? Wir waren keine »bösen« Kinder. Wir waren auch nicht schlecht erzogen. Es fehlte uns grundsätzlich weder an Empathie noch an Selbstwertgefühl oder Selbstvertrauen. Wir fühlten uns in der Klasse wohl und waren sozial kompetent genug, unsere Aktionen so darzustellen, dass Eltern mitgelacht haben, wenn wir von Streichen erzählten, und der Lehrer die Mutter von Tobias als lästig empfand und sie abwimmelte.
Heute hören wir in unserem Berufsalltag sehr oft von ähnlichen Geschichten, obwohl viele Schulen mittlerweile für das Thema Mobbing sensibilisiert sind.
Vielleicht denken Sie: »Das haben wir früher doch auch gemacht.« Ja, das haben wir. Und es war gemein und falsch! Es sorgt dafür, dass einzelne Kinder leiden, ihr Selbstvertrauen und ihr Selbstwertgefühl einbüßen und in schlimmeren Fällen diese Erlebnisse ihr ganzes Leben lang mit sich herumtragen, eine psychische

Störung entwickeln und manchmal sogar Suizid begehen.
Mobbing können wir nur verhindern, wenn wir alle, Lehrer/innen, Eltern und Kinder, anfangen, Verantwortung zu übernehmen. In diesem und den folgenden Kapiteln möchten wir Ihnen vermitteln, welche Mechanismen bei Mobbing am Werk sind, was uns daran hindert, Verantwortung zu übernehmen – und wie wir uns aus der Hilflosigkeit befreien können.

Vielleicht ist auch Ihr Kind involviert?

Es gibt kaum ein Kind, das während seiner Schulzeit nicht mit Mobbing in Berührung kommt. Davon bekommen Sie als Mutter, Vater oder Lehrer/in meist wenig mit. Sogar wenn Schüler/innen von anderen massiv schikaniert, ausgegrenzt, verprügelt und fertiggemacht werden, verkennen viele Eltern und Lehrkräfte das Problem. In fast jeder Klasse wird jemand gemobbt. Dies bedeutet für Sie als Mutter oder Vater, dass wahrscheinlich auch Ihr Kind in irgendeiner Form involviert ist. Es wird dabei eine von sechs Rollen einnehmen, die Heike Blum und Detlef Beck in ihrem Buch »No Blame Approach« (2016) beschreiben. Die Mobbingaktionen gehen von den Akteuren aus. Diese holen sich durch ihre Taten Anerkennung und sichern sich eine starke Position in der Klasse. Sie ernten Gelächter für ihre Streiche und sorgen in der Klasse für Spannung und Action. Die Assistenten und Verstärker springen auf den Zug auf.
Die Assistenten unterstützen tatkräftig, indem sie Ideen ausführen oder mitmachen. Die Verstärker beteiligen sich nicht direkt, signalisieren den Akteuren jedoch klar, dass sie auf deren Seite stehen und das Mobbing gutheißen. Die Zuschauer halten sich raus, meist aus Angst, selbst Opfer zu werden. Schließlich gibt es noch die Verteidiger, die zu Beginn versuchen, das von Mobbing betroffene Kind zu schützen. Sie werden – wenn sie keine Unterstützung durch andere Kinder oder Erwachsene erhalten – oft zu Erduldern, die das Mobbing als falsch empfinden, sich aber nicht mehr dagegen zur Wehr setzen. Der oder die von Mobbing Betroffene wird gedemütigt, erniedrigt und misshandelt.

Mobbing ist kein Konflikt

Mobbing entsteht aus einer Gruppendynamik, bei der Kinder mit der Zeit bestimmte Rollen einnehmen. Es lässt sich daher nur lösen, wenn diese Dynamik durchbrochen wird. Wer denkt, es ginge nur um eine Auseinandersetzung zwischen »Täter« und »Opfer«, übersieht das wirkliche Problem und setzt am falschen Punkt an. Ein Konflikt oder Streit zwischen Kindern entsteht meist aus einem bestimmten Vorfall heraus. In der Regel leiden beide Parteien darunter und sind froh, wenn die Auseinandersetzung beigelegt werden kann.

Eine Mobbingsituation entwickelt sich hingegen oft schleichend und nimmt mit der Zeit Fahrt auf. In der Regel merken alle Beteiligten lange nicht, was eigentlich geschieht. Sie finden langsam in ihre Rolle hinein und gewöhnen sich daran, dass die Gemeinheiten an Häufigkeit und Intensität zunehmen. Die Reaktionen des betroffenen Kindes werden dabei als Rechtfertigung für die weiteren Aktionen herangezogen. Das Leid des gemobbten Kindes wird nicht wahrgenommen und der eigene Anteil daran verdrängt.

Etwas, das im Zusammenhang mit Mobbing immer auftaucht, ist das Wort »nur«. Wir haben doch nur … Mein Kind hat doch nur … es sind doch nur Kinder.

Das gesamte Ausmaß wird erst deutlich, wenn man »nur« durch »und« ersetzt: Wir haben ihm die Schuhe versteckt und wir haben ihn bei der falschen Antwort ausgelacht und ihn beim Fußball ausgeschlossen und ihm gesagt, dass er stinkt, und den Stuhl »desinfiziert«, auf dem er gesessen hat – und ihm durch all das zu verstehen gegeben, dass wir ihn verachten.

Es ist, als würde aus der Gruppe heraus ein Ungeheuer beschworen, das niemand mehr alleine bändigen kann. Im Gegensatz zu einem Konflikt zielt Mobbing darauf ab, einen anderen fertigzumachen, sein Leben zu vergiften. Es ist ein Gruppenphänomen, das durch ein extremes Machtungleichgewicht gekennzeichnet ist. Der Betroffene wird dabei wiederholt und systematisch von einer Gruppe gequält, erniedrigt, ausgeschlossen und attackiert, ohne die Möglichkeit zu haben, sich aus seiner Lage zu befreien.

Das gemobbte Kind beginnt sich in dieser Situation zu verändern. Manche ziehen sich zurück, wirken still, ängstlich und apathisch. Andere werden aggressiv, entwickeln eine »dünne Haut« und explodieren. Das Kind beginnt »komisch« zu wirken, es scheint das Mobbing durch sein Verhalten auf sich zu ziehen.

In dieser Situation benötigt das Kind unbedingt Hilfe von außen. Es braucht Erwachsene, die sehen und erkennen wollen, was vor sich geht, klar Stellung gegen das Mobbing beziehen, wissen, was sie tun, und gemeinsam mit den Kindern eine Lösung entwickeln. Ungünstige Einstellungen, Ängste und Unwissenheit hindern die Erwachsenen daran.

Die Wahrscheinlichkeit ist groß, dass Sie sich in einzelnen Sätzen, die wir im Folgenden beschreiben werden, wiedererkennen. Dann erfordert es Mut und Offenheit, um sich kritisch mit den eigenen Ansichten auseinanderzusetzen. Wir werden Sie nicht schonen und vertrauen darauf, dass Sie ehrlich mit sich sind. Wir können Mobbing nur begegnen, wenn wir sehen, wie wir selbst dazu beitragen.

Es geht dabei nicht um Schuld, sondern um Verantwortung, die wir Erwachsenen übernehmen müssen, um nicht unbewusst am Mobbing mitzuwirken. Es kann sein, dass das betroffene Kind durch sein Verhalten den Ärger der Klassenkameraden auf sich zieht. Vielleicht ist es besonders strebsam, kleidet sich ungewöhnlich, hat eine eigentümliche Art, sich auszudrücken, oder kann soziale Signale nicht richtig einordnen.

Es wäre unproblematisch, wenn Eltern und Lehrer/innen zum Schluss kommen würden, dass – nachdem das Mobbing nachhaltig aufgelöst wurde – auch das betroffene Kind dabei unterstützt werden sollte, sich ein Stück weit anders zu verhalten. Dabei sollte klar sein, dass das Kind erst dann ein neues Verhalten ausprobieren kann, wenn es dafür einen sicheren Raum hat und die Klasse seine Bemühungen positiv aufnimmt. Aber: In vielen Fällen ist das scheinbar problematische Verhalten des gemobbten Kindes lediglich eine Reaktion auf die Quälereien.

»Er ist ja auch nicht ganz unschuldig!«

Sätze wie »Er ist ja auch nicht ganz unschuldig« oder »Sie provoziert ja auch« sind deshalb so daneben, weil sie oft als Begründung dienen, um nicht aktiv werden zu müssen. Die Botschaft dahinter ist: Das Opfer müsste nur »an sich arbeiten« und sich anders verhalten, dann würde das Mobbing aufhören. Meist unbewusst vermittelt man in diesem Fall als Lehrer/in oder Elternteil die folgende Einstellung: »Das betroffene Kind ist selbst schuld. Es hat deswegen das Mobbing als gerechte Strafe verdient und von mir keine Hilfe zu erwarten.«
Mit dieser Haltung wird das Kind in einer Situation alleine gelassen, die es nur mit entschlossener Hilfe von außen bewältigen könnte.
Teilweise übernehmen gemobbte Kinder diese Einstellung und beginnen selbst zu glauben, dass sie es nicht anders verdient haben und die Übergriffe als ihr Schicksal akzeptieren müssen.

»Du musst dich halt wehren!«

Eltern von Kindern, die gemobbt werden, reagieren nicht selten mit Vorschlägen, die sich wie Vorwürfe anhören:

- »Du musst dich halt wehren!«
- »Warum hast du das der Lehrerin nicht erzählt!?«
- »Hau dem doch einfach mal eine runter, dann hört der schon auf!«

Hinter solchen Aussagen stehen völlig naive Überzeugungen – beispielsweise, dass jede/r Mobber/in im Grunde genommen ein Feigling ist und gleich aufhören wird, wenn man sich zur Wehr setzt.
Tatsächlich hat ein Kind, sofern sich eine Mobbingsituation eingespielt hat, kaum Möglichkeiten. Sucht es Hilfe, gilt es als Petze, läuft es weg, ist es ein Feigling, versucht es sich anzupassen und freundlich zu sein, ist es ein Schleimer, und wehrt es sich, gilt es als aggressiv.
Es ist nicht hilfreich, wenn dieses Kind auch noch erleben muss, dass die eigenen Eltern es als Schwächling empfinden und seine Situation nicht nachvollziehen können. Werden dem Kind auch noch zu Hause seine Gefühle abgesprochen, vereinsamt es im Kreis der

eigenen Familie. Manche Kinder schämen sich, dass sie die Vorschläge der Eltern nicht umsetzen können, und verheimlichen in der Folge das Mobbing.

»Das ist doch noch lange kein Grund, gleich zuzuschlagen!«

Manche Kinder reagieren aggressiv auf die Mobbingattacken. Es fällt geschickten Akteuren leicht, dies auszunutzen und so lange und subtil auf den wunden Punkten des betroffenen Kindes herumzuhacken, bis dieses explodiert und sich wehrt. Die Lehrkraft sieht oft nur diese heftige Reaktion. Schlägt das Kind, das über Wochen hinweg drangsaliert wurde, schließlich zu, hat es etwas getan, das aus Sicht der Lehrkraft bestraft werden muss. Erklärungen des betroffenen Kindes werden in der Folge oft mit dem Satz »Du musst dich halt mit Worten wehren« oder »Das ist noch lange kein Grund, gleich zuzuschlagen« abgetan. Ehrlich gesagt: Es ist ein ziemlich guter Grund, zuzuschlagen – insbesondere dann, wenn niemand zuhört, hinsieht und erkennt, was wirklich los ist.

Wer nicht reagiert, spielt den Tätern in die Hände

Manche Eltern und Lehrer/innen reagieren nicht, weil sie Angst haben, die Situation zu verschlimmern. Eltern befürchten oft, als Nervensägen zu gelten. Lehrkräfte fühlen sich unsicher, wie sie das Thema aufgreifen sollen.

Der Philosoph und Psychoanalytiker Paul Watzlawick hat einmal gesagt (1969): »Man kann nicht nicht kommunizieren.« Das gilt im Falle von Mobbing ganz besonders. Nichtreagieren ist ein klares Signal an die Akteure und die gesamte Klasse, dass Mobbing geduldet wird und die Schule keinen Schutz bietet.

Mehrere Eltern haben uns in den letzten Jahren berichtet, dass sich die Schulleitung bei ihrem Kind, das täglich schikaniert wurde, mit dem folgenden Satz aus der Verantwortung stahl: »Der Schulweg fällt nicht in unseren Zuständigkeitsbereich.« Das ist, als würde man den Schülern sagen: »Schaut, da, bei dieser Markierung endet das Schulareal. Wenn ihr jemanden quälen wollt, dann bitte außerhalb dieser Linie. Dann müssen wir uns nicht darum kümmern.«

Eine andere Mutter, deren Kind regelmäßig von zwei anderen Jungen zusammengeschlagen wurde, erklärte, dass sie bereits zweimal mit der Lehrerin gesprochen habe und nichts passiert sei. Auf die Frage, was sie als Nächstes tun werde, erwiderte die Mutter: »Ich habe doch schon alles versucht – und er muss ja trotzdem zur Schule.« Oft begegnet uns bei Eltern, deren Kind seit Monaten von anderen heftig schikaniert wird, auch die Aussage: »Die Schule reagiert nicht. Aber wir wollen jetzt auch nicht zu viel Druck machen.« Die Eltern befürchten so sehr, dass sie es sich mit der Schule verscherzen könnten oder es ein Gerede im Dorf gibt, dass sie ihr Kind in seiner Not lieber alleine lassen.

Warum nehmen wir bei Kindern etwas hin, das wir bei keinem Erwachsenen akzeptieren würden? Stellen Sie sich vor, Ihre Partnerin oder Ihr Partner wird bei der Arbeit regelmäßig von zwei großen, starken Kollegen verprügelt und kommt mit blauen Flecken nach Hause. Würde man da sagen: »Ich kann leider nicht viel machen. Ich habe schon mit deinem Chef gesprochen – und wir brauchen das Geld.«?

»Es muss dich nicht kümmern, was die anderen denken.«

Manche Eltern hätten gerne, dass ihr Kind unerschütterlich und selbstbewusst zu seiner Individualität steht. Beinahe verzweifelt versuchen sie dem Kind Powersätze der folgenden Art einzubläuen:

- »Ich bin nicht auf der Welt, um so zu sein, wie andere mich gerne hätten.«
- »Die sind doch nur neidisch.«
- »Ist mir doch egal, was die von mir denken.«
- »Sollen die doch reden.«

Auch das ist keine Unterstützung! Kinder verbringen ihre halbe Lebenszeit in der Schule. Wie es ihnen in der Klasse geht und ob sie sich dort akzeptiert fühlen, bestimmt zu einem großen Teil, in welcher psychischen Verfassung sie sind und welchen Wert sie sich als Mensch zuschreiben. Floskeln und Rezepte, die für Erwachsene funktionieren, die sich ihre Bezugspersonen selbst aussuchen können, greifen bei Kindern nicht. Das Bedürfnis, dazuzugehören, ist Teil unserer Existenz. Ein Kind kann dieses nicht einfach mit oberflächlichen Sprüchen ersticken.

Wie lautet also das Fazit?

Wenn wir wirksam gegen Mobbing vorgehen möchten, müssen wir aufhören, die Schuldfrage zu stellen. Diese täuscht über das Problem hinweg und führt dazu, dass wir uns rechtfertigen und die Verantwortung abschieben.

Wir müssen

- Kinder ernst nehmen und dürfen Vorfälle nicht bagatellisieren;
- lernen, Mobbing zu erkennen und von Konflikten oder Streit zu unterscheiden;
- klar Stellung dafür beziehen, dass jedes Kind das Recht darauf hat, sich in der Schule sicher und wohl zu fühlen;
- ein Bewusstsein dafür entwickeln, dass Mobbing ein Gruppenphänomen ist und daher auch auf Gruppenebene gelöst werden muss;
- Lösungen gemeinsam mit den Kindern entwickeln, ohne jemanden zu verurteilen.

Wie Sie Ihrem Kind bei Mobbing zur Seite stehen können

Verschaffen Sie sich ein Bild der Situation

Kinder sprechen eine Mobbing-Situation oft nicht an. Aus Angst, als Petze zu gelten, aus Scham oder aufgrund der Befürchtung, dass die Eltern durch eine Schnellschuss-Reaktion alles noch schlimmer machen. Meist schließen Eltern aus Beobachtungen im Alltag, dass etwas nicht stimmt.

Mobbing könnte ein Problem sein, wenn Ihr Kind:

- nicht zur Schule gehen will, Ausflüchte sucht, um zu Hause zu bleiben und ausweichend reagiert, wenn Sie es nach den Gründen fragen.
- sich kaum noch mit anderen Kindern verabredet und nicht mehr zu Geburtstagsfeiern oder Ausflügen eingeladen wird.
- nicht weiß, wen es anrufen könnte, wenn es krank ist (um beispielsweise zu erfahren, was es verpasst hat).
- plötzlich zu spät zur Schule kommt oder erstaunlich lange für den Nachhauseweg braucht (weil es den anderen Kindern nicht begegnen möchte).
- komische Geschichten erzählt, die blaue Flecken oder »verlorene« bzw. beschädigte Gegenstände erklären sollen.
- sich deutlich anders verhält als früher. Manche Kinder reagieren dünnhäutig oder zeigen sich Geschwistern gegenüber plötzlich aggressiv. Andere wirken bedrückt, ziehen sich zurück und verlieren das Interesse an ihren Hobbys. Oft können Kinder vor Schultagen schlecht einschlafen.
- Ausflüchte sucht, um nicht an Sporttagen, Klassenlagern oder Projektwochen teilnehmen zu müssen.
- immer wieder Andeutungen macht wie: »Mich mag eh niemand«, »Die wollen sowieso nicht mit mir spielen«, »Ich kann es niemandem recht machen«, »Die anderen haben sowieso keine Zeit, um etwas mit mir zu unternehmen.«

Es ist hilfreich, wenn Sie Ihre Beobachtungen mit der Lehrerin teilen, um das Bild zu vervollständigen. Oft hat die Lehrkraft ebenfalls nur eine vage Vermutung, da Mobbing meist verdeckt stattfindet. Ein Mobbing-Verdacht erhärtet sich, wenn die Lehrerin Ihnen beispielsweise sagt, dass Ihr Kind:

- in der Pause im Klassenzimmer bleiben möchte, sich auf dem WC oder in der Bibliothek versteckt.
- auf dem Pausenhof abseits steht.
- die Nähe zur Lehrperson sucht, anstatt mit den anderen Kindern zu spielen.
- in der Schule unkonzentriert, fahrig oder unruhig wirkt.
- Schwierigkeiten hat, bei Gruppenarbeiten eine/n Partner/in zu finden.
- im Sportunterricht nicht in eine Mannschaft gewählt wird oder sich nicht in der Umkleide-Kabine umziehen möchte.
- sich im Unterricht nicht mehr meldet.
- plötzlich Veränderungen in den Schulleistungen zeigt.

Falls es solche Anzeichen gibt, können Sie weiter nachfragen: »Stöhnen Mitschüler/innen auf, wenn mein Kind etwas sagt? Verdrehen sie die Augen? Machen sie halblaute Kommentare? Geben sie meinem Kind blöde Spitznamen? Spielen sie ihm öfters Streiche?«

Achten Sie darauf, dass Sie der Lehrkraft keine Vorwürfe machen. Falls ein offener Austausch zustande kam, können Sie sich bedanken und fragen, ob Sie wieder auf sie zukommen dürfen.

Keines der oben genannten Anzeichen spricht mit hundertprozentiger Sicherheit für Mobbing. Sie sollten jedoch Anlass geben, das Gespräch mit dem Kind zu suchen.

Sprechen Sie das Mobbing an

Über Mobbing zu sprechen ist für Kinder schwierig. Es ist mit Scham und Angst verbunden. Drängen Sie Ihr Kind keinesfalls in die Defensive, wenn Sie mit ihm über Ihre Beobachtungen reden. Sätze wie »Jetzt sag schon, was los ist!« oder »Ich merke doch, dass etwas nicht stimmt!« setzen Ihr Kind unter Druck und geben ihm das Gefühl, sich rechtfertigen zu müssen.

Für einen offenen Austausch benötigen Sie einen guten Rahmen. Kindern fällt es oft leichter, wenn die Aussprache beiläufig stattfindet – während eines Spaziergangs, eines Puzzles oder nach der Gute-Nacht-Geschichte. Auch bei Jugendlichen sollten Sie diesem Gespräch genügend Zeit einräumen. Sprechen Sie das Thema an, während Sie zu zweit eine längere Autofahrt oder einen Ausflug machen. Ihr Kind hat seine Erlebnisse wahrscheinlich so lange zurückgehalten, dass es nicht zwischen Tür und Angel damit herausbrechen möchte.

Sie können mit einer Feststellung der folgenden Art in das Gespräch einsteigen:

- »Im Moment hast du es nicht so leicht mit den anderen.«
- »Mir ist aufgefallen, dass du in letzter Zeit bedrückt wirkst.«
- »Es macht dir momentan zu schaffen, in die Schule zu gehen.«

Sie können auch von einem eigenen Erlebnis erzählen, einer Zeit, in der es in der Schule oder mit anderen Kindern schwierig war.

Wenn Ihr Kind sich öffnet, sollten Sie unbedingt Vorwürfe vermeiden wie: »Warum hast du das nicht früher erzählt? Wir hätten dir doch helfen können!« oder »Warum hast du dich nicht an die Lehrerin gewendet?« Es ist wichtig, dass sich das Gespräch für Ihr Kind nicht wie ein Verhör anfühlt.

Sie können Ihrem Kind Rückhalt geben, indem Sie auf seine Gefühle eingehen (»das macht dich sicher traurig«, »dem hättest du am liebsten eine reingehauen«, »da verliert man jegliche Lust, zur Schule zu gehen«) und ihm zusichern, dass Sie es unterstützen werden und nichts ohne sein Einverständnis unternehmen.

Werden Kinder über längere Zeit gequält, verlieren Sie manchmal das Bewusstsein für Recht und Unrecht. Sie beginnen selbst zu glauben, dass sie schuld am Mobbing sind. Es ist in diesem Fall ganz wichtig, dass Sie Ihrem Kind immer wieder helfen, die Vorfälle richtig einzuordnen, und ihm deutlich sagen, dass diese unentschuldbar sind.

Werden Sie aktiv

Besprechen Sie mit Ihrem Kind mehrere Lösungsmöglichkeiten und wählen Sie gemeinsam aus, wie Sie vorgehen möchten.

Es ist ratsam, nicht überstürzt zu handeln. Oft ist man im ersten Moment so aufgewühlt, dass man etwas tut, das die Situation für das Kind verschlimmert. Von den folgenden Maßnahmen ist abzuraten:

- Die Akteure direkt konfrontieren oder deren Eltern anrufen
- Umgehend rechtliche Schritte einleiten (eine Ausnahme bildet hier Cybermobbing, insbesondere wenn Videos oder Bilder verbreitet werden, die Ihr Kind beschämen – dort sollten Sie genau dies als Erstes tun!)
- Das Kind zwingen, selbst das Gespräch mit der Lehrkraft zu suchen
- Dem Kind Ratschläge erteilen und darauf beharren, dass es diese umsetzen soll (»Nimm es dir nicht zu Herzen.«)

Mobbing unter Mitschüler/innen muss in der Schule aufgelöst werden. Sie brauchen daher Unterstützung. Die Schulsozialarbeiter/innen wissen meist am besten, wie sie bei Mobbing vorgehen können. Gibt es an Ihrer Schule keine/n, können Sie mit der Lehrkraft darüber sprechen. Fragen Sie nach, ob die Schule ein Konzept hat, um mit Mobbing umzugehen, und wie die Lehrkraft genau vorgehen würde. Weitere Personen, die Sie hinzuziehen können, wenn die Klassenleitung nicht helfen kann, sind die Schulleitung, Schulpsychologen oder das Schulpräsidium. Wenn Sie trotzdem nicht weiterkommen, ist eine Anzeige bei der Polizei auch eine Möglichkeit, sich Gehör zu verschaffen und die Schule zu einer Reaktion zu zwingen. Wenn alles nichts hilft, bleibt manchmal nur ein Schulwechsel.

Oft wissen Lehrkräfte nicht, wie sie bei Mobbing verfahren sollen. Daher wird im nächsten Kapitel ein erfolgversprechender Ansatz vorgestellt.

Versichern Sie Ihrem Kind, dass Sie nicht lockerlassen werden. Für Ihr Kind ist es wichtig, dass es erlebt: »Meine Eltern werden solange nach einer Lösung suchen, bis es mir besser geht.«

Achten Sie auch darauf, dass die schönen Lebensbereiche nicht zu kurz kommen. Gerade in dieser schwierigen Zeit ist es bedeutsam, dass Ihr Kind spürt: »Es gibt Menschen, die mich mögen und gerne mit mir zusammen sind – und denen ist es wichtig, dass es mich gibt. In meinem Leben habe ich trotz allem vieles, das mir Kraft gibt und das ich genießen kann.« Sie helfen Ihrem Kind am meisten, wenn Sie auf der einen Seite beharrlich dafür einstehen, dass die Mobbing-Situation aufgelöst wird, und gleichzeitig dafür sorgen, dass Ihr Kind sich immer wieder eine Auszeit nehmen kann.

Mobbing in der Schule beenden – mit dem No Blame Approach

Es gibt kaum einen Faktor, der so sehr zu einem guten Unterricht beiträgt, wie ein positives Klassenklima. Ist dieses durch Mobbing vergiftet, können sich einzelne Schülerinnen oder Schüler nicht mehr auf den Unterricht einlassen. Mobbing eröffnet einen Schauplatz, der eine hohe emotionale Betroffenheit bei allen Schülern auslöst und das Lernen zur Nebensache degradiert.
Damit Kinder bereit sind, sich für Inhalte zu öffnen und sich am Unterricht zu beteiligen, müssen sie sich sicher fühlen. Muss man fürchten, für falsche Antworten ein Augenrollen oder Stöhnen zu ernten, sagt man besser nichts. Es entsteht ein Klima, in dem sich niemand eine Blöße geben und damit eine Angriffsfläche bieten will. Da in erster Linie die Schule Einfluss auf das Klassenklima hat, richtet sich der folgende Text direkt an die Lehrer/innen.

Bei Mobbing sind Sie als Lehrer/in gefordert!

Es gehört daher in den Verantwortungsbereich der Lehrkraft, dafür Sorge zu tragen, dass jedes Kind den Unterricht angstfrei besuchen kann – ganz egal, auf welcher Stufe Sie unterrichten und ob Sie Fach- oder Klassenlehrer/in sind. Sie können Hilfe in Form eines Schulsozialarbeiters oder der Schulleitung beiziehen – aber Sie haben weiterhin die Verantwortung für Ihre Klasse. Solange Mobbing in Ihrer Klasse stattfindet, sind Sie in der Pflicht, sich dieser Problematik anzunehmen. Führt die Intervention von außen nicht dazu, dass sich die Lage wesentlich verbessert, ist es an Ihnen, sich nach weiteren Möglichkeiten zu erkundigen und selbst aktiv zu werden. Würden Sie in Ihrem Team gemobbt, würden Sie von der Schulleitung erwarten, dass sie solange nach einer Lösung sucht, bis das Problem gelöst ist – und dass sie nicht nur einmalig einen Versuch startet. Denn: Gibt man sich bei Mobbing mit einer halbherzigen Lösung zufrieden, stärkt man die Macht der Akteure, man signalisiert ihnen, dass sie am längeren Hebel sitzen.

Wir können verstehen, wenn Sie sich als Lehrer/in unsicher und hilflos fühlen, wenn ein Kind in Ihrer Klasse gequält wird. Aus diesem Grund möchten wir Ihnen möglichst konkrete Hilfestellungen vorstellen.
Wir möchten Sie auch ermutigen, selbst zu intervenieren. Eine externe Fachperson mag über ein großes Repertoire an Ansätzen und Erfahrungen verfügen, aber Sie haben eine starke Beziehung zu Ihren Schülerinnen und Schülern aufgebaut und kennen die einzelnen Kinder. Sie sehen, ob Ihre Intervention ankommt, ob sich daraufhin etwas verändert – und Sie können positive Veränderungen aufgreifen und verstärken. Haben Sie es geschafft, eine gute Beziehung zu Ihren Schülerinnen und Schülern aufzubauen, sind diese zudem gewillt, das gemobbte Kind um Ihretwillen zu unterstützen. Der No Blame Approach, den wir im Folgenden beschreiben, baut genau auf diesen Faktoren auf.

Mobbing ohne Strafen und Schuldzuweisungen begegnen – mit dem No Blame Approach

Der 1992 von Barbara Maines und George Robinson in England entwickelte No Blame Approach versteht Mobbing als Gruppengeschehen und hat das Ziel, die Gruppendynamik in einer Klasse zu verändern. Er verzichtet deshalb konsequent auf Schuldzuweisungen und Strafen.
Wir empfinden dies aus mehreren Gründen als sinnvoll. Erstens werden Sie als Lehrer/in dadurch entlastet. Da Mobbing meist verdeckt stattfindet, ist es schwierig, der »Wahrheit« auf den Grund zu gehen. Insbesondere dann, wenn Aussage gegen Aussage steht und mehrere Schülerinnen oder Schüler die Akteure decken.
Zweitens führen Schuldzuweisungen sofort dazu, dass die Akteure und Mitläufer (Assistenten und Verstärker, wie sie im No Blame Approach genannt werden) ihre Aktionen rechtfertigen, abstreiten oder dem gemobbten Kind eine Mitschuld geben.
Drittens lässt sich oft beobachten, dass die negativen Gefühle gegenüber dem gemobbten Kind zunehmen, wenn die Akteure und Mitläufer beschämt oder bestraft werden. Das betroffene Kind wird

daraufhin als Petze beschimpft. Nicht selten erfolgen versteckte Racheaktionen, bei denen das betroffene Kind so massiv eingeschüchtert wird, dass es weitere Vorfälle verschweigt. Das Schweigen der Betroffenen aus Angst vor der Rache der Gruppe ist ohnehin ein großes Problem.

Viertens ist es für das betroffene Kind sehr belastend, wenn es alles preisgeben, über peinliche und demütigende Vorfälle berichten und Beweise für seine Situation erbringen muss.

Fünftens ist es ohne Beweise für Sie als Lehrer/in sehr schwierig, eine Strafe auszusprechen und durchzusetzen. Rasch kleben Ihnen die Eltern der Akteure an den Fersen, die das Gefühl haben, ihr Kind werde ungerecht behandelt.

Sechstens ist es für die Akteure und Mitläufer leicht, auf Taten auszuweichen, die nicht sichtbar oder kaum zu bestrafen sind. In diesen Fällen wird das betroffene Kind meist isoliert. Die Gruppe zeigt ihm ihre Verachtung, indem sie es bei Spielen ausschließt, es wie Luft behandelt oder durch subtile Gesten und zweideutige Kommentare auf wunden Punkten herumreitet.

Aufgrund dieser sehr zweifelhaften Wirkungen von Strafen schließen wir uns der Empfehlung von Maines und Robinson an, darauf zu verzichten.

Zwei Ausnahmen möchten wir jedoch anführen:

- Im Jugendalter wird Mobbing seltener, dafür nimmt die Intensität von Mobbinghandlungen zu. Kommt es dabei zu einer Straftat (Körperverletzung, Diebstahl, Beschädigung fremden Eigentums, Hausfriedensbruch, sexueller Übergriff), sollte die Polizei eingeschaltet werden.
- Handelt es sich um Cybermobbing, werden also Videoaufnahmen, Fotos oder Gerüchte übers Internet verbreitet, sollte umgehend die Polizei eingeschaltet werden. Der Grund: Solche Inhalte können sich unkontrollierbar schnell verbreiten und sind danach kaum mehr zu löschen.

In den anderen Fällen können Sie sich voll und ganz darauf fokussieren, die Situation des betroffenen Kindes zu verbessern und damit gleichzeitig an einem positiveren Klassenklima zu arbeiten.

Mit Beziehung und Vertrauen eine Lösung finden

Hinter dem No Blame Approach steckt eine Grundhaltung, die von Vertrauen geprägt ist und an das Gute in jedem Kind appelliert. Die Lösung wird nicht von oben verordnet. Stattdessen werden die Kinder dazu eingeladen, daran mitzuwirken und sich mit ihren Ideen einzubringen. Die Umsetzung erfolgt auf freiwilliger Basis und erreicht die Kinder gerade deshalb.

Um die negative Gruppendynamik zu durchbrechen, wird den Kindern aktiv eine neue, positive Rolle zugewiesen: die des Helfers. Dabei wird eine Unterstützergruppe gebildet, die aus sechs bis acht Kindern besteht. Dieser gehören zur Hälfte Kinder an, die zum Mobbing beigetragen haben. Die andere Hälfte bilden Kinder, die sich bislang neutral verhalten oder versucht haben, das gemobbte Kind zu schützen. Die Lehrkraft behandelt jedoch unterschiedslos alle Kinder der Unterstützergruppe als Helfer, an die sie positive Erwartungen heranträgt und die sie aktiv darum bittet, ihr dabei behilflich zu sein, die Situation des gemobbten Kindes zu verbessern. Dabei wird weder das Wort Mobbing verwendet, noch werden einzelne Vorfälle angesprochen. Die Lehrkraft macht jedoch unmissverständlich klar, dass sich die Situation des Kindes zum Guten wenden muss und sie dazu auf die Mithilfe der Gruppe angewiesen ist.

Der Ansatz besteht aus drei Schritten. Für jeden der Schritte findet man im Buch »No Blame Approach. Mobbing-Intervention in der Schule« von Heike Blum und Detlef Beck (2016) sehr konkrete Hinweise. Verschriftlichte Gesprächssequenzen sorgen für Sicherheit in der Umsetzung und Beispielfragen geben Anregungen, wie man die Gespräche einleiten und gestalten könnte.

SCHRITT 1: Das Gespräch mit dem betroffenen Kind

Als Erstes sucht die Lehrkraft das Gespräch mit dem betroffenen Kind. Es wird darauf geachtet, dass es dem Kind so einfach wie möglich gemacht wird, sich zu öffnen.

Die Lehrperson sichert dem Kind Vertraulichkeit zu und verspricht ihm, dass nichts ohne seine Zustimmung unternommen wird. Achten Sie darauf, dass das Gespräch an einem ungestörten Ort stattfindet und die Mitschüler nichts davon mitbekommen. Das Kind kann beispielsweise am Ende der letzten Schulstunde darum gebeten werden, noch beim Aufräumen zu helfen.

Sie können in das Gespräch einsteigen, indem Sie zuerst Ihre Beobachtungen ansprechen, beispielsweise mit den Worten: »Ich habe gemerkt, dass du in letzter Zeit in der Pause immer allein spielst und weniger fröhlich bist als früher ...«

Gehen Sie nicht ins Detail. Es reicht aus, wenn das Kind Ihnen zustimmt.

Als Nächstes geht es darum, beim Kind Zuversicht zu wecken, dass sich seine Situation verändern lässt und Sie es beharrlich dabei unterstützen werden. Sie könnten beispielsweise sagen: »Mir ist es ganz wichtig, dass es dir in meiner Klasse gut geht. Ich hätte auch eine Idee, wie wir das hinbekommen. Möchtest du sie gerne hören?«

An dieser Stelle wird dem Kind das Vorgehen (Schritt 2 und 3) geschildert und seine Zustimmung eingeholt. Das Kind wird gebeten, die Namen derjenigen Kinder zu nennen, die momentan dafür verantwortlich sind, dass es ihm nicht gut geht – sowie einige Kinder, die sich neutral oder freundlich verhalten. Mit dieser Information wird der zweite Schritt in die Wege geleitet.

SCHRITT 2: Bildung einer Unterstützergruppe

Anhand der Angaben des betroffenen Kindes bildet die Lehrkraft eine Unterstützergruppe aus sechs bis acht Kindern. In Absprache mit einer Fachlehrerin werden diese Schüler/innen während des Unterrichts aus der Klasse geholt. Zuvor haben die Kinder eine schriftliche Einladung erhalten, in der sie um Hilfe gebeten werden. Im Buch von Detlef Beck und Heike Blum finden Sie hierzu verschiedene Vorlagen.

Wichtig: Das betroffene Kind wird *nicht* eingeladen. Die Teilnahme an der Gruppe wäre eine große Belastung für das gemobbte Kind und würde es den Akteuren und Mitläufern erschweren, eine neue Rolle einzunehmen!

Die Lehrkraft heißt die Kinder willkommen und schildert ihr Anliegen. Dabei machen Sie als Lehrer/in deutlich, dass Sie sich mit der

Klasse nicht mehr wohl fühlen, weil es dem betroffenen Kind nicht gut geht. Sie können betonen, wie wichtig es Ihnen ist, dass sich alle in der Klasse gut aufgehoben und sicher fühlen. Dieser Punkt ist deshalb zentral, weil manche Schülerinnen und Schüler sehr motiviert sein werden, Ihnen zu helfen.
Jedes Kind wurde als Helfer eingeladen. Daher ist es auch wichtig, jedes Kind so zu behandeln. So teilt man beispielsweise auch dem Akteur mit, dass er eingeladen wurde, weil er viele gute Ideen hat und die anderen auf seine Meinung Wert legen. Das oben erwähnte Buch gibt gute Anregungen zur Frage, wie mit Schuldzuweisungen unter den Kindern umgegangen werden kann.
Mit Hilfe der Gruppe werden nun Ideen gesammelt, die dazu führen, dass sich das betroffene Kind wieder wohl fühlt und wieder gerne zur Schule geht. Vielfach sind es die Kinder, die sich nicht am Mobbing beteiligt haben, die als erste Vorschläge äußern. Ermutigt durch die Lehrkraft schließen sich auch die Mitläufer (Verstärker und Assistenten) mit Ideen an. Den Kindern, von denen das Mobbing ausgegangen ist, wird vor Augen geführt, dass sich das Blatt wendet und sie nicht mehr damit rechnen können, Anerkennung und Zuspruch für weitere Aktionen zu erhalten. In der Folge sind sie meist bereit, zumindest weitere Handlungen zu unterlassen oder sogar in die Rolle des Helfers zu schlüpfen. Hat jedes Kind einen Vorschlag geäußert, wird die Verantwortung der Gruppe übergeben. Wer möchte, kann nun seinen Vorschlag in die Tat umsetzen. Am Ende wird ein Termin für ein Nachgespräch festgelegt.

SCHRITT 3: Das Nachgespräch

Das Nachgespräch sorgt für Verbindlichkeit. Die Kinder wissen, dass Sie als Lehrer/in am Ball bleiben und aktiv für eine Verbesserung der Situation einstehen. Ein bis zwei Wochen nach der Bildung der Unterstützergruppe laden Sie jedes Kind einzeln zu einem Gespräch ein und bitten es um eine Einschätzung der Situation. Das erste Gespräch wird mit dem betroffenen Kind einzeln geführt, die weiteren mit den Mitgliedern der Unterstützergruppe jeweils unter vier Augen.

Wer wird über die Maßnahmen informiert?

Es wird den Kindern der Unterstützergruppe freigestellt, ob sie anderen Kindern oder ihren Eltern von der Gruppe erzählen möchten. Sie als Lehrer/in müssen jedoch niemanden informieren. Es ist sinnvoll, den Eltern des betroffenen Kindes das Vorgehen zu schildern und auf Bedenken einzugehen. Meist sind die Eltern froh, dass etwas unternommen wird. Es ist jedoch oft notwendig, ihnen zu erklären, weshalb man auf Strafen verzichtet. Gleichzeitig sollten die Eltern darum gebeten werden, von eigenen Maßnahmen abzusehen. Bitten Sie die Eltern, Sie zu informieren, falls keine Verbesserung eintritt oder das Mobbing nach einer erfolgreichen Intervention doch wieder beginnt.

Die Familien der anderen Kinder werden normalerweise nicht informiert. Kommen Eltern mit Fragen auf Sie zu und möchten beispielsweise wissen, warum ihr Kind in der Unterstützergruppe Mitglied ist, können Sie kurz schildern, dass es einem Kind nicht gut geht und Sie ihr Kind um Mithilfe gebeten haben. Es würde dem Ansatz zuwiderlaufen, wenn Sie den Eltern schildern, dass ihr Kind zu den Akteuren oder Mitläufern gehört, da jedes Kind in der Gruppe als Helfer angesehen wird. Ihre Bemühungen würden zunichtegemacht, wenn beispielsweise die Eltern des Akteurs zu Strafen greifen.

Oft kann durch dieses Vorgehen eine Positivspirale in Gang gesetzt werden. Als Lehrkraft müssen Sie jedoch weiterhin ein Auge auf die Situation haben. Falls sich das Mobbing wieder einschleicht, sollten die Schritte zwei bis drei wiederholt werden. Falls das Mobbing trotz Ihrer Intervention bestehen bleibt, müssen andere Wege gesucht werden.

> Uns gefällt dieser Ansatz so gut, dass wir einen Film dazu erstellt haben. Herr Dachs interveniert damit, als die Klasse anfängt, den Hasen zu mobben. Der Film eignet sich zudem, um Kinder im Grundschulalter für das Thema zu sensibilisieren: www.biber-blog.com

Mobbing geht uns alle an

Mobbing ist kein Kavaliersdelikt und Wegsehen macht Außenstehende zu Mitverantwortlichen. Egal ob als Elternteil, Lehrperson, Mitschüler/in, Schulsozialarbeitende – jede/r Einzelne kann etwas dazu beitragen, die Situation eines Kindes (und damit der Klasse an sich) zu verbessern.

Vielleicht sind Sie Mutter oder Vater eines unbeteiligten Kindes und erfahren von ihm beiläufig, dass ein/e Mitschüler/in immer wieder systematisch von anderen fertiggemacht wird. In diesem Fall leisten Sie einen wichtigen Beitrag, indem Sie diese Information an die Schule weitergeben. Falls Ihr Kind Angst hat, als Petze zu gelten, teilen Sie der Lehrkraft unbedingt diese Besorgnis mit. Äußern Sie die Bitte, dass die Lehrerin sorgfältig mit diesem Wissen umgeht und Ihr Kind nicht namentlich erwähnt, wenn sie eine Intervention in der Klasse plant.

Oftmals sind sich Lehrkräfte nicht sicher, ob die Familie des von Mobbing betroffenen Kindes die Situation aufbauscht, oder sie konnten das Ausmaß der Übergriffe bislang nicht richtig einschätzen. Indem Sie die Perspektive eines unbeteiligten Kindes einbringen, wird die Lehrkraft die Mobbingsituation eher als solche erkennen und die Intensität besser einschätzen können. Damit steigt die Dringlichkeit, etwas zu unternehmen. So können in der Klasse mehr Sicherheit und bessere Lernbedingungen für alle entstehen – auch für Ihr eigenes Kind.

Falls Sie die Vermutung haben, dass Ihr eigenes Kind an Mobbing beteiligt ist, brauchen Sie Mut, um in dieser Situation nicht die Augen zu verschließen. Wahrscheinlich geht es Ihnen wie fast allen Eltern und Sie können sich partout nicht vorstellen, dass gerade Ihre Tochter, die im Fußball eine faire Teamplayerin ist, oder Ihr Sohn, der so liebevoll mit dem Geschwisterkind umgeht, anderen das Leben schwer macht. Behalten Sie im Hinterkopf, dass Mobbing eine komplexe Gruppendynamik ist und oftmals einen Verlauf annimmt, den die Kinder mit der Zeit kaum mehr richtig einschätzen können. Aus diesem Grund ist es wichtig, die Lehrkraft über

Ihre Beobachtungen und Befürchtungen zu informieren und diese gegebenenfalls um Hilfe zu bitten. Was könnte getan werden, um das Klima in der Klasse zu verbessern? Wie könnten Sie die Schule von Elternseite her bei diesem Vorhaben unterstützen?
Zu Hause können Sie sich – gegebenenfalls in vorheriger Absprache mit der Lehrperson – in einer ruhigen Minute mit Ihrem Kind zusammensetzen und Ihre Beobachtungen besprechen. Vermeiden Sie dabei Vorwürfe wie: »Ich habe gehört, dass du Tina ausschließt und sie fertig machst. ... So haben wir dich nicht erzogen! ... Was meinst du eigentlich, wie es ihr geht, wenn ihr immer so gemein zu ihr seid? Was soll das?!« – diese bringen Ihr Kind höchstens dazu, die Situation zu bagatellisieren und seine Beteiligung abzustreiten. Auch wenn es schwerfällt – verzichten Sie darauf, Ihr Kind für mögliche Aktionen zu bestrafen. Oftmals schüren Eltern damit indirekt den Hass ihres Kindes auf das Opfer und befeuern den Wunsch, »es dieser elenden Petze heimzuzuzahlen«. Vorwürfe und Strafen bringen Ihr Kind in eine Verteidigungsposition, die es verunmöglicht, gemeinsam über eine Lösung nachzudenken. Stattdessen ist es hilfreicher, wenn Sie Ihrem Kind möglichst objektiv mitteilen, was Sie beobachtet haben, zum Beispiel: »Ich habe den Eindruck, Tina geht es im Moment gar nicht gut. Ich sehe sie am Morgen auf dem Schulweg oft hier am Haus vorbeilaufen. Sie ist immer allein unterwegs und wirkt traurig auf mich ...« Falls Ihr Kind Ausflüchte sucht oder das andere Kind abwertet, können Sie dies kurz aufnehmen und gleichzeitig deutlich Stellung beziehen, etwa: »Klar, man muss nicht mit jedem Kind super befreundet sein. Aber ich finde trotz allem hat jedes Kind das Recht, sich in der Schule und auf dem Weg dorthin wohl zu fühlen.« Äußern Sie die klare Erwartung, dass Ihr Kind dazu beiträgt, dass es dem besagten Kind wieder besser geht: »Weißt du, ich glaube jeder Einzelne kann etwas tun, wenn ein anderes Kind traurig oder bedrückt ist. Gerade du – wo du doch beim Volleyball auch immer darauf achtest, dass es im Team rund läuft und keiner zu kurz kommt. Was könntest du machen, damit sich Tina in der Schule wieder wohler fühlt?« Besprechen Sie mit Ihrem Kind verschiedene Vorgehensweisen und vereinbaren Sie mit ihm

ein nächstes Gespräch einige Tage später, um zu diskutieren, inwiefern es sein Vorhaben in die Tat umsetzen konnte.

Ihr Vorgehen wird umso erfolgreicher, je:

- weniger Sie die Rolle eines Polizisten einnehmen, der das Kind befragt und dessen Missetaten ahndet
- mehr Sie sich darum bemühen, an das Gute in Ihrem Kind zu appellieren
- klarer Sie erwarten, dass Ihr Kind sich für das Wohlbefinden des anderen einsetzt
- zuverlässiger Sie auf die besprochenen Punkte zurückkommen und in Erfahrung bringen, inwiefern sich etwas verändert hat.

Indem Sie genau hinsehen und bewusst Stellung beziehen, vermitteln Sie Ihrem Kind: Ich als deine Mutter, dein Vater liebe dich und weiß, wie viel Gutes in dir steckt. Aus diesem Grund erwarte ich von dir, dass du respektvoll mit anderen umgehst und ihnen weiterhilfst – und ich bin mir sicher, dass du das kannst. Ich habe ein Auge darauf und lasse nicht locker!

Mein Kind ist ein Minimalist

»Mein Junge macht für die Schule nur das Nötigste. Im Moment reicht es, aber wie soll das nach dem Übertritt funktionieren? Wie bringe ich ihn dazu, sich mehr reinzuhängen?«

Beim Thema Minimalismus fallen uns im Gespräch mit Eltern und Jugendlichen immer wieder ähnliche Aspekte auf. Keinesfalls möchten wir behaupten, dass diese auf jedes Kind zutreffen, aber weil sie spannend sind und Sie vielleicht ebenso zum Nachdenken anregen wie uns, möchten wir sie mit Ihnen teilen.

Doch zunächst ein versöhnliches Wort zu diesem Thema.

Ab und zu sollte eine Phase der Faulheit möglich sein

Viele Eltern und Lehrer/innen neigen dazu, vom momentanen Verhalten eines Kindes oder Jugendlichen direkt auf dessen Charakter und Zukunft zu schließen. Ganz nach dem Motto: »Wenn das so weitergeht, sehe ich schwarz!« So müssen sich Kinder, die in der Grundschule noch etwas unselbständig sind, bereits anhören, dass ihnen »der Chef später auch nicht alles hinterhertragen wird«.

Oft geht es aber nicht so weiter. Viele leistungsstarke Kinder sind in der Grundschule Minimalisten, weil sie merken, dass sie den Stoff gut bewältigen können, wenn sie im Unterricht einigermaßen aufpassen. Sie werden fleißiger, sobald die Anforderungen steigen. Es stellt sich hier auch die Frage, weshalb ein Kind mehr tun müsste, solange die Ergebnisse stimmen. Wir leisten doch auch nicht ins Blaue hinein Überstunden, nur um uns schon einmal ans höhere Pensum zu gewöhnen, das nach einer allfälligen Beförderung auf uns zukommen könnte.

Manche Jugendliche interessieren sich während der Pubertät für alles außer die Schule und haben ein, zwei Jahre einen Durchhänger. In der Lehre, im Studium oder auch erst als Dreißigjährige geben sie plötzlich Vollgas.

Wieder andere strengen sich während der gesamten Schulzeit an, sind leistungsorientiert und glänzen mit guten Noten – und erleben danach einen kompletten Einbruch. Manche von ihnen haben nach

der Schule den permanenten Druck so satt, dass sie im Studium nicht vorankommen, auf bedenkliche Weise »das Leben nachholen« müssen oder sich im Berufsleben nicht zurechtfinden.
Unser Rat wäre daher: Treten Sie einen Schritt zurück und betrachten Sie die Situation mit mehr Distanz. Fragen Sie sich: Welche Rolle spielt dieser Durchhänger für das gesamte Leben Ihres Kindes? Manchmal werden Sie zum Schluss kommen, dass es wichtig wäre, dass Ihr Kind sich genau jetzt anstrengt – weil es beispielsweise die Lehrabschlussprüfungen vor sich hat und sich mit diesem Zeugnis bewerben muss. Dann sind Gespräche wichtig. In anderen Fällen werden Sie erkennen, dass sich Ihr Kind momentan ein wenig zurücklehnen darf, ohne schlimme Folgen fürchten zu müssen.
Wenn es aber über längere Zeit nicht bereit ist, sich zu bemühen, lohnt es sich, genauer hinzusehen. Vielleicht hat sein Verhalten auch etwas mit Ihnen zu tun?

Wenn Eltern viel Wert auf Intelligenz und Talent legen, wird Lernen bedrohlich

Eltern, die über ihre kleinen Minimalisten sprechen, verwenden erstaunlich oft die gleichen Beschreibungen:

- »Du könntest viel mehr, wenn du nur wolltest!«
- »Er hätte so viel Potenzial!«
- »Sie hat es halt bisher ganz ohne zu lernen hinbekommen.«

Nicht selten lässt sich zwischen den Zeilen heraushören, dass die Eltern viel Wert auf Begabung und Intelligenz legen. Es schwingt fast immer ein wenig Stolz mit, wenn sie erzählen, wie gut die Leistungen trotz Faulheit ausfallen.
Die Ansicht, dass das Kind viel mehr könnte, wenn es nur wollte, bringt es in eine schwierige Position: Es kann viel verlieren, wenn es sich mehr anstrengt. Was, wenn es gar nicht der erwartete Überflieger wird? Je wichtiger den Eltern das Potenzial des Kindes ist, desto bedrohlicher wird es, dieses auszuschöpfen. Es ist, als würden die Kinder denken: Lieber faul und genial als fleißig und dumm. Solange man wenig tut, besteht zumindest die Möglichkeit, ein Genie zu sein. Was aber, wenn man sich richtig ins Zeug gelegt hat

und dennoch nicht brilliert? Ein Student mit einer Aufschiebeproblematik hat es uns einmal so gesagt: »Ich gebe immer nur halbe Kraft – dann kann ich mir sagen, dass ich eigentlich noch viel mehr gekonnt hätte, wenn ich gewollt hätte.«

Die psychologische Forschung konnte diese Problematik mehrfach bestätigen: Wurden Kinder dafür gelobt, dass sie sich angestrengt oder viel geübt hatten, bemühten sie sich in der Folge stärker. Wurde ihnen aber gesagt, wie intelligent oder begabt sie seien, wichen sie von da an schwierigen Aufgaben aus und kämpften mit großer Scham, wenn sie einen Misserfolg erlebten (Brummelman et al., 2014; Cimpian et al., 2007; Gunderson et al., 2013; Mueller & Dweck, 1998; Zentall & Morris, 2010).

Je mehr Sie Ihrem Kind zu verstehen geben, dass Kompetenzen durch Übung und Training wachsen, desto weniger fühlt es sich von Misserfolgen bedroht und desto entspannter kann es lernen und üben. Mehr dazu finden Sie im Kapitel »›Ich kann das nicht!‹ Wenn Kinder zu rasch aufgeben« auf Seite 35.

»*Meine Eltern haben gar kein Leben – so will ich nicht sein!*«

Manchen Eltern sind Arbeit und Leistung sehr wichtig. Sie sind beruflich ausgesprochen erfolgreich. Sie bezahlen dafür aber einen hohen Preis, kommen spät nach Hause und verbringen einen Großteil des Wochenendes mit ihrer Arbeit. Nicht selten haben sie Kinder, die zunächst genauso fleißig sind, als Jugendliche aber zu Leistungsverweigerern werden.

Jugendliche – oder auch Erwachsene, deren Eltern sich vorwiegend auf den Beruf fokussiert haben – erzählen uns immer wieder: »Meine Eltern haben doch gar kein Leben!« oder »Mein Vater hatte nie Zeit für uns, dem war immer nur seine Arbeit wichtig!«. Nicht selten schwören sich diese jungen Menschen: »So werde ich nie!« Was folgt, ist kein goldener Mittelweg, sondern eine klare Absage an den Weg ihrer Eltern.

Wenn Sie sich und Ihr Kind in dieser Beschreibung entdecken: Sehen Sie das Verhalten Ihres Kindes als Spiegel. Vielleicht haben Sie bisher an Ihren Teenager appelliert: »Du musst aufwachen und lernen, was es heißt, ein Erwachsener zu sein.« Es wäre zumindest eine Überlegung wert, ob Sie diese Art Erwachsener wirklich sein möchten und müssen – oder ob es nicht schön wäre, wenn Ihr Kind sich eine Scheibe von Ihnen und Sie sich eine Scheibe von ihm abschneiden. Wenn Sie dabei den ersten Schritt machen, wird Ihr Kind leichter einen Schritt auf Sie zu machen können.

Je mehr es Ihnen gelingt, Ihrem Kind vorzuleben, dass Arbeit erfüllend ist, Sie Ihrer Tätigkeit gerne nachgehen und andere wichtige Bereiche des Lebens aufgrund des Berufs nicht zu kurz kommen lassen, desto weniger müssen Sie sich ängstigen, dass Ihr Kind zum Leistungsverweigerer wird.

Halten Sie hier kurz inne und überprüfen Sie, wie Sie reagieren, wenn Ihr Kind rumhängt und nichts tut. Wie fühlen Sie sich dabei? Welche Gedanken schießen Ihnen durch den Kopf? Eltern, die oft gestresst sind, empfinden bei diesem Anblick eine innere Unruhe. Sie haben nicht nur selbst den Anspruch an sich, stets etwas Nützliches zu tun – sie werden auch nervös, wenn andere sich nicht an dieses Prinzip halten. Rasch kreisen die Gedanken darum, dass das Kind nicht genug in die Schule investiert, dass es nicht reichen wird, dass es den Ernst des Lebens nicht begreift. Die Kinder hören in der Folge ständig Fragen wie »Musst du nicht noch …?«, »Du weißt schon, dass du …?«

Kinder spüren die innere Unruhe der Eltern. In Gesprächen äußert sich dies in Sätzen wie »Ich habe das Gefühl, dass ich mich nie richtig entspannen darf. Kaum will ich mal Pause machen, kommen gleich meine Eltern und wollen wissen, ob ich schon mit allem fertig bin« oder »Ich habe immer ein schlechtes Gewissen, wenn ich mich ausruhen oder abschalten will. Das kann ich eigentlich nur, wenn niemand zu Hause ist«.

Wenn Sie sich und Ihr Kind in dieser Beschreibung wiederfinden, möchten wir Ihnen Folgendes ans Herz legen: Lernen Sie, sich selbst Ruhephasen zu gönnen, nichts zu tun, manchmal ein wenig Zeit zu verschwenden und dasselbe Ihrem Kind zuzugestehen. Mehr dazu finden Sie im Kapitel »Staunen und genießen« ab Seite 183.

Wenn die Eltern das Schulsystem verachten, wird es für das Kind schwierig, sich zu bemühen

Neben Eltern, die leistungsorientiert sind, klagen auch Eltern über den Minimalismus ihrer Kinder, die selbst wenig fordern und kein gutes Haar an der Schule lassen.

Sich zu beklagen, dass »die Kinder heute gar nicht mehr Kind sein dürfen!«, ständig die Schule zu kritisieren und gleichzeitig zu fordern, dass der Nachwuchs sich anstrengt, passt schlicht nicht zusammen. Es ist für Kinder schwierig, in einem System erfolgreich zu sein, das die Eltern verachten.

Eine Lösung könnte sein, eine Schule zu suchen, die den eigenen Vorstellungen mehr entspricht. Eine andere, die eigenen Ansichten kritisch zu hinterfragen und positive Aspekte an der Schule und der Lehrkraft des Kindes vermehrt wahrzunehmen.

LE FANTÔME
SARAH FISHER

Mein Kind ist ein Perfektionist

Als Natalie von der Schule nach Hause kommt, strahlt sie übers ganze Gesicht. »Du bist heute gut aufgelegt! Was ist denn los?«, möchte ihre Mutter, Frau Lampert, wissen. Natalie antwortet mit einem breiten Grinsen: »Wir haben die Geo-Prüfung zurückbekommen.« Nun beginnt ein wohlorchestriertes Spiel: Die Mutter beginnt von der Note 4 nach oben zu zählen (in der Schweiz ist die 6 die beste Note): »Eine Vier? Eine Viereinhalb? Eine Fünf?« Dabei weiten sich ihre Augen mit wachsender Überraschung, während Natalie jedes Mal amüsiert den Kopf schüttelt. »Doch keine Sechs?«, staunt Frau Lampert. »Doch!« Die Mutter breitet die Arme aus und drückt ihre Tochter an sich: »Dabei hast du doch gedacht, es sei so schlecht gelaufen. Und jetzt so eine Wahnsinnsnote! Du kannst stolz auf dich sein.«

Szenen wie diese spielen sich regelmäßig ab. Frau Lampert ist erleichtert, wenn ihre Tochter mit einer Sechs nach Hause kommt – bei einer Fünf, manchmal auch einer Fünfeinhalb, ist das Mädchen aufgelöst. Dann plagen sie Selbstzweifel, Schuld- und Schamgefühle. Dann ist alles »schlimm« und »peinlich«, dann fragt sie, wie sie »nur so einen dummen Fehler machen konnte«.

Frau Lampert hat das Gefühl, gegen Windmühlen zu kämpfen, wenn Natalie sich selbst abwertet, sich als dumm bezeichnet, weint, weil sie »nichts kann«, sich als »doofe Nuss« beschimpft. Bei jedem »Aber das ist doch gut!« und »Andere wären froh, wenn sie so gute Noten hätten« wird Natalie wütender. Gut ist ihr nicht gut genug. Es muss perfekt sein.

Natalie hungert nach Lob, kann dieses jedoch kaum annehmen. Immer sucht sie nach dem »Aber« dahinter. Sie hat ein großes Ohr für kleinste kritische Kommentare und fühlt sich auch bei gut gemeinten Verbesserungsvorschlägen entwertet und abgelehnt.

Natalie ist eine Perfektionistin – und sie und ihr Umfeld kämpfen damit.

Druck und Perfektionismus haben zugenommen

In der Juvenir-Studie 4.0 der Jacobs Foundation (2014) gab der Großteil der Jugendlichen, die sich als gestresst empfinden, an, dass nicht Eltern oder Lehrer/innen sie unter Druck setzen, sondern vor allem sie selbst. 46 Prozent der Jugendlichen, die häufig Stress erleben, führen dies darauf zurück, dass sie immer alles sehr gut machen möchten. Sie meinten, dass die Zeit nie für alles reiche, sie Zukunftsängste hätten und auch unter Druck nicht bereit wären, die eigenen Ansprüche herunterzuschrauben.

Auch unter Studierenden hat der Perfektionismus in den letzten 30 Jahren zugenommen, wie eine Metaanalyse (Curran & Hill, 2017) mit über 40000 Befragten zeigt. Demnach haben junge Erwachsene zunehmend das Gefühl, dass sie den an sie gestellten Anforderungen nicht genügen können.

Hohe Standards sind nicht per se problematisch

Eltern machen sich oft Sorgen, wenn ihr Kind hohe Ansprüche an sich selbst stellt. Die Forschung zeigt jedoch, dass nicht jede Facette von Perfektionismus problematisch ist.

In der psychologischen Forschung gibt es verschiedene Definitionen von Perfektionismus, die jeweils verschiedene Typen ausmachen. Der Großteil der Befunde (vgl. Spitzer, 2016) deutet darauf hin, dass zwei Komponenten eine wichtige Rolle spielen.

Hohe persönliche Standards, verbunden mit einem Streben nach Vollkommenheit allein scheinen unproblematisch, zum Teil sogar hilfreich zu sein. Solche Menschen stecken sich hohe eigene Ziele und arbeiten mit Engagement und Begeisterung daran, sich stetig zu verbessern. Sie können mit Misserfolgen umgehen und aus Fehlern lernen.

Problematisch ist die übertriebene Angst, etwas falsch zu machen und von anderen negativ bewertet zu werden. Solche Menschen setzen sich ihre Ziele oftmals nicht selbst – sie fühlen sich vielmehr von (vermeintlich) hohen Erwartungen anderer unter Druck gesetzt. Sie glauben, perfekt sein zu müssen, um anderen zu genügen und liebenswert zu sein, und machen ihren Wert als Mensch fast ausschließlich von der Beurteilung anderer abhängig. Teilweise sind sie so blockiert von Ängsten und Sorgen, dass sie kaum mehr arbeiten können. Ihre Gedanken kreisen um einen möglichen Gesichtsverlust und die Angst, dass andere enttäuscht werden könnten, schlecht über sie denken oder sich von ihnen abwenden, wenn sie keine Bestleistung erbringen.

Kinder wie Natalie identifizieren sich so sehr mit ihrer Leistung, dass sich ein (vermeintlicher) Misserfolg anfühlt, als würde ihnen der Boden unter den Füßen weggezogen.

Interessanterweise haben Kinder wie Natalie oft noch nie einen wirklichen Misserfolg einstecken müssen und nie erfahren dürfen, dass das Leben danach weitergeht. Die Vorstellungen, die sie mit schlechten Zensuren verbinden, sind oft regelrechte Horrorszenarien. Sie fühlen sich dazu verpflichtet, ihre Erfolgsserie fortzusetzen, damit das schöne Gesamtbild nicht zerstört wird. Eine schlechte Bewertung oder eine Niederlage wäre wie ein Makel, den sie fortan für den Rest des Lebens mit sich herumschleppen müssen.

Immer wieder begegnet uns bei prüfungsängstlichen Schülerinnen und Studierenden die Befürchtung, dass sie allen etwas vormachen, ihre guten Ergebnisse nicht wirklich verdienen und bei einer schlechten Note alle bemerken würden, dass sie »eigentlich nicht so gut sind, wie alle glauben«, und »allen etwas vorgemacht haben«. In der Forschung wird dieses Phänomen als Hochstapler-Syndrom (bzw. impostor phenomenon) bezeichnet.

Von außen ist es oft schwer verständlich, weshalb Menschen mit so guten Leistungen über so wenig Selbstvertrauen verfügen. Erinnern wir uns dazu an die Formel von William James aus dem ersten Kapitel (Seite 14):

$$\textit{Selbstvertrauen} = \frac{\textit{Erfolge}}{\textit{Ansprüche}}$$

Sind die Ansprüche zu hoch, werden Erfolge nicht mehr als solche gewertet. Die Bestnote ist der Standard, den es zu erreichen gilt, alles andere eine Niederlage.

Der Drang nach Perfektion macht Eltern und Lehrer hilflos

Eltern und Lehrer/innen sind oft ratlos, wie sie auf perfektionistische Kinder eingehen sollen. Meist versuchen sie das Selbstvertrauen des Kindes zu fördern, indem sie seine bisherigen Erfolge aufzählen, das Kind bei guten Noten bestärken (»Wow! Ich wusste doch, dass du es kannst!«) und bei schlechteren Resultaten auf die starken Punkte hinweisen.

Bei Eltern und Lehrkräften stellt sich jedoch bald das Gefühl ein, dass all das Lob und all die Ermutigung nicht auf fruchtbaren Boden fallen. Es fühlt sich an, als würde man ein Fass ohne Boden füllen. Die Anerkennung versickert nach einem kurzen Moment der Freude oder Erleichterung und scheint langfristig nur dazu zu führen, dass das Kind immer mehr davon braucht, um sich für kurze Zeit zu entspannen. Die Selbstzweifel kommen sofort wieder.

Der Versuch, das Selbstvertrauen perfektionistischer Kinder mittels Lob zu fördern, verstärkt oft das Problem. Denn: Jede Anerkennung für gute Leistungen und jedes Gespräch über Prüfungen, Noten, Stärken und Erfolge führt ihnen indirekt vor Augen: Es geht im Leben um Leistung und Erfolg. Jede Versicherung, dass das Kind »gut« sei, es etwas »toll gemacht« hat, signalisiert dem Kind, dass sein Wert als Mensch von seiner Leistung abhängt.

Wörter wie schlecht und richtig spielen eine gewichtige Rolle

Im Gedankenuniversum von Kindern wie Natalie spielen Wörter wie gut und schlecht, richtig und falsch eine zu gewichtige Rolle. Sie sind ständig dabei, Maß zu nehmen, sich und ihre Leistung kritisch zu beäugen. Sie legen immenses Gewicht auf das Ergebnis und identifizieren sich kaum mit dem Thema oder dem Arbeitsprozess.

Als Eltern oder Lehrer/in können Sie perfektionistische Kinder unterstützen, indem Sie dem Thema Leistung insgesamt deutlich weniger Beachtung schenken.

Rücken Sie stattdessen Aspekte in den Vordergrund, die mehr mit der Tätigkeit an sich zu tun haben: Die Freude am Zeichnen, das

Interesse am Stoff, das Zusammensein mit anderen beim Training. Anstatt zu sagen, dass das Bild schön ist, könnten Sie das Kind zur verwendeten Technik befragen oder mit ihm darüber sprechen, warum dieses Motiv es angesprochen hat. Anstatt über die Aufsatznote Ihres Kindes zu staunen, könnten Sie den Text lesen und sich mit ihm über das Thema austauschen.

Sie können Ihrem Kind Fragen stellen, anstatt das Resultat zu bewerten: Wie findest du es? Was ist dir gelungen? Was willst du noch verbessern? Damit regen Sie Ihr Kind dazu an, sich selbst zu beurteilen, eigene Maßstäbe zu entwickeln, anstatt sich ständig zu fragen, ob andere zufrieden sind. Indirekt vermitteln Sie ihm: Es geht mir um deine Perspektive, deine Gefühle – ich bin nicht hier, um dich zu bewerten, und du musst dir meine Zuwendung nicht verdienen.

Bei einem Misserfolg könnten Sie Ihr Kind fragen, was ihm nun helfen würde, und mit ihm gemeinsam etwas unternehmen, anstatt über die Prüfung zu sprechen. Damit signalisieren Sie ihm: Wir können es auch gut miteinander haben und etwas Schönes erleben, wenn auf der »Leistungsebene« im Moment nicht alles rund läuft. Vermitteln Sie Ihrem Kind, dass es enttäuscht sein darf, Sie als Eltern aber wissen, dass dies lediglich eine Momentaufnahme ist und es in zehn Jahren niemanden mehr interessiert, was es heute für eine Note hatte. Es ist hilfreich, wenn Ihr Kind wahrnehmen darf, dass Annahmen wie »alle wären geschockt und würden mich ablehnen« jeglicher Grundlage entbehren.

Das Kind wird Widerstand leisten, um Anerkennung betteln

Wenn Sie diesen Aspekten mehr Beachtung schenken, müssen Sie sich zunächst auf Widerstand gefasst machen. Perfektionistische Kinder werden augenblicklich unsicher, wenn die Anerkennung für gute Leistungen schwächer ausfällt und ihren Erfolgen weniger Beachtung geschenkt wird. Wenn Sie beispielsweise darüber sprechen, was die Zeichnung des Kindes in Ihnen auslöst, und von ihm wissen möchten, wie es bestimmte Effekte hinbekommen hat, wird das Kind fragen: »Ja, aber findest du es schön!? Jetzt sag einfach, ob es gut ist!« Kinder wie Natalie benötigen Zeit, um sich auf diese Gespräche einzulassen und wahrzunehmen, was ihnen selbst gefällt und sie interessiert.

Um sich vor den negativen Auswirkungen ihres Perfektionismus zu schützen, ist es für Menschen wie Natalie zudem äußerst hilfreich, sich in Selbstmitgefühl zu üben (Ferrari et al., 2018). Wie Sie diesen Prozess als Eltern unterstützen können, erfahren Sie im Kapitel »Eine liebevolle innere Stimme kultivieren« ab Seite 325.

Sich engagieren macht glücklich

In unserer Kultur steht der Erfolg des Einzelnen im Vordergrund. Es geht darum, zu gewinnen, sich abzugrenzen, andere zu übertrumpfen und sich hervorzutun. Diese Kultur spornt uns an, unser Bestes zu geben. Sie hat aber ihre Schattenseiten: Stress, Burnout, Neid und Gefühle des Versagens und der Wertlosigkeit, wenn es uns nicht gelingt, vorne mitzuschwimmen.

Der österreichische Neurologe und Psychiater Viktor Frankl, der die Schrecken eines Konzentrationslagers überlebt hatte, zeigt uns einen Ausweg. Er schreibt dazu in seinem Buch »Das Leiden am sinnlosen Leben« (2003):

»Im Dienst an einer Sache oder in der Liebe zu einer Person erfüllt der Mensch sich selbst. Je mehr er aufgeht in seiner Aufgabe, je mehr er hingegeben ist an seinen Partner, umso mehr ist er Mensch, umso mehr wird er sich selbst. Sich selbst verwirklichen kann er also eigentlich nur in dem Maße, in dem er sich selbst vergisst, in dem er sich selbst übersieht.« (S. 18)

Momente, in denen wir unser Ego zurückstellen und uns für andere einsetzen, können uns beflügeln.

Vor einigen Jahren sprang ich (Stefanie) als Helferin an der »Kinderuni« in Fribourg ein. Schüler/innen aus der Region waren eingeladen, einen Nachmittag lang die Universität zu besichtigen, eine Kindervorlesung zu hören und im Anschluss über das jeweilige Thema zu diskutieren. Im besagten Jahr beschäftigten wir uns mit Kinderrechten und die Nachwuchsstudenten erhielten am Ende des Nachmittags die Möglichkeit, im Rahmen eines Sponsorenlaufs Geld für ein Kinderhilfsprojekt zu sammeln.

Für jede Runde, die ein Kind um das Gebäude der Universität drehte, erhielt es einen Goldtaler aus Schokolade. Es stand den jungen Läufern frei, ob sie diese essen oder (einen Teil davon) in eine große Spardose werfen wollten. In letzterem Fall wurde pro Schokotaler ein Franken für Kinder in Not gespendet.

Wir Erwachsenen hielten uns im Hintergrund und beobachteten erstaunt, wie kein einziges Kind auch nur einen Moment zögerte – sie alle ließen ihre Schokoladentaler stolz in die Sparbüchse plumpsen. Kurz vor Schluss rannte ein kleiner Junge auf mich zu, dem bereits der Schweiß über das Gesicht strömte. Er wischte sich mit dem Handrücken über die feuchte Stirn und stieß keuchend hervor: »Ich habe jetzt schon so viele Runden gemacht! Meine Schwester ist noch zu klein, aber sie würde auch so gerne mithelfen, damit es den Kindern besser geht. Darf ich für sie auch noch zwei Runden laufen?« Kaum hatte ich seine Frage mit einem Nicken beantwortet, setzte sich der Junge erneut in Bewegung. Wenig später schleppte er sich mit letzter Kraft ins Ziel und übergab der kleinen Schwester, die etwa fünf gewesen sein muss, mit zitternden Händen die beiden Schokotaler, als handle es sich dabei um einen wertvollen Schatz. Die Kleine nahm die goldenen Münzen ehrfürchtig entgegen, tapste zur Sparbüchse und warf ihre Spende mit einem Glucksen und stolz geschwellter Brust ein.

Diese unscheinbare Szene berührte mich auf eine besondere Art und Weise. Der kleine Akt der Freundlichkeit hinterließ ein Gefühl von wohliger Wärme und urplötzlich blitzte ein Gefühl von Dankbarkeit in mir auf – für all das Gute und Menschliche in dieser Welt.

Das Schöne ist: Wenn sich Kinder und Jugendliche für eine gute Sache einsetzen, kann jede/r Einzelne »gewinnen« – aber nicht, weil man der Beste ist oder etwas für seinen Einsatz bekommt. Der Gewinn ist so viel wertvoller, als es eine Medaille oder Urkunde jemals sein könnte.

Kinder und Jugendliche gewinnen ein Gefühl von Stärke und innerem Reichtum, wenn sie erfahren dürfen, dass sie in der Lage sind, zu geben und etwas zu bewegen – und dadurch einen klitzekleinen Unterschied im Leben eines anderen Menschen oder der Umwelt zu bewirken.

Gleichzeitig keimt in solchen Augenblicken ein Gefühl von Verbundenheit in uns auf – nicht nur mit unseren Mitstreitern, die sich Seite an Seite mit uns engagieren, sondern auch mit den Menschen, denen dieser Einsatz zugutekommen soll.

Unser Selbstwertgefühl wächst, wenn wir uns für andere einsetzen

Wir sollten Kindern immer wieder Gelegenheit geben, sich als Teil einer Gemeinschaft zu fühlen und zu erfahren, dass es auf sie und ihren Beitrag ankommt. Kinder und Jugendliche sollten erleben dürfen: Man zählt auf mich. Durch mich und meinen Beitrag wird meine Familie, meine Klasse, ja vielleicht sogar die Welt ein Stück besser. Wir sehen eine gute Sache wachsen, freuen uns darüber und empfinden unser Leben als wert- und sinnvoll.

Wie wichtig diese Erfahrung ist, untermauern mittlerweile mehrere Studien (Harlow & Cantor, 1996; Jenkinson, 2013; Johnson et al., 1998; Latham, 2003; Moorfoot et al., 2015; Uggen & Janikula, 1999; Van Willigen, 2000; Wilson, 2000; Zaff et al., 2003): Diese kommen zum Beispiel zu dem Schluss, dass Menschen, die sich ehrenamtlich betätigen, mehr Selbstvertrauen, ein gesünderes Selbstwertgefühl und eine höhere Lebenszufriedenheit aufweisen und ihr Leben als sinnvoller empfinden; Jugendliche, die sich regelmäßig für eine gute Sache einsetzen, haben ein niedrigeres Risiko, Alkohol oder Zigaretten zu konsumieren oder kriminell zu werden. Zudem weisen sie höhere soziale Kompetenzen auf und sind in der Schule besser.

Eltern können ihre Kinder dazu anregen, sich zu engagieren und Verantwortung zu übernehmen, indem sie selbst etwas Gutes tun, großzügig und dankbar sind. Wir können Kindern vorleben, dass es mehr gibt als Leistung, Wettbewerb, Sieg und Niederlage.

Vielleicht hat Ihr Kind Lust, in der Gemeinde eine soziale Aufgabe zu übernehmen? Oder es möchte ein Umweltschutzprojekt unterstützen? Möglicherweise hat Ihr Kind ein Herz für Tiere und geht darin auf, die Hunde aus dem örtlichen Tierheim auszuführen oder einmal pro Woche in einem Gnadenhof auszuhelfen?

Auch im Schulbetrieb können wir Kinder und Jugendliche stärken, indem wir ihnen die Möglichkeit geben, sich für andere einzusetzen: Wie wäre es, wenn im Werkunterricht ein Spielplatz für die Kindergartenkinder entsteht? Oder ein Nistplatz für Vögel und Insekten? Könnte im Sprachunterricht ein Theater für das Seniorenheim einstudiert werden? Wollen die Achtklässler eine Unterrichtseinheit für die Fünftklässler vorbereiten? Wie wäre es, wenn die Schüler/innen gemeinsam die Schule verschönerten? Oder wenn in Klassen darüber gesprochen würde, wie die Kinder dazu beitragen könnten, dass sich jede/r Einzelne in der Schule wohl fühlt?

Zeigen Sie Ihrem Kind den Wert guter Taten

»Heute hatte ich eine seltsame Begegnung«, sagt mein (Stefanies) Mann Klaus, während wir gemeinsam das Gemüse für das Abendessen schneiden. »Ich war gerade auf dem Weg von einem Kunden zurück ins Büro, da spricht mich am Bahnhof ein junger Mann an: ›Scusi, can you help me?‹. »Und was wollte er?«, frage ich neugierig.

Ich erfahre, wie dieser in einem gebrochenen Englisch-Italienisch-Gemisch von seiner Odyssee erzählt: dass er in die Schweiz kam, um Arbeit zu finden, nun aber seit fast zwei Wochen ohne Obdach am Bahnhof schläft, weil er nirgends untergekommen ist. Wie müde er aussah, die dunklen Haare zerzaust, die Kleidung zerknittert. »Ich hatte es eilig und wollte ihm rasch etwas Geld geben, aber er hat nur den Kopf geschüttelt. Eindringlich gestikulierend erklärte er mir, dass es ein Fehler war, aus Italien wegzugehen, dass er nach Hause möchte zu seiner Familie. Ich wollte wissen, wie ich ihm helfen könne. Er brauche ein Ticket nach Milano Centrale, von dort aus könne er weiter. Zuerst dachte ich, ob das jetzt einfach eine neue Masche ist? Aber am Ende habe ich ihm in die Augen geschaut, bin mit ihm zum Automaten gegangen und habe ihm das Ticket gekauft, gültig innerhalb der nächsten Stunde, 90 Franken. Er nimmt ungläubig den Fahrschein entgegen, faltet die Hände wie zum Gebet, bedankt sich unzählige Male. Wir lesen beide im Fahrplan, dass der letzte Zug an diesem Tag Zürich in Kürze verlässt. Also schnappt er sich seinen verbeulten Rucksack, rennt los, wie ein Wilder und hüpft in den Zug, der gleich losfährt.« »Das war lieb von dir«, murmle ich und sehe meinen Mann über den Küchentisch hinweg an. Wir lächeln.

Prof. Martin Seligman, der die Positive Psychologie als neue Forschungsrichtung ins Leben rief, kommt zum Schluss, »dass eine freundliche Handlung mehr zur Steigerung des eigenen Wohlbefindens beiträgt als jede andere Übung, die wir getestet haben« (Seligman, 2015, S. 41).

Überlegen Sie zusammen mit Ihrem Kind, zu wem es freundlich sein könnte. Die folgenden Fragen helfen Ihnen dabei:

- Wann hast du das letzte Mal etwas Nettes für jemanden getan? Wie? Wie hast du dich danach gefühlt?
- Wie kann man anderen Menschen eine Freude bereiten (jemanden besuchen, jemandem helfen, etwas teilen, ein Kompliment machen, etwas schenken, ein Kind, das am Rand steht, zum Spielen einladen usw.)?
- Was davon würdest du nun gerne tun?

Setzen Sie Ihr Vorhaben in die Tat um und tauschen Sie sich danach mit Ihrem Kind darüber aus, wie es sich gefühlt hat.

Wie wird mein Kind selbständiger?

Es ist Samstagmorgen, acht Uhr, mein (Fabians) Vierjähriger schleicht aus dem Bett. Ich döse noch ein wenig weiter. Eine halbe Stunde später steht der Kleine vergnügt im Türrahmen meines Schlafzimmers: »Schau, Papa, ich habe mich ganz allein angezogen!« Tatsächlich: Sogar die Knöpfe seines Pullovers und den Gürtel hat er zugekriegt! Dann wandelt sich sein Gesichtsausdruck von stolz zu besorgt: »Aber, Papa – weißt du, was ganz, ganz schwierig ist und was ich noch ganz lange nicht kann? Alleine schlafen.«

In unserer Arbeit begegnen uns immer wieder Eltern, die sich sorgen, weil ihr Kind nicht selbständig genug sei: Es benötigt bei den Stillarbeitsphasen in der Schule jeweils eine Extraeinladung und bittet bei den Hausaufgaben ständig um Hilfe.

Auch mir (Fabian) ist die Forderung nach mehr Selbständigkeit bereits begegnet. Der Kinderarzt wies meine Frau und mich darauf hin, dass unsere Kinder lernen sollten, allein einzuschlafen, und empfahl uns das umstrittene Buch »Jedes Kind kann schlafen lernen«. Wie die Anekdote am Anfang zeigt, haben wir den ärztlichen Rat nicht befolgt.

Selbständigkeit lässt sich nicht erzwingen

Selbständigkeit ist in unserer Kultur ein wichtiges Ziel: Unsere Kinder sollen als Erwachsene in der Lage sein, sich in einer komplexen Welt zurechtzufinden, eigene Entscheidungen zu treffen und ihr Leben selbst zu gestalten.

Doch Eigenständigkeit entwickelt sich nicht über Nacht, nicht durch Zwang und auch nicht dadurch, dass man ein Kind sich selbst überlässt. Sie entwickelt sich in Beziehung, in gegenseitigem Vertrauen und durch genügend Gelegenheiten zum selbständigen Tun. Das Tempo gibt dabei das Kind vor – nicht irgendeine Normvorstellung.

Selbständigkeit entsteht in Beziehung

Je sicherer Kinder sich in der Beziehung zu ihren Eltern fühlen, desto besser können sie sich von ihnen loslösen, um ihre Umgebung zu erkunden. Ein Kind kann eigenständig Neues ausprobieren und eigene Erfahrungen sammeln, wenn es erlebt: Meine Eltern sind da, wenn ich Hilfe brauche, sie stehen mir bei, wenn ich mich unsicher fühle, und hören mir zu, wenn ich etwas loswerden muss.

Das Vertrauen, dass die Eltern und andere Erwachsene verfügbar sind, um Schutz, Sicherheit und Nähe zu spenden, bildet die Basis für die Selbständigkeit des Kindes.

Viele Kinder benötigen diese Nähe auch im Schulalter. Es gelingt ihnen besser, selbständig für Prüfungen zu lernen, wenn sie dabei nicht allein sind. Setzen Sie sich zu Ihrem Kind an den Tisch und gehen Sie eigenen Aufgaben nach: Beantworten Sie E-Mails, bezahlen Sie Rechnungen – und signalisieren Sie dem Kind, dass Sie bei ihm sind, aber ungestört arbeiten möchten.

Selbständigkeit entsteht durch Zutrauen

Während das Kind Vertrauen in die Eltern braucht, um sich sicher zu fühlen, müssen die Eltern genügend Zuversicht in das Kind und das Leben entwickeln, um es so weit loszulassen, dass es eigenständig werden kann. Dieses Vertrauen lässt sich nicht in einem oberflächlichen »Du schaffst das!« äußern. Es basiert auf dem Gefühl, dass das Kind seinen Weg gehen wird und dabei Fehler und Umwege machen darf. Es besteht in der neugierigen Frage »Wollen wir mal sehen, ob du das schaffst?« und der unausgesprochenen Versicherung, dass Experimentieren und Fehlermachen erlaubt sind und man mit Misserfolgen umgehen kann im Sinne von: »Wenn es nicht klappt, sehen wir weiter und versuchen etwas anderes. Und wenn alles nicht funktioniert, dann können wir damit leben.«

Sie können darauf achten, wie Sie sich fühlen und was Sie denken, wenn Ihr Kind sich nicht selbständig anzieht, den Schulweg noch nicht allein begehen will oder beim Lernen Hilfe braucht. Sind Sie angespannt? Fühlen Sie sich unter Druck, dass Ihr Kind das eigentlich schon können müsste, oder hallt der Satz, dass »Kinder die

Hausaufgaben selbst machen müssen« aus dem letzten Elterngespräch noch nach? Sind Sie frustriert oder wütend, weil Ihr Kind nicht auf Ihren Zuspruch reagiert? Ihr Kind wird stärker auf Ihre Gefühle reagieren als auf Ihre Worte: Wenn ein Kind merkt, dass sich seine Eltern unsicher fühlen, wird es selbst verunsichert – und sucht Nähe und Unterstützung.

In dieser Situation können Sie etwas Neues ausprobieren. Sie können die eigene Unsicherheit zum Ausdruck bringen und Neugier wecken: »Hm ... das ist schwierig ... ich weiß nicht, ob dir das schon gelingt, aber du darfst es mal ausprobieren, ich bin ja da.«

Freuen Sie sich gemeinsam mit dem Kind, wenn es etwas selbst geschafft hat – auch wenn es den Pullover verkehrt herum angezogen hat, sich ein paar Fehler in das Mathe-Blatt eingeschlichen haben oder der eine oder andere Pfannkuchen verkohlt ist. Widerstehen Sie dem Drang, nachzubessern.

Selbständigkeit entsteht durch Freiraum

Neben Vertrauen benötigen Kinder Gelegenheiten und Zeit, um sich kennenzulernen und sich auszuprobieren. Dies gelingt ihnen am besten im freien Spiel mit anderen. Dort müssen alle Kinder Vorschläge einbringen, in der Gruppe für ihre Ideen einstehen und andere für sich gewinnen. Sie müssen Entscheidungen treffen, sich ab und zu durchsetzen oder nachgeben. Sie müssen Enttäuschungen verkraften und sich wieder aufrappeln.

In den USA ist die Freizeit der Kinder mittlerweile derart durchstrukturiert, dass sich der Verband der Kinderärzte veranlasst sah, Alarm zu schlagen. Die Fachpersonen wiesen darauf hin, dass wir unseren Kindern einen der wichtigsten Aspekte der Kindheit rauben, wenn wir ihnen das freie Spiel nehmen.

Der deutsche Kinderarzt Herbert Renz-Polster sieht ähnliche Entwicklungen. Er schreibt dazu in seinem Buch »Menschenkinder« (2016): »Zuerst haben wir den Kindern die Wälder genommen, danach die Wiesen, die Hinterhöfe, die Brachflächen, dann die Straßen, Gassen und Gärten. Seit den 70er-Jahren ist die Fläche, die Kinder im Freien zum Spielen nutzen dürfen, um 90 Prozent zurückgegangen.«

Wir können uns als Eltern fragen: Hat mein Kind genügend Gelegenheit zum freien Spiel? Hat es Zeit und die Möglichkeit, sich mit anderen Kindern zu treffen, ohne dass immer ein Erwachsener da ist, der Vorschläge macht, aufpasst und eingreift? Vieles lernen Kinder genau dann, wenn nicht die Absicht besteht, ihnen etwas beizubringen. Dann, wenn es kein durchdachtes, durchstrukturiertes, von Erwachsenen angeleitetes Programm oder Training gibt. Es ist schwieriger geworden, Kindern diese Freiräume zu schenken. Es lohnt sich daher, sich aktiv dafür einzusetzen und mit den Kindern nach Möglichkeiten zu suchen.

Selbständigkeit entsteht, wenn wir Schwieriges bewältigen können

Auch Probleme, die sich im Leben von Kindern auftun, können wir als Chance sehen. Sie bieten ein Übungsfeld, um zu wachsen, wichtige Problemlösefertigkeiten zu entwickeln und damit unabhängiger von der Unterstützung der Eltern zu werden.

Der Schweizer Psychologe Alfred Adler soll einst gesagt haben: »Das Schönste, was eine Fee einem Kind in die Wiege legen kann, sind Schwierigkeiten, die es überwinden muss.«

Das sehen wir oft nicht so. Taucht ein Problem auf, fühlen wir uns dazu gedrängt, sofort eine Lösung bereitzustellen. Wir tun gut daran, uns in diesem Moment zurückzunehmen. Denn jede Schwierigkeit, zu deren Lösung ein Kind wesentlich beigetragen hat, stärkt seine Zuversicht, dass es auch mit zukünftigen Belastungen umgehen kann. Als Eltern können wir darauf achten, dass wir das Kind mit der Schwierigkeit nicht allein lassen, aber auch nicht mehr helfen als nötig.

Wenn Sie möchten, können Sie beim nächsten Problem, das im Leben Ihres Kindes auftaucht, auf eine einfache Problemlösestrategie zurückgreifen. Sie besteht aus 5 Schritten:

1. Die Angelegenheit beschreiben lassen: »Was ist genau das Problem?«
2. Mögliche Lösungswege entwickeln bzw. sammeln, ohne diese zu bewerten: »Was könnten wir alles tun?«

3. Die Vorschläge auswerten: »Welche unserer Ideen ist die beste?«
4. Sich für eine oder mehrere Lösungen entscheiden: »Welche Lösungen wollen wir umsetzen?«
5. Das Vorhaben in die Tat umsetzen und evaluieren: »Inwiefern hat es geklappt? Probieren wir etwas anderes? Falls ja: was?«

Vielleicht hat Ihr Kind Lust, sich einen Kurzfilm zu dieser Methode anzuschauen? Auf der Webseite www.biber-blog.com erklärt ihm der kleine Biber, wie man mit Problemen fertig wird.

Manche Kinder brauchen mehr Zeit

Zu guter Letzt möchten wir in diesem Kapitel etwas Persönliches loswerden: Das Leben ist kein Wettrennen und es gewinnt auch nicht der, der am schnellsten abgestillt ist, allein schläft, trocken ist, bei Freunden übernachtet oder von zu Hause auszieht.
In unserer Gesellschaft wird der Selbständigkeit viel Bedeutung beigemessen – teilweise zu viel. Dabei werden oft falsche Zusammenhänge hergestellt: Uns wird immer wieder suggeriert, dass Kinder als Erwachsene dann unabhängig sein werden, wenn wir sie möglichst früh zur Selbständigkeit drängen.
In den letzten Jahren wurde der Einschulungszeitpunkt vielerorts sogar mehrmals nach vorne verschoben. Plötzlich sehen sich knapp vierjährige Kinder mit Anforderungen konfrontiert, die wir damals mit fünf oder sechs Jahren bewältigen mussten. Man kann nicht 26 knapp Vierjährige mit einer einzigen Kindergärtnerin in einen Raum stecken und erwarten, dass – wie in der Schweiz auf dieser Stufe üblich – ein Lehrplan umgesetzt wird, die Kindergartenlehrperson die Kinder in 22 Kompetenzbereichen einschätzt und individualisierte Entwicklungsangebote zur Verfügung stellt. Wenn wir die Kinder früher einschulen wollen, dann müssen wir die Rahmenbedingungen und den Lehrplan an den Entwicklungsstand anpassen und nicht den Anforderungskatalog an die Kinder

erweitern. Das kostet Geld, das erfordert mehr Personal und das muss es uns wert sein.

Kurztipps

- Signalisieren Sie Ihrem Kind, dass Sie da sind. Anstatt die Hausaufgaben alleine im Zimmer zu erledigen, könnten Sie das Kind einladen, gemeinsam zu arbeiten. Zeigen Sie Ihrem Kind, auch während es spielt, ab und zu, dass Sie im Hintergrund da sind, ohne sich aufzudrängen.
- Lassen Sie Ihr Kind spüren, dass Sie sich freuen, wenn es etwas selbständig versucht. Gestehen Sie ihm seinen Stolz zu und gehen Sie entspannt mit dem Resultat um.
- Zeigen Sie Ihrem Kind, wie es Probleme lösen kann. Stehen Sie Ihrem Kind bei, aber helfen Sie nicht mehr als nötig.
- Gewähren Sie Ihrem Kind genügend Freiräume. Im unbeobachteten und unstrukturierten Spiel kann es sich ausprobieren und entdecken.

Staunen und genießen

Mein (Fabians) Sohn, damals 4 Jahre alt, liebt den Herbst: »Schau mal Papa, diese Farben. Es tut meinen Augen so gut, so schöne Sachen zu sehen!« Es gibt nichts Spannenderes, als mit einem Kind an der Hand die Welt neu zu entdecken. Plötzlich wird der Alltag interessant: jede Schnecke, jeder Käfer, jedes ungewöhnliche Blatt. Als Eltern fragen wir uns, was wir Kindern für ihr Leben mitgeben möchten. Dazu gehören Liebe, ein gesundes Selbstwertgefühl und vielleicht eine gute Ausbildung.

Wir können uns aber auch fragen, was Kinder sich möglichst lange bewahren sollen und was wir von ihnen lernen möchten. Dazu gehört aus unserer Sicht die Fähigkeit, zu genießen und zu staunen. Denn darin sind Kinder wahre Meister.

Wir Erwachsenen täten gut daran, uns eine Scheibe von ihnen abzuschneiden, wie eine Befragung der Universität Göttingen zeigt (Ellrott & Hauck, 2017): Demnach gibt zwar der Großteil der Erwachsenen an, dass Genuss ihnen wichtig sei, aber mehr als die Hälfte stört sich daran, dass er in ihrem Alltag zu kurz kommt. Das ist schade – denn »Genießer« sind mit ihrem Leben zufriedener.

Genuss braucht Zeit

Um etwas genießen zu können, müssen wir uns darauf einlassen, uns schöne Momente zuzugestehen. Als Eltern ist das nicht einfach. Insbesondere, wenn man die Redewendung »Zuerst die Arbeit, dann das Vergnügen!« verinnerlicht hat.

Wir sind immer erreichbar. Das erschwert es uns, die Arbeit nach Feierabend ganz hinter uns zu lassen – und zu Hause erwartet die meisten von uns wieder eine prall gefüllte To-do-Liste. Viele von uns hätten rund um die Uhr etwas zu tun. Legen wir erst eine Pause ein, wenn wir zu erschöpft sind, um weiterzumachen, schaffen wir keine guten Voraussetzungen für den Genuss. Kindern und Jugendlichen ergeht es ähnlich: Nach den Hausaufgaben gäbe es immer eine nächste Prüfung, auf die man sich bereits vorbereiten könnte. Im Lerncoaching begegnen uns Jugendliche, die beständig das Gefühl haben, dass sie noch irgendetwas sollten oder müssten. Sie erlauben sich Freizeit ausschließlich, wenn sie sich zu ausgelaugt fühlen, um sich weiter mit den Lerninhalten zu beschäftigen. Das schlechte Gewissen ist ihr ständiger Begleiter und verhindert, dass sie sich während der Ruhephasen tatsächlich entspannen.

Auf ihr Ziel angesprochen, formulierte eine Fünfzehnjährige den Wunsch, nicht mehr aufzuschieben, sondern ihren freien Freitagnachmittag direkt für die Prüfungsvorbereitung zu nutzen. Nach einem Blick auf ihren Stundenplan stellten wir fest: »Du hast eine ziemlich vollgestopfte Woche bis zum Freitag. Ich wäre nach so einer Woche geschafft.« Erleichtert gestand die junge Frau, dass sie tatsächlich ziemlich k. o. ist. Sie sage sich dauernd »Nur noch eine halbe Stunde …«, »Nur noch diese Folge meiner Lieblingsserie, dann fange ich wirklich an«. Am Abend hatte sie nichts erledigt, war von ihrem inneren Kampf aber ganz zermürbt und müde. Wenn wir solche Mechanismen erkennen, verordnen wir bewusste Freizeit: »Darf ich dir ein Gedankenexperiment vorschlagen? Was wäre anders, wenn wir jetzt festlegen würden, dass du von Freitag 12 Uhr bis Samstag 14 Uhr nicht lernen darfst? Wenn wir dich zu Freizeit verpflichten, die du dir nehmen musst, egal ob am Montag oder Dienstag Prüfungen anstehen?« Sie antwortete: »Hm … weniger für die Schule machen würde ich deshalb nicht. Ich würde vielleicht mit meinen Freundinnen etwas unternehmen, weil ich nicht das Gefühl hätte, dass ich noch lernen muss. Oder – wenn ich sehr müde bin – chillen, aber ohne schlechtes Gewissen.«

Bei diesen Experimenten machen wir häufig die Erfahrung, dass sich Schüler/innen während der Arbeit besser konzentrieren können und motivierter ans Werk gehen, sobald sie ihre Freizeit wieder genießen und sich dabei erholen können.

Je getriebener man sich von seiner mentalen To-Do-Liste fühlt, desto wichtiger ist es, sich von der Philosophie »Zuerst die Arbeit, dann das Vergnügen« zu verabschieden. Installieren Sie stattdessen ein Wechselspiel von Arbeits- und Erholungsphasen. Tauchen Sie in Ihre Freizeit ein, bevor Sie sich erschöpft fühlen und diese gar nicht mehr auskosten können.

Dadurch leben Sie Ihren Kindern vor, dass man sich schöne Momente gönnen darf, ohne sich diese durch das Abarbeiten aller Aufgaben verdienen zu müssen. Tappen Sie nicht in die Falle, die bereits Karl Valentin beschrieben hat: »Mögen hätt ich schon gewollt, aber dürfen habe ich mich nicht getraut.«

Warten Sie nicht darauf, bis Sie Zeit finden, das Leben zu genießen. Gönnen Sie sich solche Phasen gleich jetzt und lassen Sie die To-do-Liste mal warten. Das Schöne an der Arbeit ist, dass sie uns nicht davonläuft und sie uns meist auch niemand wegnimmt, wenn wir uns zeitweise nicht darum kümmern. Nach einem schönen Erlebnis kann man den Elan gleich mitnehmen und in guter Stimmung wieder loslegen.

Wie findet man Genuss im Alltag?

Genuss hat viel mit einer bestimmten Haltung und Hingabe zu tun. Wenn wir es uns vornehmen, können wir uns an fast allem erfreuen: an einer Auto- oder Zugfahrt, einem Tee oder Kaffee, einer kleinen Runde Extraschlaf am Morgen, wenn wir den Wecker etwas früher stellen, damit wir noch ein wenig dösen dürfen, an der Sonne oder dem Regen.

Dazu müssen wir nichts weiter tun, als uns zu überlegen, was wir in den nächsten Stunden mit Genuss angehen möchten. Diese Frage hilft dabei, den Moment bewusster zu erleben und da und dort den Alltag aufzupeppen: Die Autofahrt wird schöner, wenn wir uns entweder ganz auf das Fahrerlebnis konzentrieren oder es mit unserer Lieblingsmusik oder einem mitreißenden Hörspiel anreichern. Der Spaziergang mit dem Kind wird interessanter, wenn wir unseren Blick für die Natur öffnen und gemeinsam Pflanzen, Tiere und schöne Steine entdecken. Die Zeit allein oder mit Partner/in, den Kindern oder Freunden wird intensiver, wenn wir uns bewusst auf den Moment einlassen.

Sogar bei Arbeiten, die wir nur ungern erledigen, können wir uns fragen, wie wir sie vergnüglicher gestalten könnten. Machen diese vielleicht zu zweit mehr Spaß? Oder an einem schönen Ort? Mit Musik im Hintergrund oder dem Lieblingsgetränk in der Hand?

Mut zum Blödsinn!

Viele von uns Erwachsenen sind durchdrungen vom Gedanken, sich stets nützlich zu machen. »Mach etwas Sinnvolles!«, rufen wir unseren Kindern zu. Sich und sein Leben ständig zu optimieren und dauernd irgendwelchen Zielen oder Pflichten nachzujagen, ist ermüdend.

Ab und zu sollten wir den Mut haben, unsere Zeit zu verschwenden und in irgendwelchem Blödsinn zu schwelgen.

Denn der Genuss liegt oft in den Dingen, die weder gesund noch sinnvoll sind: ein gutes Glas Wein, Süßigkeiten, fettiges Essen. Wenn wir uns diese Sachen gönnen, ohne ein schlechtes Gewissen zu haben, essen und trinken wir nicht mehr davon – aber wir genießen sie stärker.

Das Gleiche gilt für die etwas bescheuerten Hobbys, die wir gerne vor anderen geheim halten. Ich (Stefanie) gehe leidenschaftlich gerne in Tanzaufführungen, ins Theater oder zu Buchlesungen. Meinen Alltag verbringe ich aber als ziemliche Kulturbanausin: Bücher mit Titeln wie »Winterzauberküsse«, »Sommersehnsucht« oder »Göttin in Gummistiefeln« lassen mein Herz höherschlagen und nach der Arbeit schalte ich im Zug am liebsten bei »Zwischen Tüll und Tränen« ab.

Wenn ich (Fabian) morgens müde bin, liegt das oft daran, dass meine Kinder mich in der Nacht mehrmals geweckt haben. Manchmal trägt jedoch Geralt die Schuld – mein Hexer, mit dem ich durch die wunderschön gestaltete Welt von »The Witcher 3« streife, mit Silber- und Stahlschwert gegen Monster und Banditen kämpfe und dabei das eine oder andere Herz schöner Zauberinnen erobere. So ein Abenteuer kann auch mal bis 2 Uhr morgens dauern. Peinlich? Ja. Aber spannend! Und die prachtvoll animierten Landschaften dieses Spiels »tun meinen Augen so gut«.

Viele von uns genießen von Zeit zu Zeit etwas, das sie als peinlich empfinden. Im englischsprachigen Raum kennt man dafür den Begriff »guilty pleasures« und umschreibt damit Dinge, die wir gerne mögen – und von denen wir gleichzeitig das Gefühl haben, sie nicht mögen zu sollen. Die Playstation habe ich so platziert, dass meine Eltern diese nicht sehen, wenn sie zu Besuch kommen. Den Satz »Ich hatte gehofft, diese Phase hättest du durch!« will ich nicht hören. Dafür weiß ich, warum meine Mutter beim Telefonieren unruhig wird: Im Hintergrund läuft »Rosamunde Pilcher«, und sie mag es nicht zugeben.

Wenn wir diese Hobbys und Vorlieben schon vor anderen verheimlichen: Zumindest uns selbst könnten wir sie zugestehen und uns ihnen mit ganzer Wonne und roten Ohren hingeben. Und vielleicht gönnen wir diese Momente in gesundem Maß auch unseren Kindern und Jugendlichen, ohne ihnen mit dem Satz »Mach etwas Sinnvolles!« in den Ohren zu liegen.

5 Tipps für mehr Genuss im Familienleben

- Starten Sie den Tag mit der Frage: Was habe ich heute Schönes vor?
- Fragen Sie Ihre Kinder, wenn sie von der Schule nach Hause kommen: »Was möchtest du heute gerne noch machen?«
- Gönnen Sie sich entspannende Momente, auch wenn noch nicht alles erledigt ist. Ihre To-do-Liste kommt auch mal ohne Sie klar.
- Planen Sie den Genuss. Suchen Sie sich bereits am Mittag den Film aus, den Sie gerne sehen möchten, anstatt am Abend einfach reinzuzappen. Fragen Sie sich, wie Sie sich die Zug- oder Autofahrt zur Arbeit und zurück versüßen könnten.
- Vermiesen Sie sich selbst und Ihren Kindern lustvolle Momente nicht, indem sie scheinbar sinnlose Vergnügen als kindisch, nutzlos oder peinlich abwerten. Halten Sie sich stattdessen an das Zitat von Will Ferrell: »Kindisch ist ein Wort, das langweilige Menschen verwenden, um lustige Menschen zu beschreiben.«

Wir wünschen Ihnen, dass sich Ihr Start in den Tag schon bald so anfühlt wie in Joachim Ringelnatz' »Morgenwonne«:

Ich bin so knallvergnügt erwacht.
Ich klatsche meine Hüften.
Das Wasser lockt. Die Seife lacht.
Es dürstet mich nach Lüften.
(…)
Aus meiner tiefsten Seele zieht
mit Nasenflügelbeben
ein ungeheurer Appetit
nach Frühstück und nach Leben.

Kinder unter Druck

Manchmal fällt es uns schwer, nachzuvollziehen, warum Stress und Burnout die großen Themen unserer Zeit sind. Hatten unsere Vorfahren nicht mit Problemen ganz anderen Kalibers zu kämpfen? Wenn unsere Großeltern von früher erzählen, dann tauchen Themen auf wie Armut, Krieg oder die Anforderung, sechs Kinder durchzubringen. Dass ein Kind starb, bevor es erwachsen war, war traurige Normalität. Auch unsere Eltern hatten es oft nicht leicht. Sie erzählen von Lehrkräften, die beim kleinsten Vergehen zum Rohrstock griffen; von Strafen, Härte und Gefühlskälte. Wie schön scheinen wir es heute im Vergleich dazu zu haben. Wir müssen nicht um unser Leben bangen. Kinder werden in der Schule nicht geschlagen, wenn sie die Hausaufgaben vergessen. Die existentiellen Bedrohungen haben für die meisten von uns hier in Mitteleuropa abgenommen.

Was zugenommen hat, ist ein Gefühl des ständigen, diffusen Bedrohtseins, das wir nicht recht einordnen können. Herausgreifen möchten wir nur zwei Aspekte, die zeigen: Es sind manchmal genau die Dinge, die wir am meisten schätzen, die uns unter Druck setzen.

Freiheit kann uns unter Druck setzen

Noch nie in der Geschichte der Menschheit hatten wir so viele Freiheiten und Wahlmöglichkeiten. Wir könnten und dürfen fast alles mit unserem Leben anfangen. Welchen Beruf möchten wir ergreifen? Die Auswahl ist so groß geworden, dass selbst die Berufsberater/innen den Überblick verlieren. Wollen wir heiraten? Eltern werden? Wie organisieren wir uns als Paar? Wer arbeitet wie viel? Wer übernimmt welche Aufgaben? Kinderkrippe oder nicht? Welchen Platz wollen wir Religion oder Spiritualität in unserem Leben einräumen? Wo möchten wir wohnen?

Wenn wir diese Fragen lesen, merken wir gleich: Freiheit bedeutet Stress! Denn wir müssen uns entscheiden. Die Angst, auf die falsche Option zu setzen, wächst mit den verfügbaren Möglichkeiten.

Oft fühlen wir uns blockiert, weil wir nicht in der Lage sind, eine Wahl zu treffen.

Manche Menschen sind ständig latent auf der Suche

Manche Menschen fürchten sich so sehr davor, etwas zu verpassen, dass sie sich auf nichts mehr einlassen können. Sie sind immer latent auf der Suche. Sie sind zufrieden mit ihrem Job, aber halten Ausschau nach etwas Besserem. Sie beschreiben die Beziehung als gut, fragen sich aber, ob es nicht noch jemand Passenderen gäbe.

Früher war für viele Kinder der Weg vorgezeichnet: Sie traten in die Fußstapfen der Eltern und übernahmen deren Hof, Betrieb oder Handwerk. Heute haben wir nicht die leiseste Ahnung, was aus unseren Kindern einmal werden wird. Vielleicht werden sie einen Beruf ergreifen, der heute nicht einmal existiert. Wie also sollen wir sie auf die Zukunft vorbereiten?

Dieser Unsicherheit begegnen viele mit der Lösung: Ich muss meinem Kind alle Wege offenhalten. Zu groß ist die Angst, dass es sonst in einer Sackgasse landet und uns später Vorwürfe machen wird. Möglichst viel Förderung, ein möglichst hoher Abschluss scheint das Ticket zu sein, das wir unserem Nachwuchs mit auf den Weg geben wollen. Daneben sollen die Kinder ein möglichst breites Repertoire an Fähigkeiten und Interessen aufbauen.

Potenzialentfaltung hat auch Schattenseiten

Nach einem Vortrag kam eine verunsicherte Mutter auf uns zu: »Meine Tochter ist in der ersten Klasse und möchte nach der Schule einfach nur spielen, in den Garten gehen, sich um die Tiere kümmern und ihre Freundinnen treffen. Ich habe mich so erschrocken, als ich gehört habe, was die anderen in ihrer Klasse alles machen. Die anderen Eltern meinten, es sei doch wichtig, dass ein Kind ein Instrument lernt und Sport treibt. Ich habe Angst, dass ich meine Tochter zu wenig fördere.«

Neben Freiheiten und Wahlmöglichkeiten steht die Entfaltung unseres Potenzials hoch im Kurs. Kinder sollen ihre Stärken entde-

cken, individuell gefördert werden. Wir hören immer wieder, dass die Kleinen viel mehr könnten, wenn sie nur die richtige Lernumgebung erhielten – bis hin zur Aussage, dass angeblich 98 Prozent von ihnen hochbegabt seien. Berichte von Menschen mit Downsyndrom, die es an die Uni geschafft haben, sollen uns zeigen: Alles wäre möglich mit den richtigen pädagogischen Ansätzen.
Sehnsüchtig hören wir uns auf der ganzen Welt nach Musterbeispielen um. Nach Finnlands Pisa-Erfolg im Jahr 2000 tingelten ganze Expertenscharen ins gelobte Land und berichteten von einer besseren Welt. Experten, Eltern und Lehrkräfte waren und sind sich einig: Dort gelingt es. Andere Länder wie Deutschland und die Schweiz haben dagegen »Nachholbedarf«.
Solche Berichte haben etwas Bewegendes. Sie berühren und beflügeln uns. Manchmal sind sie ein Trost in schwierigen Zeiten. Sie geben uns das Gefühl: In diesem Kind könnte noch ganz vieles stecken – wir müssen es nur finden und zur Entfaltung bringen. Misstöne werden dabei gerne zur Seite gewischt. So zeigte eine Schülerbefragung der Unicef (2007) kurz nach Finnlands Pisa-Erfolg: In keinem anderen OECD-Land gehen die Schüler/innen weniger gern zur Schule.

Wir glauben, dass in jedem Kind ein Genie steckt

Ständiges Hinterfragen und Optimieren des Bestehenden setzt Schulen und Familien unter Druck. Der Glaube, dass jedes Kind im Grunde hochbegabt ist und in ihm ein Genie schlummert, das geweckt werden will, bedeutet im Umkehrschluss: Wenn ein Kind nichts Außergewöhnliches wird, haben wir versagt. Wir haben es versäumt, die in ihm verborgenen Kräfte und Talente zum Vorschein zu bringen. Es scheint gar keine Option zu sein, sich mit weniger als dem Maximum zufriedenzugeben.
Auf dem Weg zum Bahnhof mit zwei Teilnehmerinnen einer Weiterbildung erzählte eine Lehrerin, dass ihr Sohn nun endlich eine Lehrstelle in seinem Traumberuf gefunden habe. Eine andere Teilnehmerin fügte an: »Ja – und heute mit dem dualen Bildungssystem kann er dann ja immer noch die Berufsmatura machen und

sich weiterqualifizieren.« Ich (Fabian) nickte und sagte in gewohnter Manier: »Ja, da haben wir in der Schweiz wirklich Glück.« Die Mutter sah uns genervt an und erwiderte: »Er macht jetzt einfach diese Lehre! Ihm gefällt's. Das reicht. Jedes Mal, wenn ich davon erzähle, kommen mir die Leute gleich mit ›Er kann ja dann immer noch …‹.«

Wer am Wochenende und in den Ferien lieber zu Hause bleibt, als seinen Horizont zu erweitern, wer seinen Job gut und gern genug macht, anstatt sich permanent nach dem nächsten Karrieresprungbrett umzusehen, wer dankbar ist, dass die Kinder gesund und zufrieden sind, ohne etwas Außergewöhnliches zu sein, wer zugibt, dass man als Paar ein gutes Team ist, aber nicht jeden Tag von Leidenschaft gepackt wird, wirkt auf andere rasch etwas armselig. Und dennoch: Zumindest in manchen Bereichen weniger zu wollen und sich und seinen Kindern zu erlauben, durchschnittlich, gewöhnlich, langweilig oder einfach »gut genug« zu sein, ist vielleicht kein schlechtes Mittel gegen zu viel Druck.

Belohnungen – ein zweischneidiges Schwert

Soll man Kinder belohnen? Und wenn ja: wofür? Fürs Bravsein, für gute Leistungen? Diese Fragen werden sowohl unter Eltern als auch Fachpersonen immer wieder hitzig diskutiert.
Während Belohnungsprogramme ein fester Bestandteil vieler Erziehungskurse sind, finden sich auch Stimmen, die jede Art von Belohnung verteufeln und diese sogar als moderne Form der Bestrafung sehen. Auch wir werden immer wieder gefragt, was wir von Belohnungen halten. Wir raten zu einem sorgsamen Umgang. Belohnungen können für Kinder wie auch für Erwachsene eine Unterstützung sein. Sie können als eine Art Krücke dienen, die uns das Gehen erleichtert, bis die Beine genügend Kraft haben, um uns zu tragen. Das gilt besonders dann, wenn bestimmte Handlungen zu Beginn schwerfallen oder unangenehm sind, mit zunehmender Übung aber Freude bereiten.

Wann Belohnungen sinnvoll sind

Wir denken dabei zum Beispiel an eine Schülerin mit einer Leseschwäche. Sie las sehr langsam und stockend und empfand einen zunehmenden Widerwillen gegen das Lesen. Zudem erlebte sie es als »total ungerecht«, dass sie in den Sommerferien jeden Tag 15 Minuten lesen sollte. Da sie in den Ferien zuvor fast alle Buchstaben wieder vergessen hatte, war das Üben jedoch dringend nötig. Zwei kleine Belohnungen sollten dem Mädchen zu Beginn das Lesen erleichtern. Die erste Belohnung bestand darin, dass sich die Eltern bereit erklärten, sich mit ihm abzuwechseln. Zuerst kam die Tochter an die Reihe, nach ein paar Zeilen las ihr die Mutter oder der Vater den Rest der Seite vor. Sie durfte sich zurücklehnen und die Geschichte genießen. Diese Belohnung ist deswegen sinnvoll, weil sie in einem direkten Zusammenhang mit der Tätigkeit steht und dem Kind verdeutlicht: Lesen verschafft dir Zugang zu wunderbaren Geschichten.

Die zweite Belohnung sollte die »Kosten« aufwiegen, die für das Mädchen entstanden. Es fand es zu Beginn der Beratung »fies«, dass ihm die schöne Freizeit gestohlen werde, um lesen zu üben – das werde von den anderen Kindern auch nicht verlangt. Wir alle mussten dem Mädchen beipflichten und vereinbarten daher Folgendes: Du darfst während der Ferien selbst entscheiden, ob du lesen möchtest. Wenn du deine wertvolle Freizeit dafür hergibst, darfst du im Gegenzug am Abend eine halbe Stunde länger aufbleiben – so geht dir die Zeit nicht verloren. Gleichzeitig wurde dem Mädchen gesagt, dass dieser »Deal« natürlich nur für das freiwillige, zusätzliche Üben gelte – und keinesfalls auf Pflichten wie die Hausaufgaben ausgedehnt werden könne. An den meisten Tagen entschied es sich für das Lesen und Aufbleiben.

Achten Sie darauf, dass die Tätigkeit sich lohnt, anstatt sie zu belohnen

Belohnungen haben oft den Charakter eines Schmerzensgeldes oder von Schadensersatz: Du musst diese unangenehme Sache erledigen, dafür bekommst du etwas.

So sehen wir bei Kindern mit Lernschwächen oft, dass das Üben mit sehr viel Stress verbunden ist. Konflikte mit den Eltern sind an der Tagesordnung. Kritik, Ermahnungen, Drohungen, böse Blicke und Ungeduld prägen die Situation. Das Kind wird in der Folge mit immer größeren Belohnungen bestochen, damit es sich dennoch auf das Lernen einlässt.

Hier wäre es wichtig, dass wir uns als Eltern fragen: Wie können wir das Lesen – oder eine andere Tätigkeit – lohnenswert machen? Durch Bücher, die das Kind interessieren? Indem wir seine Fortschritte dokumentieren? Durch einen liebevollen Blick, ein Lächeln, einen netten Kommentar? Dadurch, dass wir Fehler nicht mit einem »Nein!«, »Schon wieder falsch!« oder »Konzentrier dich!« quittieren, sondern einfach die richtige Lösung nennen?

Die Eltern des Mädchens legten viel Wert darauf, die Stimmung zu entspannen und für mehr Spaß zu sorgen. Sie richteten eine gemütliche Leseecke ein, lasen Wendy-Hefte anstelle »sinnvoller«

Kinderliteratur und sprachen über Pferde, anstatt jeden Fehler zu korrigieren. Besonders wichtig war, dass die Eltern ihre Haltung änderten. Sie lösten sich vom Anspruch »Unsere Tochter muss sich unbedingt verbessern« und achteten mehr auf den Prozess: Wir lesen 15 Minuten pro Tag zusammen und unsere Aufgabe als Eltern ist es, dafür zu sorgen, dass es 15 schöne Minuten werden.
Mit zunehmender Lesefertigkeit war das Mädchen gewillt, größere Abschnitte selbst in Angriff zu nehmen. Zu Beginn des neuen Schuljahrs wurde der »Deal« umfunktioniert: Das Mädchen durfte auch während der Schulzeit 15 Minuten später das Licht löschen. Allerdings galt: Du bist um 20.30 Uhr im Bett, darfst aber noch in deinen Büchern schmökern.
Dass sich die Einstellung zum Lesen endgültig verändert hatte, bemerkten die Eltern einige Monate später, als sie ihre Tochter zur Schlafenszeit mit einer Taschenlampe und ihrem aktuellen Lieblingsbuch unter der Bettdecke erwischten.
In diesem Beispiel sehen wir Belohnungen als wertvolle Krücke. Das Lesen machte dem Mädchen aufgrund seiner Schwäche zunächst keine Freude. Es war anstrengend. Die Belohnungen erhöhten die Attraktivität des Lesens, bis die Fertigkeit so weit entwickelt war, dass die Tätigkeit an sich Spaß machte.

Belohnungen können unerwünschte Nebenwirkungen haben

Mit Belohnungen sollte man zurückhaltend sein, wenn ein Kind etwas bereits von sich aus gerne tut. Eine zusätzliche Belohnung kann in diesem Fall die ursprüngliche, intrinsische (von innen kommende) Motivation untergraben. Dieser Vorgang wird als Korrumpierungseffekt bezeichnet.
Wenn sich ein Kind beispielsweise für eine Sportart begeistert, sich zunehmend verbessert und anfängt, Turniere zu gewinnen, kann die Belohnung in Form von Pokalen und Medaillen zunehmend wichtiger werden als die Freude an der Bewegung.
Solange die Erfolge da sind, stellen sie eine zusätzliche Motivation dar. Bleiben sie plötzlich aus, kann es sein, dass das Kind nicht mehr

die gleiche Begeisterung für den Sport empfindet wie zu Beginn. Das Problem tritt also auf, wenn eine zusätzliche Belohnung hinzugefügt wird, die ab einem bestimmten Zeitpunkt wieder entzogen wird. Der Belohnungsentzug wird als Bestrafung empfunden.
Noch negativer wirken sich Belohnungen aus, wenn wir jemandem helfen möchten. Ein Beispiel dafür wäre ein Kind, das seinen Großeltern den Rasen mäht, weil es ihnen etwas zuliebe tun möchte. Geben ihm die Großeltern dafür fünf Franken, kann es sein, dass das Kind von diesem Moment an den Rasen nicht mehr mähen wird.

Belohnungen können die ursprüngliche Intention zunichtemachen

Mit dem Geld haben die Großeltern das Kind für seine Arbeit »bezahlt« und so seine ursprüngliche Motivation, ihnen einen Gefallen zu tun, durchkreuzt. Die Freude der Großeltern und das Gefühl, eine gute Tat vollbracht zu haben, wären dem Kind den Aufwand wert gewesen – für fünf Franken ist ihm die Arbeit zu mühsam.
Belohnungen können auch falsche Anreize setzen. Gut geführte KMU können oft auf die Loyalität ihrer Mitarbeiter zählen. Sie motivieren durch ein Gefühl der Zugehörigkeit und gemeinsame Ziele und Werte. Große Konzerne, die auf Profitmaximierung aus sind, versuchen ihre Angestellten über Boni zu halten und anzuspornen. Das hat oft zur Folge, dass jeder nur noch an sich denkt und für eine größere Summe auch gerne zur direkten Konkurrenz wechselt.
Auf ähnliche Weise können Belohnungssysteme in Familien und Schulen das Gefühl der Gemeinschaft untergraben. Viele Eltern stellen nach einer motivierenden Anfangsphase fest, dass die Kinder nur noch an ihre Punkte denken, immer größere Belohnungen einfordern und – wenn sie um einen Gefallen gebeten werden – fragen: »Was kriege ich dafür?«
Kinder benötigen Eltern und Lehrer/innen, die mit ihnen in Beziehung treten und sie führen – wenn wir diese Aufgabe an ein Belohnungssystem delegieren, schwächen wir unsere Rolle und die Beziehung zum Kind.

Kurztipps

- Gehen Sie sorgsam und sparsam mit Belohnungen um.
- Achten Sie darauf, dass die Belohnung möglichst in einem direkten Zusammenhang mit der Tätigkeit steht (wie beim Vorlesen).
- Machen Sie Ihrem Kind bewusst, dass die Belohnung nur über eine bestimmte Zeit hinweg für eine spezifische Situation eingesetzt wird.
- Belohnen Sie Ihr Kind möglichst nicht zusätzlich für Dinge, die es sowieso gerne tut.
- Belohnen Sie Kinder nicht dafür, dass sie anderen einen Gefallen tun. Freuen Sie sich einfach darüber und bedanken Sie sich.

Hilfe, mein Kind vergleicht sich ständig mit anderen!

Im Frühling 1960 liefern sich in einem Innenhof in St. Gallen zwei Kindergartenkinder ein hitziges Wortgefecht:
»Meine Eltern haben das größere Auto als ihr!«
»Dafür haben wir ein Haus!«
»Aber ein altes! Wir haben eine neue Wohnung und mehr Geld!«
»Dafür hat mein Vater mehr Kinder!«
»Aber wir reisen dafür in den Ferien weiter weg!«
Eines der Kinder, Fabians Onkel, hört sich fast verzweifelt an, als er seinen letzten Trumpf ausspielt:
»Dafür hat mein Vater viel mehr Haare auf dem Bauch als deiner!«
Mit dem haarigen Argument hatte er den Schlagabtausch gewonnen.
Eltern fragen immer wieder, wie sie ihren Kindern das Vergleichen abgewöhnen und sie darin bestärken können, mehr auf die eigenen Stärken und Fortschritte zu achten.
Bevor wir auf diese Frage eingehen, möchten wir betonen, dass es zur natürlichen Entwicklung eines Kindes gehört, sich mit anderen zu messen.

Wer bist du? Wer bin ich? Wo stehen wir?

Sobald Kinder sich selbst und andere erforschen, beginnen sie, auf Ähnlichkeiten und Unterschiede zu achten. Kleinkindern fallen zunächst die sichtbaren Unterschiede auf – insbesondere diejenigen, die in der kindlichen Welt Bedeutung haben: Wer ist der Größte, der Stärkste, die Schnellste?
Die Jüngeren sind dabei noch sehr von sich selbst überzeugt. Und natürlich sind auch ihre Väter die Stärksten und Größten, die Mami die Schönste. Nach und nach entdecken sie, dass andere in bestimmten Bereichen besser abschneiden. Erste Enttäuschungen schleichen sich ein, und gleichzeitig wird das Bild von sich und anderen differenzierter: »Papi, der Vater von Marius ist größer als du!«

Im Grundschulalter, wenn die Gleichaltrigen wichtiger werden und die Kinder sich und andere immer besser einschätzen können, nimmt das Vergleichen meist zu. Dabei lernen wir uns mit unseren Stärken und Schwächen kennen. Das eigene Bild wird im Verlauf der Jahre und Jahrzehnte nuancierter und realistischer. Wenn wir Glück haben, gelingt es uns in diesem Prozess, uns selbst immer besser anzunehmen, unsere starken Seiten zur Geltung zu bringen und uns mit unseren Defiziten und Schwächen auszusöhnen.

Wie soll ich reagieren, wenn mein Kind sich mit anderen vergleicht?

Oft machen Eltern aus dem Vergleichen ein Problem, das keines sein müsste. Bei Beratungsgesprächen ist mir (Stefanie) mehrfach aufgefallen, dass viele Kinder ihre Stärken und Schwächen klar beschreiben und ihre Leistung erstaunlich akkurat einschätzen können: Eine Schülerin erzählt beispielsweise, wie sie sich in der Schule fühlt, was sie gerne tut und gut kann und dass ihre Banknachbarin deutlich schneller lernt. Kaum äußert ein Kind einen Vergleich dieser Art, werden viele Eltern unruhig: »Das stimmt doch nicht!« oder »Es geht hier um dich!«. Was vom Kind als neutrale Einschätzung vorgebracht wurde, wird emotional aufgeladen. Nun sehen die meisten Kinder beschämt weg, rutschen auf ihrem Stuhl herum oder kneten nervös die Hände. Es fühlt sich für sie plötzlich an, als hätten sie etwas falsch gemacht oder die Eltern verletzt.

Gerade wenn die Erwachsenen vehement widersprechen, schwingt für das Kind die Botschaft mit: Es darf nicht sein, dass ich etwas schlechter kann als andere, meine Eltern können damit nicht umgehen.

Gleichzeitig vermitteln die Eltern dem Kind durch Sätze wie »Das stimmt doch nicht!«, dass es seiner eigenen Wahrnehmung nicht trauen kann.

Manchmal fühlen sich Jugendliche in diesen Momenten auch von ihren Eltern entfremdet: Die kennen mich gar nicht richtig. Sie wollen nicht wahrhaben, wie ich wirklich bin.

Wir würden dazu raten, mit Vergleichen unter Kindern gelassen umzugehen. Vielleicht ist es gar nicht nötig, etwas dazu zu sagen außer ein kleines »Hm« oder »Aha«?

Wenn Vergleiche schmerzhaft sind

Mit eigenen Schwächen und Unzulänglichkeiten konfrontiert zu werden, kann aber auch schmerzhaft sein. Dann können wir unsere Kinder begleiten – im Vertrauen darauf, dass sie auch mit gelegentlichen Enttäuschungen zurechtkommen.

Als ich (Fabian) nach einem zusätzlichen Kindergartenjahr in die Schule kam, war ich noch immer auffallend langsam und verträumt. Eine wunderbare Lehrerin und meine Eltern bestärkten mich und gaben mir das Gefühl, auf gutem Weg zu sein. Am Ende der ersten Klasse trug ich stolz mein Zeugnis nach Hause. Ich öffnete den Umschlag kurz vor unserem Haus und betrachtete die knapp genügenden Noten, die in schöner Handschrift eingetragen waren.

Mein bester Freund ging neben mir her und musterte sein eigenes. Als ich durch das Gartentor zu unserem Haus wollte, meinte er: »Zeig mal deines!« Er hielt die Zeugnisse nebeneinander. Ich entdeckte seine deutlich besseren Zensuren und er erklärte mir, dass meine Noten »schlecht« seien. Alle Beteuerungen meiner Eltern, dass meine Leistungen »genügend« seien und sie sich darüber freuten, halfen wenig. Mir wurde schlagartig bewusst, wo ich stand. Ich habe ein wenig geweint, meine Mutter hat mich in den Arm genommen und am nächsten Tag waren die Insekten im Garten wieder wichtiger als die Noten – schließlich waren jetzt Sommerferien! Dass meine Eltern gelassen reagierten und mir zutrauten, dass ich mit der Enttäuschung umgehen kann, nahm ihr viel von ihrer Schwere.

In den letzten Jahren konnten wir oft beobachten: Je besser die Eltern eine Enttäuschung und negative Gefühle ihres Kindes aushalten können, desto leichter fällt es ihm, damit umzugehen.

Mit Vergleichen gelassen umgehen

Wir können entspannter bleiben, wenn wir mehr auf die Gefühle des Kindes anstatt auf den Vergleich eingehen. Sagt das Kind, dass es dumm und alle anderen viel klüger seien, reagieren wir meist, indem wir das entschieden zurückweisen: »Du bist doch nicht dumm!« Oft treten wir damit eine Diskussion los, in der sich das Kind auf seinen Standpunkt versteift.

Wir können diese Aussage aber auch als Gefühlsausdruck verstehen und zeigen: Ich kenne das. Vielleicht sagen wir dann: »Du fühlst dich gerade richtig dumm. Das geht mir manchmal auch so. Dann kommt man sich klein und unzulänglich vor.« Daraufhin kann man von einer eigenen Erfahrung erzählen und fragen: »Willst du wissen, was mir dann hilft?« Es ist beruhigend für ein Kind, wenn es sieht, dass seine Eltern solche Gefühle kennen, da sind und es darin begleiten können.

Wir können dem Kind auch direkt vermitteln, dass wir ihm zutrauen, mit der Situation umzugehen. Beklagt sich beispielsweise der Sohn darüber, dass die Tochter in der Schule viel besser ist, antworten wir gerne mit einem Satz wie: »Dafür bist du viel besser im Sport.« Wie wir im Artikel »Was Kinder stark macht« bereits beschrieben haben, bleiben wir damit im Schema des Vergleichens und zeigen dem Kind indirekt: Es ist eben doch wichtig, besser zu sein.

Unbewusst heizen wir das Vergleichen an und reduzieren in diesem Beispiel vielleicht sogar die Motivation für die Schule, weil wir den Geschwistern fixe Rollen zuweisen: der Sportler, die gute Schülerin usw. Es kann sein, dass sich die Kinder in der Folge auf den Bereich zurückziehen, in dem sie glänzen können.

Doch vielleicht hat das Kind ja eine Stärke, die ihm hilft, sich seiner tatsächlichen oder vermeintlichen Schwäche zu stellen: »Ja, deine Schwester hat es momentan in der Schule leichter. Und weißt du was? Ich bin stolz auf dich, dass du dranbleibst und übst, auch wenn es dir schwerfällt. Du hattest schon immer ein Kämpferherz.«

Kurztipps

- Kinder vergleichen sich, das ist Teil der normalen kindlichen Entwicklung. Wenn Sie gelassen bleiben, kann auch Ihr Kind entspannter mit der Situation umgehen.
- Vergleiche können schmerzhaft sein. Zeigen Sie Ihrem Kind, dass Sie da sind und es diese Gefühle haben darf.
- Falls sich Ihr Kind nur noch intensiver abwertet: Versuchen Sie etwas anderes, indem Sie es beispielsweise fragen, was ihm gut tun würde, oder ihm erzählen, was Ihnen in solchen Momenten hilft.
- Machen Sie Ihrem Kind bewusst, dass es stark genug ist, um mit gelegentlichen Enttäuschungen und eigenen Schwächen umzugehen, anstatt es sofort davon abzulenken.

So stärken Sie das psychische Immunsystem Ihres Kindes

In diesem Kapitel möchten wir Ihnen drei alltagstaugliche Reslilienzübungen vorstellen. Sie helfen Ihnen und Ihrem Kind dabei, mit Sorgen und Belastungen im Alltag umzugehen.

1. Wenn dich etwas belastet, schreib es auf

Was passiert, wenn jemand an fünf Tagen für jeweils 15 Minuten beschreibt, was ihn belastet, und dabei seinen Gefühlen und Gedanken freien Lauf lässt?
Die Forschung zum expressiven Schreiben zeigt: sehr viel!
In mehreren Studien (vgl. Kacewicz, Slatcher & Pennebaker, 2007; Baikie & Wilhelm, 2005; Horn & Mehl, 2004; Lepore & Smyth, 2002; Pennebaker & Smith, 2016) verbesserte sich im Zuge dieser simplen Übung die Stimmung und das Wohlbefinden der Teilnehmer/innen. Darüber hinaus konnten Forscher eine Menge zusätzlicher Effekte feststellen, die man fast nicht für wahr halten könnte, wenn sie nicht so gut abgesichert wären: Eine Stärkung des Immunsystems und weniger Arztbesuche konnten bei den Studienteilnehmern sogar über ein Jahr nach der Schreibwoche noch festgestellt werden.
Studierende, die am Experiment teilnahmen, erzielten bessere Noten, und Arbeitslose fanden rascher eine neue Stelle. Sogar bei Depressionen und posttraumatischen Belastungsstörungen konnten die Symptome durch das Schreiben gelindert werden. Während der Schreibphase nehmen die negativen Gefühle zu. Die positiven Effekte lassen aber nicht lange auf sich warten.
Das expressive Schreiben ist eine wirksame Möglichkeit, sich belastenden Erlebnissen und Gefühlen mit voller Aufmerksamkeit zuzuwenden und sie aktiv zu verarbeiten. Es hilft dabei, einen anderen Umgang damit zu finden oder mit schwierigen Episoden abzuschließen.

Probieren Sie es aus: Sie benötigen dazu nicht mehr als einen Stift und ein Blatt Papier oder den Laptop. Kinder können auch eine Zeichnung anfertigen.
Wie sehr das Schreiben eines Tagebuchs das Leben von Jugendlichen verändern kann, zeigt das Beispiel von Erin Gruwell. Die junge Lehrerin unterrichtete an der Wilson Classical High School in Kalifornien eine Klasse von Jugendlichen, die aus schwierigsten Familienverhältnissen stammten. Viele waren bereits straffällig geworden. Der Alltag der Jugendlichen war gezeichnet von Bandenkriegen, Schießereien und Drogen. Die meisten hatten bereits eine wichtige Bezugsperson durch Gewalt verloren. Erin Gruwell (2008) nutzte unter anderem das Tagebuchschreiben als Möglichkeit, den Jugendlichen bei der Verarbeitung ihrer Erlebnisse zu helfen.
Wenn Sie sich und Ihre Kinder oder Schüler/innen zum Tagebuch schreiben inspirieren möchten, empfehlen wir Ihnen das Buch »Freedom Writers: Wie eine junge Lehrerin und 150 gefährdete Jugendliche sich und ihre Umwelt durch Schreiben verändert haben«. Lesemuffel könnten sich von der Verfilmung mit Hilary Swank mitreißen lassen.

Zum expressiven Schreiben finden Sie auch einen Film von uns unter www.biber-blog.com

2. Begegnen Sie unnötigen Sorgen mit einem psychologischen Kniff

Manchmal müssen wir mit wirklich belastenden Ereignissen zurechtkommen. Wir alle machen uns im Alltag aber auch viele unnötige Sorgen, bei denen wir im Nachhinein zugeben müssen: »Da hätte ich mich jetzt nicht so verrückt machen müssen – die ganze Grübelei hätte ich mir sparen können.«
Nachts im Bett oder wenn wir uns müde, ausgelaugt oder ängstlich fühlen, quälen uns Sorgen, die wir mit etwas Abstand kaum ernst nehmen würden. Dabei begleiten uns negative Gedanken wie »Wenn ich das nicht schaffe, bin ich der totale Versager«, »Warum

muss gerade mir das passieren?«, »Das könnte ich nicht aushalten« oder »Was geschieht mit mir, wenn xy passiert?«. Bei genauerer Betrachtung sind die meisten dieser Sorgen übertrieben und einseitig. Dennoch können sie uns zusetzen und dafür sorgen, dass wir uns im Bett herumwälzen, uns hilf- und hoffnungslos fühlen.

Je nachdem, in welcher Stimmung wir über eine schwierige Situation nachdenken, sieht diese ganz anders aus. Sobald wir etwas besser gelaunt sind, fällt uns plötzlich ein, dass wir nicht so alleine, schwach und hilflos sind, wie wir uns eben noch gefühlt haben. Ein wirksamer psychologischer Kniff besteht darin, sich im Gefühlsstrudel seine negativen Gedanken aufzuschreiben und sich etwas später – in einem neutralen oder positiven Moment – damit auseinanderzusetzen.

Dies ist besonders lohnenswert bei Sorgen, die uns und unsere Kinder immer wieder befallen: Ängste vor Prüfungen, finanzielle Engpässe, Familienkonflikte, Insuffizienzgefühle bei der Arbeit, Sorgen um Aussehen, Gewicht und Gesundheit etc.

Und so gehen Sie vor: Schreiben Sie die Sorgen, Selbstzweifel oder Befürchtungen, die Sie oder Ihr Kind plagen, auf Karteikarten. Nehmen Sie für jeden einzelnen Gedanken eine neue Karteikarte. Wenn Ihr Kind beispielsweise Gedanken äußert wie »Mich mag eh keiner!«, »Ich bin sowieso zu blöd« usw., können Sie diese zu Papier bringen. Hören Sie nur zu, argumentieren Sie nicht dagegen. Schreiben Sie die Gedanken für später auf.

In einem entspannteren Moment nehmen Sie und Ihr Kind die Gedankenkärtchen hervor. Ziehen Sie beide jeweils einen negativen Gedanken und rücken Sie diesem zu Leibe. Falls es sich um ein echtes Problem handelt, können Sie überlegen, wie es sich lösen ließe. Oft werden Sie aber feststellen, dass der Gedanke übertrieben oder sogar falsch ist. Schreiben Sie in diesem Fall einige Gegenargumente auf die Rückseite des Kärtchens. Auf der Vorderseite stünde zum Beispiel »Keiner mag mich«, auf der Rückseite die Namen der Menschen, die das Kind gern haben, sowie die liebenswerten Seiten des Kindes. Sie setzen sich in gleicher Manier mit einem Ihrer Stressgedanken auseinander.

Wenn Sie das für zwei, drei Sorgen gemacht haben, kommt die Herausforderung: Sie oder Ihr Kind ziehen einen Gedanken und das Gegenüber muss so rasch wie möglich dagegen argumentieren. Mit etwas Übung fallen uns die Gegenargumente in immer schwierigeren Situationen ein, wodurch Stress und Hilflosigkeit reduziert werden.

3. Starten Sie gut in den Tag

Die Frage »Worauf freust du dich heute?« kann uns den ganzen Tag versüßen. Sie hilft uns, kleine Glücksinseln im Alltag auszumachen und diese auszukosten.

Das können ganz banale Dinge sein: der Schulweg mit der besten Freundin, die Stunde bei der Lieblingslehrerin, die Lieblingsserie, die heute Abend im Fernsehen läuft. Gerade wenn Sie oder Ihr Kind einen stressigen oder mühsamen Tag vor sich haben, lohnt es sich, sich solche Momente bereits im Vorfeld bewusst zu machen. Damit verbessert sich automatisch die Stimmung und man gewinnt mehr Energie, um auch unliebsame Aufgaben in Angriff zu nehmen.

Manchmal merkt man bei dieser kurzen Übung auch, dass zu wenig schöne Momente auf einen warten und man noch etwas mehr davon einbauen sollte. Mit der Frage »Was würde den Tag heute verschönern?« lassen sich auch graue Tage aufpeppen.

Mir wird alles zu viel

»Wie geht's dir?« Viel zu oft lautet die Antwort auf diese Frage: »Hab total viel zu tun. Ich bin gerade in einer Stressphase.«
Diese subjektive Einschätzung wird vom Bundesamt für Statistik (2017) mit Zahlen untermauert. Gerade Eltern von jüngeren Kindern sind stark belastet. In den letzten Jahren stieg die Gesamtarbeitszeit, bestehend aus Erwerbsarbeit, Haushalt und Kinderbetreuung, stetig an: Mütter und Väter arbeiten insgesamt rund 70 Stunden pro Woche. Bei den Vätern hat die Arbeit im Haushalt und in der Kinderbetreuung zugenommen, bei den Frauen die Erwerbsarbeit. Die Gleichstellung, ein wichtiges Ziel, führt momentan dazu, dass Männer und Frauen stärker gefordert sind, weil beide den Anspruch haben, allem gerecht zu werden.
Gleichzeitig nehmen die Anforderungen und die Hektik in der Arbeitswelt zu: Immer mehr soll von immer weniger Menschen in immer kürzerer Zeit erledigt werden.

Alles muss Platz haben

Es gibt Menschen, die nicht anders können, als ihre Woche bis zum Anschlag vollzustopfen, um über die Runden zu kommen. Wir denken dabei an Working-Poor oder alleinerziehende Elternteile.
Viele von uns beuten sich jedoch selbst aus, um fragwürdige Ziele zu erreichen. Wir:

- sagen Ja, wenn wir Nein meinen, um niemanden zu enttäuschen.
- bitten nicht um Hilfe und gestehen uns nicht ein, dass es zu viel ist, weil wir nicht schwach erscheinen möchten.
- erhöhen das Arbeitspensum, damit wir uns ein Zweitauto leisten oder mehrmals pro Jahr in den Urlaub fahren können.
- nehmen eine Beförderung an, die uns an den Anschlag bringt, weil unser Ego es nicht zulässt, dass wir unsere eigenen Grenzen anerkennen.
- halsen uns Verpflichtungen und Aufgaben auf, weil wir Angst davor haben, etwas zu verpassen.

- machen uns vor, dass wir bei der Arbeit unersetzbar sind und alles zusammenbricht, wenn wir uns eine Pause gönnen oder im Urlaub nicht erreichbar sind.

Zur Not belügen wir uns selbst

Wenn die Arbeit zunimmt und Außenstehende sich sorgen, hört man immer die gleichen Beteuerungen: »Ich muss das noch fertig machen. Sobald diese Deadline vorbei, das Projekt abgeschlossen, die Prüfung bestanden ist, wird das wieder anders.«

Nur folgt auf ein Projekt das nächste, auf eine Deadline eine andere – die Erholungszeiträume werden immer kürzer, bis das ganze Spiel von vorne losgeht, denn: Unermüdlicher Einsatz wird meist belohnt durch eine Beförderung, mehr Verantwortung, schwierigere Aufgaben, die noch mehr Engagement erfordern.

Wie kommen wir da wieder raus? Wie können wir dem täglichen Stress begegnen? Durch einen Zeitmanagementkurs? Yoga? Entspannungsübungen? Das ist alles sinnvoll, erfordert aber dummerweise: Zeit.

Es gibt eine bessere, nachhaltigere Lösung.

Misten Sie aus!

Wenn wir über Stress klagen, denken wir meist darüber nach, wie wir all unserer Aufgaben Herr werden können. Wir versuchen schneller zu arbeiten, uns noch besser zu organisieren, uns effektivere Arbeitsmethoden anzueignen oder auf Erholung und Schlaf zu verzichten.

Wirklich hilfreich ist nur eines: weniger tun.

Das klingt banal. Aber es ist das Einzige, das uns langfristig aus der Überforderung heraushilft. Und es ist gleichzeitig eine Herausforderung, die wir nur meistern können, wenn wir uns darauf einlassen und entschlossene Schritte unternehmen.

Mit etwas aufzuhören, etwas zu reduzieren oder zu etwas Nein zu sagen, fällt den meisten Menschen schwer. Wir fürchten den Verlust, wenn wir auf eine neue, interessante Möglichkeit verzichten. Wir sehen, wie sich eine Tür schließt, und beeilen uns, Ja zu

sagen. Auch dann, wenn wir hinterher fast in Arbeit und Verpflichtungen ersticken. Denn wenn wir Nein sagen, erteilen wir nicht nur anderen Menschen eine Absage, sondern auch unserem eigenen Ehrgeiz, unseren Ansprüchen, Zielen und Wünschen.
Wenn wir es aber lernen, verschaffen wir uns Luft und holen uns unser Leben zurück. Wir machen weniger, das dafür mit Freude, Ruhe und in höherer Qualität. Und wir können die Zeit mit wichtigen Menschen wieder genießen, ohne ständig an unsere To-do-Liste zu denken.
Unser Tag hat 24 Stunden. Wenn wir Ja sagen zu einer neuen Aufgabe, sagen wir automatisch Nein zu etwas anderem: zu Zeit mit unseren Kindern, dem Partner oder der Partnerin, zu Erholung, Schlaf oder einem Hobby.
Brian Tracy (2016) hat einmal darauf hingewiesen, dass es nur vier Möglichkeiten gibt, sein Leben zu ändern. Sie können:

- mit etwas Neuem beginnen
- etwas öfter tun
- etwas seltener tun
- etwas nicht mehr tun

Wenn die meisten Veränderungen in Ihrem Leben darin bestehen, etwas Neues hinzuzufügen oder sich vorzunehmen, bestimmte Dinge öfter zu tun, bauen sich zusehends mehr Druck und Stress auf. Es wächst das Gefühl, dass Ihr Leben vom Wort »müssen« geprägt ist. Für Erholung, Schönes und Geselligkeit bleibt weniger Raum.
Wann immer es uns zu viel wird, können wir uns darauf konzentrieren, im nächsten halben Jahr ausschließlich Ziele zu verfolgen, die darin bestehen, bestimmte Dinge seltener oder nicht mehr (selbst) zu tun.
Ein Vorhaben könnte lauten, das Arbeitspensum zu reduzieren oder im nächsten Jahr keine Überstunden mehr zu leisten. Vielleicht ist es sinnvoll, ein Amt abzugeben, die Mitgliedschaft in einem Verein zu überdenken oder die Regel einzuführen, dass an zwei Wochenenden im Monat weder etwas unternommen noch jemand eingeladen wird. Blockieren Sie diese Tage in Ihrem Kalender.

Weniger zu tun kann Sie glücklich und produktiv machen

Das bewusste Reduzieren kann erstaunliche Effekte mit sich bringen. Wir durften das mehrmals in unserer kleinen Akademie für Lerncoaching beobachten. Immer wieder stellen wir uns die folgenden Fragen:

- Was ist uns wirklich wichtig?
- Was brauchen wir, damit es uns langfristig gut geht?
- Welche Aufgaben stressen uns?
- Wofür möchten wir mehr Zeit aufwenden – und was muss weg, damit das möglich ist?

Wir können uns noch gut an einen dieser Momente vor zirka 2 Jahren erinnern. Wir spazieren nach einem Besuch bei unserem Verlag durch Bern. Es ist kalt, es regnet in Strömen und wir suchen Unterschlupf in einer Crêperie, um über unser neues Buchprojekt nachzudenken. Wir sind in angeregte Diskussionen vertieft, als ich (Stefanie) auf die Uhr schiele: »Fabi, wir müssen bald los auf den Zug. Du musst zu deinem Vortrag – und ich zu meinem.«

Wie schade! Wir sprechen darüber, wie viele Abende wir in den letzten Jahren in der Schweiz herumgetingelt sind, um Vorträge zu halten. Wie oft wir deswegen erst gegen Mitternacht zu Hause waren, wenn die Familie bereits schläft, und wie oft wir gesundheitlich angeschlagen waren, weil wir nachts in der Kälte auf eine S-Bahn oder den Zug warten mussten. Wir schauen uns an und plötzlich ist sie da, die Frage: »Warum hören wir nicht einfach auf damit?« Hysterisches Lachen: »Das können wir doch nicht machen!« – oder doch? Zehn Minuten später ist es beschlossene Sache: Unsere Vorträge sind zwar gefragt, gut bezahlt, eine wichtige Möglichkeit, auf unsere Arbeit aufmerksam zu machen, und etwas, wofür wir sehr viel Anerkennung erhalten – aber wir nehmen ab heute statt zwei pro Woche nur noch eine Anfrage pro Monat an.

Schon bald entdecken wir in unseren Kalendern freie Zeitfenster. Wir sind seltener krank, morgens fitter, die Familie freut sich und wir haben plötzlich mehr Zeit zum Schreiben. Bei wichtigen Projekten kommen wir schneller voran als je zuvor und immer wieder hören wir die Frage: »Ihr habt sicher viel zu tun – ihr seid ja in letzter Zeit wahnsinnig produktiv.« Es fühlt sich an wie in einem dieser alten Heißluftballons: Um höher zu steigen, muss man nicht unbedingt mehr heizen – man kann auch einen Sandsack abwerfen. Gleichzeitig wissen wir: Es gibt noch viel Ballast, den wir momentan noch nicht im Blick haben. Genau deshalb ist es so wichtig, immer wieder systematisch auszumisten.

Haben Sie vielleicht ebenfalls Lust, den Rotstift anzusetzen? Nehmen Sie Ihren Terminkalender hervor und sehen Sie sich die letzten Wochen an. Wie haben Sie Ihre Zeit verbracht? Gibt es Verpflichtungen, die Sie streichen möchten? Aktivitäten, die Sie reduzieren könnten? Was beschäftigt Sie gedanklich? Gibt es Ziele, die Sie »über Bord« werfen könnten? Wie wäre es, wenn Sie ein halbes Jahr nicht versuchen, abzunehmen oder mehr Sport zu treiben? Wie würde es sich auswirken, wenn Sie Ihre Ansprüche im Haushalt eine Zeit lang bewusst senkten? Würde dadurch Energie frei, die Sie produktiver nutzen könnten?

Lernen Sie, »Nein« zu sagen

Oft geben wir die wertvollsten Dinge her, um vermeintliche Pflichten zu erfüllen oder jemanden zufriedenzustellen, der etwas von uns will. Sich diese Kosten im richtigen Moment bewusst zu machen, kann uns die nötige Courage verleihen, um uns gegen fordernde Chefs und Kollegen abzugrenzen, Kundenanfragen abzulehnen oder eine verlockende Möglichkeit auszuschlagen.

Egal, ob Sie gebeten werden dem Elternrat beizutreten, ein politisches Amt zu übernehmen, eine Beförderung anzunehmen oder Ihrem Kind ein zusätzliches Hobby zu ermöglichen: Erlauben Sie sich, auf Zeit zu spielen. Wann immer Sie zusagen möchten, könnten Sie von nun an Bedenkzeit aushandeln: »Ich überlege es mir und gebe dir morgen Bescheid« oder »Das klingt interessant – ich muss es aber zuerst mit meiner Partnerin, meinem Partner besprechen«. Nehmen Sie sich diese Momente, um die Vorteile gegen die Kosten abzuwägen.

Denken Sie an die Kosten Ihrer Zusage!

Wenn wir auf unseren ersten Impuls hören, ist die Kostenrechnung fast immer falsch. Die Vorteile einer Zusage liegen auf der Hand: Unser Gegenüber freut sich und man kommt sich wie ein guter Mensch vor. Die Kosten und der erforderliche Aufwand kommen erst später auf uns zu und sind oft gut versteckt. Machen Sie die Kosten sichtbar, indem Sie sich fragen: Wie würde ich mich entscheiden, wenn ich der Verpflichtung sofort nachkommen müsste? Die Vorstellung, in einem halben Jahr einen Vereinsabend oder eine Tombola für den Sportclub zu organisieren, schreckt uns nicht ab. Sobald wir uns fragen: Wie würde ich mich heute fühlen, wenn die Veranstaltung Ende dieser Woche stattfinden würde, merken wir: »Oh je, ich wüsste nicht, wie ich das unterbringe könnte.« Sofort sehen wir die ganze Vorbereitung, die wir in die nächsten Tage quetschen müssten und wie viel Stress es bedeuten würde.

Bitte nicht bis zum Burnout warten!

Meist befürchten wir allerlei Widerstände, wenn wir das Ziel verfolgen, unseren Alltag zu entschlacken. Wir finden hundert und einen Grund, weshalb das bei uns nicht geht, und malen uns schwerwiegende Folgen aus, wenn wir den Fuß vom Gaspedal nehmen.

Wenn wir dieses Ziel schriftlich festhalten, es uns ernst damit ist, wir Denkarbeit und Mut investieren, lässt es sich genauso gut erreichen wie jedes andere. Es ist schade, wenn ein Burnout notwendig ist, um dies herauszufinden.

Kurztipps

- Sagen Sie im ersten Moment »Vielleicht« statt »Ja«.
- Wägen Sie die Kosten vorsichtig ab und machen Sie sich bewusst, was zu kurz kommen wird, wenn Sie zu einer Aufgabe, einer Beförderung, mehr Verantwortung oder einem neuen Amt »Ja« sagen.
- Nehmen Sie sich ab und zu Zeit, um Ihr Leben auszumisten. Was möchten Sie in Zukunft seltener oder nicht mehr tun? Und wie ließe sich das erreichen?

Kooperation statt Gehorsam

Mein (Fabians) Onkel hatte ein Mantra: »Schimpfen tut nicht weh. Hauen geht nicht lang. Töten darf er mich nicht.« Mit diesen Sätzen versuchte er sich morgens Mut zu machen, wenn er zur Schule musste. Dort hieß es: »Hast du das Gedicht gelernt? Aufsagen!« Fiel es ihm nicht mehr ein oder hatte er die Hausaufgaben vergessen, verprügelte ihn sein Grundschullehrer mit dem Gehstock.

Es ist noch nicht lange her, dass solche Strafen nicht nur geduldet, sondern als wirksames Erziehungsmittel propagiert wurden. Das höchste Ziel in der Erziehung war Gehorsam, man wollte Kinder, die sich unterordnen können.

Heute lehnen die meisten Eltern und Lehrer/innen dieses Ziel ab. Wir wollen nicht gehorsame, sondern lebendige Kinder. Wir wollen keine Befehlsempfänger, sondern Kinder mit einem moralischen Kompass, der Fähigkeit nachzudenken, sich eine eigene Meinung zu bilden und persönliche Grenzen zu wahren. Wir möchten Kinder, die sich sozial verhalten, weil sie sich in andere einfühlen können, und nicht, weil sie sich vor Strafen fürchten.

Dieser Wunsch stellt uns jedoch vor vielfältige Herausforderungen. Es ist simpel, als Erwachsene die Haltung zu vertreten: Wir wissen, was richtig ist. Du hast uns zu gehorchen, und wenn du es nicht tust, dann bringen wir dich dazu. In diesem Fall müssen wir uns nicht hinterfragen. Es gilt das Gesetz des Stärkeren und wir können, ohne nachzudenken, unsere Macht ausüben.

Wenn Kinder uns herausfordern oder wir Angst um ihre Entwicklung haben, wenn alles andere zu versagen scheint, wir unter Druck sind oder uns als Eltern oder Lehrperson in die Enge getrieben fühlen, kann es passieren, dass wir uns diese Einfachheit zurückwünschen.

Es schießen uns Gedanken durch den Kopf wie:

- »Kann der nicht einmal machen, was ich sage!?«
- »Wieso geht das nicht in ihren Kopf?«
- »Der macht mir den ganzen Unterricht kaputt. Die anderen Kinder leiden auch darunter.«

Es sind diese Momente, in denen der Ruf nach Strafen laut wird. Man müsse »einfach mal hart durchgreifen«, damit »er spurt«. Es wird darüber debattiert, dass Kinder und Jugendliche »keinen Respekt mehr haben« und Eltern und Lehrpersonen auf der Nase rumtanzen.

In solchen Situationen können wir uns bewusst machen, dass wir unsere Kinder nicht über Verängstigung und Beschämung zur Anpassung zwingen wollen.

Kooperation statt Gehorsam setzt voraus, dass wir gemeinsame Ziele bilden, uns aufeinander einlassen und Wege finden, verschiedenen Bedürfnissen Rechnung zu tragen.

Eine solche Beziehung zum Kind verlangt von den Erwachsenen viel Flexibilität, Empathie und Einfallsreichtum. Ein anspruchsvolles Unterfangen, das nicht immer gelingen kann!

Im Folgenden möchten wir Ihnen Alternativen zu bestrafenden und beschämenden Maßnahmen vorstellen. Wir hoffen, dass Sie einige Anregungen finden, um Ihr Handlungsrepertoire zu erweitern. Wichtig finden wir in diesem Zusammenhang, dass Sie auf Ihren gesunden Menschenverstand und Ihr Bauchgefühl vertrauen.

Gerade bei Müttern und Vätern, die sich intensiv mit dem Thema Erziehung befassen, ist uns manchmal aufgefallen, dass die innere Ge- und Verbotsliste immer länger wird: Du darfst nicht strafen, du darfst nicht loben, du musst immer ruhig und besonnen reagieren und darfst nicht laut werden etc. Manchmal geht das so weit, dass sich Eltern nicht einmal mehr trauen, ihr Kind zu kritisieren, ihm ein Kompliment zu machen oder ihren Ärger zu zeigen, und so darauf bedacht sind, keine Fehler zu machen, dass sie sich ständig hinterfragen und jegliche Authentizität verlieren.

Sehen wir uns die Alternativen zu Bestrafungen an – im Wissen, dass keine immer funktioniert oder stets das Richtige wäre.

Logische Konsequenzen

Oft werden logische Konsequenzen als Alternative zu Strafen empfohlen. Das Kind soll aus den natürlichen Folgen seines Verhaltens lernen. Unserer Meinung nach funktioniert das überall dort gut, wo es klare Gesetzmäßigkeiten gibt: Wenn ich barfuß auf eine Wespe trete, sticht sie mich. Wenn ich zu schnell mit dem Fahrrad fahre und hinfalle, tue ich mir weh. Wenn ich die heiße Pfanne anfasse, dann verbrenne ich mir die Hand.

Wir können Kindern solche Zusammenhänge erklären – und wenn sie es trotzdem erleben müssen, können wir sie trösten.

Logische Konsequenzen sind immer dann sinnvoll, wenn sie dem Nachwuchs natürliche Gesetzmäßigkeiten vermitteln. So schildern uns viele Eltern, dass ihr Kind morgens trödelt. Die Frage, ob es schon einmal zu spät gekommen ist, verneinen die meisten Eltern: Sie würden dafür sorgen, dass das nicht passiert, und wollen bei der Kindergärtnerin nicht den Eindruck erwecken, sie würden sich nicht um ihr Kind kümmern.

In diesem Fall können wir dem Kind etwas mehr zumuten. Es sollte das eine oder andere Mal zu spät kommen dürfen und erleben, wie es sich anfühlt, den Morgenkreis verpasst zu haben. Als Eltern kann man die Tochter, den Sohn am Mittag in den Arm nehmen und sagen: »Das war schade, dass du den Morgenkreis verpasst hast. Wir müssen schauen, dass du am Morgen rechtzeitig aus dem Haus kommst.«

Wirkliche logische Konsequenzen ergeben sich aus der Situation heraus. Problematisch wird es immer dann, wenn das nicht der Fall ist, weil es das Kind – um beim Beispiel zu bleiben – nicht kümmert, ob es zu spät kommt. Das Gleiche gilt, wenn die logische Konsequenz in weiter Zukunft liegt und vom Kind nicht erfasst werden kann. So erachten beispielsweise manche Jugendliche Schulnoten solange nicht als wichtig, bis sie merken, wie schwierig die Stellensuche mit einem schlechten Lehrabschluss ist. Nur ist es dann zu spät.

In solchen Fällen behelfen sich Eltern oft mit pseudo-logischen Konsequenzen im Sinne von »dann musst du halt« oder »dann darfst du halt nicht« wie: »Wenn du die Hausaufgaben nicht machst, dann darfst du nicht rausgehen.«

In diesen Fällen haben die Eltern zwar noch das Gefühl, mit logischen Konsequenzen zu arbeiten. Die Kinder empfinden sie jedoch als Strafe.

Ob eine Konsequenz logisch bzw. natürlich ist oder doch auf der Bestrafungsmacht der Eltern beruht, wird immer dann deutlich, wenn wir die Situation auf die Erwachsenebene übertragen. »Wenn man die heiße Pfanne anfasst, verbrennt man sich« gilt für Kinder und Erwachsene, »Wenn man trödelt, verpasst man den Zug« auch. Die Regel »Solange du die Küche nicht aufgeräumt hast, darfst du nicht zum Sport« hat nicht den gleichen Charakter.

Damit wollen wir nicht sagen, dass man als Eltern per se auf solche Regeln und Konsequenzen verzichten muss. Man sollte sich aber bewusst sein, dass sie sich für das Kind genau gleich anfühlen wie Strafen. Das gilt insbesondere dann, wenn sie mit einem »Ich habe es dir doch gesagt!« oder »Das kommt halt davon, wenn man …« begleitet werden.

Da somit auch logische Konsequenzen kein Allheilmittel sind, schauen wir uns doch noch einige weitere Möglichkeiten an, um das Repertoire weiter auszubauen.

Eigene Grenzen wahren

Menschen haben ein Bedürfnis, in einer Welt zu leben, die sie verstehen können, die ein Stück weit vorhersehbar ist und in der sie Halt finden. Kinder brauchen dazu Bezugspersonen, die als Mensch greifbar sind mit ihren persönlichen Grenzen und Gefühlen, ein Gegenüber, das echt ist und seinen Standpunkt vertritt.

Damit Kinder lernen können, dass auch andere Menschen Bedürfnisse haben und diese zu respektieren sind, benötigen sie Erwachsene, die ihre eigenen Grenzen kennen und diese wahren können, die »Nein« sagen und deutlich machen können »bis hierhin und nicht weiter.«

Eine Regel oder eine Abmachung kann Ausdruck solcher Grenzen sein.

Wenn wir Kinder auf das Erwachsenenleben in der modernen Welt vorbereiten möchten, sollte es aber nicht in erster Linie darum gehen, dass Kinder lernen, sich innerhalb starrer Regelsysteme zu bewegen. Bereits heute ist beispielsweise der Arbeitsplatz der meisten Menschen nicht mehr durchreglementiert. Es geht nicht mehr darum, sich anzupassen und nach Vorschrift zu funktionieren. In der Arbeitswelt wird es immer wichtiger, sich in andere Menschen einzufühlen, flexibel auf komplexe Situationen zu reagieren, eigene Standpunkte und Ideen einzubringen und die eigene Kommunikation auf das Gegenüber und die Situation abzustimmen. Und genau das sollten Kinder von Eltern lernen können.

Dazu ein einfaches Beispiel: Als ich (Fabian) mich mit Nora, einer guten Freundin (Sie kennen sie vielleicht schon aus unseren Videos), traf, waren ihre Kinder im Alter von 5 und 2 Jahren dabei. Die Kinder stürmten auf den Spielplatz und wir unterhielten uns. Nach einigen Minuten wollte die Fünfjährige mit Nora spielen.

In einer Welt, in der es vor allem darum geht, dass Kinder sich Erwachsenen unterordnen, hätte sie vielleicht mehr oder weniger sanft auf die Regel »Wenn die Erwachsenen sprechen, haben die Kinder sie nicht zu unterbrechen« hingewiesen. Nora nahm stattdessen kurz die Hand ihrer Tochter, sah sie an und sagte: »Weißt du, ich sehe Fabian so selten. Jetzt will ich mit ihm reden. Ich kann morgen wieder mit dir spielen.« Die Tochter machte nochmals einen Versuch und Nora meinte »Nein. Jetzt will ich mich unterhalten. Es sind viele andere Kinder da, mit denen du spielen kannst.« Die Kleine trottete von dannen und war einige Minuten später wieder ins Spiel vertieft.

Wenn man solche Beispiele erzählt, kommen oft Reaktionen wie »Muss jetzt immer alles ausdiskutiert werden?« oder »Wenn ich etwas sage, dann gilt das – dazu braucht es keine Erklärung!«

Aber darum geht es nicht. Kindern eine Regel wie »Wenn die Erwachsenen reden, sind die Kinder still« beizubringen mag schneller gehen und dazu führen, dass die Kinder »funktionieren« und angepasst wirken. Aber es bereitet sie nicht auf eine komplexe Welt vor. Eigene Grenzen zu wahren heißt, Kindern ehrlich und auf Augenhöhe zu begegnen. Wir dürfen uns auch als Eltern das Recht herausnehmen, offen zu sein und zu unseren Empfindungen zu stehen. Wenn wir die Bedürfnisse unserer Kinder ernst nehmen, dann können sie auch damit umgehen, wenn wir unsere eigenen äußern und beispielsweise sagen:

- Ich bin sehr müde. Lässt du mich noch ein wenig schlafen? Vielleicht kannst du in der Zwischenzeit ein Hörspiel hören?
- Es ärgert mich, wenn du das tust.
- Jetzt möchte ich eine halbe Stunde in Ruhe lesen. Was könntest du in der Zwischenzeit spielen?
- Es war ein anstrengender Tag. Ich habe heute wenig Geduld.

Mit der Zeit können die Kinder sich immer besser in andere einfühlen und entwickeln damit eine Kompetenz, die ihnen das ganze Leben nützlich sein wird.

Nach guten Gründen suchen

Teilweise ist es hilfreich, wenn man sich ernsthaft die Frage stellt: »Warum tut mein Kind das?« und der Sache auf den Grund geht. Manchmal merkt man, dass dem Kind kaum eine andere Wahl bleibt oder man sich an seiner Stelle nicht anders verhalten würde. Bei einer Weiterbildung an einer Schule meinten zwei Lehrerinnen, dass sich ein ADHS-betroffener Junge »total danebenbenimmt«. Besonders problematisch sei, dass er nicht einmal aus Strafen lerne. Beim letzten Vergehen musste er zwei Stunden dem Hausmeister dabei helfen, das Laub zusammenzurechen. Er sei freiwillig eine Stunde länger geblieben, bis die Arbeit getan und die Container gefüllt waren, und anschließend verschwitzt, zufrieden und stolz nach Hause gegangen.

Nun war es an uns, daraus zu lernen. Warum war ausgerechnet die ihm zugedachte »Strafe« für diesen Jungen ein gutes Erlebnis? Und könnte man nicht aus der missglückten Strafe lernen, wie man den Unterricht ein wenig mehr auf seine Bedürfnisse zuschneiden könnte?

Bei der Frage, warum es diesem Jungen so gefallen hatte, dem Hauswart zu helfen, kam das Lehrerteam auf die folgenden Punkte:

- Er hat ein konkretes Resultat seiner Arbeit gesehen und war stolz darauf, was er alles geschafft hatte.
- Er bekam vom Hauswart Anerkennung für sein Geschick und seinen Fleiß.

- Er durfte seinen Körper einsetzen und sich bewegen.
- Er konnte eine gute Beziehung zum Hausmeister aufbauen – dieser imponierte ihm mit seiner ruppig-sympathischen Art und den klaren Ansagen.
- Der Hauswart übertrug ihm Verantwortung und schenkte ihm Vertrauen mit dem Satz: »Du machst diese Seite und ich diese.«
- Der Gedanke, möglichst ebenso schnell zu sein wie der Hauswart, spornte ihn zusätzlich an.

Anerkennung, Erfolgserlebnisse, eine gute Beziehung zu einem Erwachsenen, Vertrauen und positive Erwartungen – all das fehlte ihm im Unterricht.

Den Nachmittag verbrachten wir damit, uns Gedanken darüber zu machen, wie sich diese Punkte ins Klassenzimmer übertragen lassen. Am Ende hatten wir ein Flipchart voller guter Ideen und einige konkrete Vorhaben, die die Lehrer/innen umsetzen wollten.

»Schwierige« Kinder sind meist einfach Kinder mit Schwierigkeiten oder Kinder in einer schwierigen Situation. Kinder, die jeden Tag das Gefühl haben, anders zu sein, nicht dazuzugehören und nicht zu genügen. Wenn es Probleme gibt, denken wir oft darüber nach, wie wir das Kind dazu bringen können, das zu tun, was wir wollen. Oft erreichen wir mehr und werden dem Kind besser gerecht, wenn wir uns fragen, was ihm fehlt und was es von uns braucht.

Teilweise sind es simple Gründe, die eine Rolle spielen. Man kann sich, wenn sich das eigene Kind unangemessen benimmt, fragen:

- Hat es Hunger oder Durst?
- Ist es müde?
- Ist es ihm zu viel? (zu viel Neues, zu viele Anforderungen, zu viele Menschen, zu viel Lärm?)
- Erlebt es einen Mangel? (an Beachtung oder Anerkennung? Ist ihm langweilig?)
- Kennt das Kind vielleicht keine bessere Alternative? (Was soll das Kind beispielsweise tun, wenn es provoziert wird? Gerade dann, wenn es als Petze oder Feigling gilt, sofern es sich Hilfe holt, oder dem Konflikt aus dem Weg geht?)

Sie können Ihr Kind darauf ansprechen, dass es wahrscheinlich einen guten Grund hat, sich auf diese Weise zu verhalten. Kinder reagieren je nach Situation sehr unterschiedlich darauf: Manchmal kommt direkt ein »Ja«, manchmal ein verschmitztes Lächeln, dann wieder Tränen, weil es endlich sagen kann, was es beschäftigt.

Konfrontieren und die Wahrheit auf den Tisch bringen

Gerade wenn Kinder es darauf anzulegen scheinen, einem das Leben schwer zu machen, ist es teilweise hilfreich, ohne Umschweife darauf zu reagieren und es anzusprechen.

Vor ein paar Wochen hat mich (Fabian) ein Junge, der bei uns zu Besuch war, an meine Grenzen gebracht. Er produzierte einen Blödsinn nach dem anderen, machte sich über den Sprachfehler meiner Tochter lustig und grinste mich bei Ermahnungen blöde an. Ich hätte ihn am liebsten angeschrien und nach Hause geschickt. Ich fühlte mich hilflos. Als er beim Abendessen gerade zu einer seiner Aktionen ansetzen wollte, fiel mir eine Lehrerin ein, die uns erzählte, wie sie mit solchen Situationen umgeht.

Ich sah den Jungen ernst an und sagte: »Kannst du mir sagen, was du damit willst? Ist es dein Ziel, mich richtig wütend zu machen? Das machst du nämlich.« Er grinste mich zunächst wieder an. Also hakte ich nochmals nach: »Ich will jetzt eine Antwort von dir. Ist das dein Ziel?« Ich war überrascht, wie gut dieser Junge darauf reagierte. Es war, als würde ihm bewusst, dass es jetzt kein Spiel mehr ist und eine Grenze erreicht ist.

Wichtig ist, dass die Konfrontation nicht im Sinne eines »Du willst mich wohl ärgern?« erfolgt, sondern als ernst gemeinte Frage mit dem Ziel einer Klärung: Was läuft hier zwischen uns? Damit gibt man dem Kind zu verstehen, dass man es ernst nimmt. Gleichzeitig erhält es die Möglichkeit, seine eigene Wirkung zu überprüfen (»Aha, so kommt das bei meinem Gegenüber an.«) und die Auseinandersetzung entweder bewusst auszutragen oder beizulegen. Auch wenn dadurch klar wird, dass das Kind dies absichtlich macht, ist man einen Schritt weiter, wenn klare Verhältnisse herrschen.

Vielleicht fragen Sie sich jetzt, wie man reagieren soll, wenn das Kind »Ja« sagt? Das hatten wir die Lehrerin auch gefragt. Sie erzählte uns daraufhin von einem Jugendlichen, der in ihrem Unterricht wiederholt negativ auffiel. Sie behielt ihn nach der Stunde im Zimmer und sagte ihm auf den Kopf zu: »Ich habe das Gefühl, wir zwei verstehen uns nicht und du legst es darauf an, mich zu provozieren.« Der Schüler pflichtete ihr bei, indem er nickte.
Nun war die Sache auf dem Tisch und beide hatten ein gemeinsames Verständnis der Situation. Daraufhin meinte sie: »Ich finde es schade, dass wir so schlecht miteinander gestartet sind, und würde das gerne ändern. Wie siehst du das?« Er brummelte: »Ich auch.«
Gerade Jugendliche reagieren auf unverblümte Offenheit meist sehr positiv. Sie sind es gewohnt, dass Erwachsene wie die Katze um den heißen Brei herumschleichen, und wünschen sich mehr Echtheit.
Solange man klar signalisiert, dass man an einer guten Beziehung interessiert ist, kann man von Zeit zu Zeit auch Tacheles reden.

Beharrlich bleiben

Manchmal hilft Beharrlichkeit.
Wir erklären einem Kind, was wir erwarten und warum. Danach lassen wir uns nicht jedes Mal neu auf eine Diskussion ein, sondern zeigen durch unsere Haltung, dass uns etwas wichtig ist.
Ich (Fabian) kann mich beispielsweise daran erinnern, dass mein Sohn sich plötzlich nicht mehr die Zähne putzen ließ. Also sagte ich zu ihm: »Wir müssen die Zähne putzen. Jeder putzt die Zähne, sonst gehen sie kaputt.« Er ließ sich nicht darauf ein. Ich setzte mich ins Badezimmer und wartete. Nach fünf Minuten meinte mein Sohn: »Was machst du?« Ich erwiderte: »Ich warte, ich muss dir die Zähne putzen.« Er wollte, dass ich ihm die Gute-Nacht-Geschichte vorlese. »Das mache ich gerne«, sagte ich, »gleich nach dem Zähneputzen.« Er ging aus dem Badezimmer und spielte Lego. Nach fünf Minuten folgte ich ihm. »Erzählst du jetzt?«, fragte er: »Das mache ich nach dem Zähneputzen, jetzt hole ich mein eigenes Buch, damit ich lesen kann. Sonst wird es mir langweilig, wäh-

rend ich auf dich warte.« Nach 15 Minuten war es dann so weit: Er ließ sich die Zähne putzen. Nach drei Tagen war es nie wieder ein Thema.

Es ging nicht darum, ihm zu sagen: »Wenn du die Zähne nicht putzt, dann werde ich dir keine Geschichte vorlesen.« Hätte er sich zu lange geweigert, hätte ich es für heute gut sein lassen, ihm vorgelesen und gesagt, dass wir es am nächsten Tag wieder versuchen.

Ich wollte ihm vermitteln: »Das ist wichtig, wir müssen das tun.« Natürlich steht dahinter ein gewisser Druck. Wir als Erwachsene wissen, dass die Zähne geputzt werden müssen, und es liegt in unserer Verantwortung, dafür zu sorgen, dass keine Löcher entstehen. Dem kann man sich als Elternteil nicht entziehen. Aber wenn wir beharrlich sind, können wir dem Kind diese Tatsache verdeutlichen, ohne ihm zu drohen oder es für ein »Fehlverhalten« zu bestrafen.

Beharrlichkeit erfordert ein wenig Mut, weil es von uns verlangt, dass wir zu dem stehen, was wir sagen. Deswegen sollten wir nicht zu oft davon Gebrauch machen, sondern nur, wenn uns ein Anliegen wirklich wichtig ist.

Wiedergutmachung

Was wollen wir mit einer Strafe erreichen? In der Regel möchten wir, dass das Kind einsieht, dass seine Handlung nicht in Ordnung war und es sein Verhalten ändert.

Mittlerweile häufen sich die Hinweise aus dem Strafvollzug und den Erziehungswissenschaften, dass Strafen regelmäßig den intendierten Zweck verfehlen. Oft führen sie zu Wut- und Rachegefühlen. Meist unterdrücken sie bestimmte Handlungen lediglich, man verhält sich so lange »brav«, wie die bestrafende Person anwesend ist, um in unbeobachteten Momenten ins alte Muster zurückzufallen. Wir haben im Kapitel »Mobbing in der Schule beenden« ab Seite 143 bereits ausführlicher darüber geschrieben.

Wenn wir möchten, dass sich das Kind nicht nur äußerlich anpasst, sondern eine echte Änderung vollzieht, dann muss es:

1. Nachvollziehen können, dass sein Verhalten anderen schadet.

2. Reue empfinden.
3. Und den Wunsch verspüren, sich zu ändern und es wiedergutzumachen.

Vielleicht sind Sie beim zweiten Punkt kurz zusammengezuckt. Auf Strafen zu verzichten bedeutet jedoch nicht, dem Kind angemessene unangenehme Gefühle zu ersparen. Nur was ist angemessen? Forscherinnen wie Brené Brown (2012), Ronda Dearing und June Tangney (2003) betonen, dass wir mit Schuld oder Scham auf eigene Fehler reagieren können.

Welches dieser beiden Gefühle vorherrscht, ist entscheidend. Menschen, die sich in erster Linie schämen, denken: Ich bin falsch! Sie fühlen sich unzulänglich und nicht liebenswert. Ihr Selbstwertgefühl leidet und sie neigen zu Rückzug, Vermeidung, Vertuschung und entwickeln eher psychische Störungen.

Menschen, die sich bei Fehlern vorwiegend schuldig fühlen, denken: Ich habe mich falsch verhalten! Das Gefühl ist ebenfalls unangenehm, aber es motiviert uns dazu, uns zu entschuldigen, nach Wiedergutmachung zu streben, Verantwortung zu übernehmen und unser Verhalten zu ändern. Es ist sozial adaptiv.

Als Eltern können wir Kinder auf eine gesunde Art und Weise durch das Gefühl von Schuld und Reue hindurch begleiten und mit ihm gemeinsam überlegen, wie es sich entschuldigen und die Sache wiedergutmachen kann. Vielleicht mit Fragen wie:

- Was ist passiert?
- Was meinst du, wie geht es dem anderen Kind jetzt?
- Wie würdest du dich fühlen, wenn das jemand mit dir macht?
- Wie geht es dir dabei?
- Wie könntest du es wieder in Ordnung bringen?

Das Kind spürt: Ich habe einen Fehler gemacht, aber meine Eltern stehen zu mir und können mich trotzdem annehmen. Sie erwarten von mir, dass ich Verantwortung übernehme.

Weitere Anregungen finden Sie in unserem Kurzfilm zur konstruktiven Kritik: www.biber-blog.com

So unterstützen Sie verträumte Kinder

Als Eltern eines verträumten Kindes hat man es nicht leicht. Ständig muss man das Kind an alles Mögliche erinnern, mit ihm planen, es strukturieren und anleiten, kurz vor knapp noch seine unauffindbaren Sachen suchen, alles dreimal sagen und mit dem dabei aufkommenden Ärger fertig werden.
Vielleicht macht man sich Sorgen: Was soll nur aus meinem Kind werden? Wie soll es die Schule schaffen, wenn es in Gedanken ständig woanders ist? Wie soll es später nur im Berufsleben Fuß fassen, wenn es selbst einfachsten Anweisungen nicht nachkommt, alles vergisst und verliert und für simple Aufgaben Stunden benötigt?

Hilfe, mein Kind ist ein Träumer!

Besonders verunsichernd sind oftmals die Rückmeldungen der Schule. Was soll man als Mutter oder Vater tun, wenn das Kind es in der Schule »schon könnte, aber einfach nicht zuhört und zu langsam ist« und »sich im Unterricht ständig ablenken lässt und vor sich hinträumt«?
Die Eltern stehen unter Druck, den Kindern geht es nicht besser. Sie hören den ganzen Tag Sätze wie: »Geht das auch ein bisschen schneller?«, »Jetzt ist echt nicht die Zeit zum Spielen!«, »Was starrst du denn schon wieder Löcher in die Luft?«, »Jetzt hast du schon wieder deine Handschuhe verloren! Meinst du eigentlich, wir sind Millionäre?«, »Schau, die anderen sind schon fast fertig und du hast noch gar nicht angefangen«.
Empfindsam, wie viele verträumte Kinder sind, spüren sie die dauernde Sorge um ihre Zukunft. Sie möchten es ihrem Umfeld recht machen, schaffen es aber nicht. Sie haben das Gefühl, dass alle dauernd irgendetwas von ihnen wollen, das sie nicht leisten können. Daraus kann ein immenser Leidensdruck entstehen und das Gefühl, »nicht richtig« zu sein.

Dieses Leiden wird von Außenstehenden oft unterschätzt. Vielleicht gerade deshalb, weil sich Träumerchen unter Druck in ihre Traumwelt zurückziehen und dann so wirken, als würden sie nichts an sich heranlassen und all die Veränderungswünsche, die an sie herangetragen werden, nicht hören wollen.
Wenn wir genauer hinschauen, sehen wir, wie entmutigt und traurig viele dieser Kinder sind.

Wenn der Alltag müde macht

Verträumte Kinder haben selten Langeweile. Sie können sich oft stundenlang mit sich selbst beschäftigen und benötigen nur wenig Anregung von außen. Wenn sie ihren Interessen in ihrem Tempo nachgehen dürfen, wirken sie manchmal wie in Trance, so versunken und konzentriert, dass sie kaum davon loszureißen sind. Ihre Fantasie und der Reichtum ihrer Innenwelt versetzen Außenstehende immer wieder in Erstaunen.
Diese Kinder sehen sich jedoch einer Gesellschaft ausgesetzt, die von ihnen Tempo und rasches Reagieren erwartet und sie mit Plänen, To-do-Listen und Aufgabenbergen überhäuft. Einer Welt, in der man wach und fokussiert von außen vorgegebene Aufträge erledigen soll; in der die Uhr den Takt vorgibt; in der die Zeit stets gut genutzt werden soll, um immer höher gesteckte Ziele zu erreichen; in der es laut und geschäftig zugeht und man sich durchsetzen und behaupten muss.
Für verträumte Kinder wird der Alltag zum Kraftakt. Fast alles, was unsere moderne Welt von uns fordert, ist für sie mit einer besonderen Anstrengung verbunden.

Wie Sie Ihr Kind unterstützen können

Wie kann man ein verträumtes Kind unterstützen? Sie können ihm zum einen helfen, mit den Anforderungen der Außenwelt besser zurechtzukommen:

- Visualisieren Sie die einzelnen Teilschritte von Abläufen wie »Schultasche packen« oder »Zimmer aufräumen« zum Beispiel mittels bebilderter Checklisten.

- Bitten Sie Ihr Kind vor dem Einschlafen, sich wichtige Abläufe bildlich vorzustellen, als würde es einen Film ansehen.
- Weisen Sie unliebsamen Aufgaben ein begrenztes Zeitbudget zu und stellen Sie dieses visuell dar, etwa mithilfe eines Timers.
- Führen Sie einfache Ordnungssysteme ein, beispielsweise verschiedene Rollkisten für Spielsachen und Schulmaterial oder eine Farbkodierung für die Materialien verschiedener Schulfächer.
- Helfen Sie Ihrem Kind, sein Arbeitsgedächtnis zu entlasten, indem Aufgaben und Termine aufgeschrieben und, je nach Alter des Kindes, abfotografiert bzw. ins Smartphone einprogrammiert werden.
- Planen Sie gemeinsam mit Ihrem Kind und zerlegen Sie die Aufgaben in überschaubare Teilschritte.

Noch wichtiger ist jedoch, dass Sie Ihrem Kind die Möglichkeit geben, sich von den Herausforderungen des Alltags zu erholen. Falls Ihr Kind nach einem anstrengenden Schultag nicht auch noch davon erzählen mag, können Sie sich bewusst zurücknehmen. Vielleicht sagen Sie zu ihm: »Ich glaube, du brauchst etwas Ruhe.«

Achten Sie auf genügend Erholungsphasen, in denen das Kind nicht auf die Uhr schauen muss und ungestört seinen Neigungen nachgehen kann.

Seien Sie einfach da: Viele Träumer genießen es, wenn sie im gleichen Raum sein dürfen, ohne interagieren zu müssen, wenn sie lesen, Lego bauen oder malen dürfen, während die Eltern ebenfalls lesen, in der Küche hantieren oder ihrer Arbeit nachgehen.

Und das Wichtigste: Akzeptieren Sie, dass Sie Ihr Kind nicht ändern können

Verträumte Kinder hören immer wieder die Drohung: »Wenn das so bleibt, sehe ich schwarz.« Dahinter steckt der Glaube, dass das Kind zuerst ein anderer Mensch werden muss, damit es als Erwachsener Erfolg haben und glücklich werden kann. Immer wieder treffen wir in unserer Arbeit Eltern mit dieser Haltung.

Dieser Veränderungswunsch ist nicht nur unerfüllbar, er ist auch unnötig. Verträumte Kinder bleiben meist etwas chaotisch, langsam und zerstreut. Sie werden auch in Zukunft vieles vergessen, zu wenig planen und vorausdenken.
Und sie können trotzdem zu zufriedenen Erwachsenen werden. Dazu müssen sie sich aber nicht grundlegend verändern, sondern sich selbst kennen und annehmen können. Sie müssen wissen, wo ihre Stärken liegen, und diese kultivieren und ausbauen. Und sie müssen sich mit ihren Schwächen auseinandersetzen und Wege finden, um mit diesen umzugehen.

Wer sind eigentlich diese Leute in meinem Haus?

Zu Beginn einer Beziehung können wir einander gar nicht genug erzählen. Wir wollen die Gedanken, Träume und Ängste des Partners oder der Partnerin kennenlernen, die letzten Winkel seiner respektive ihrer Persönlichkeit erkunden. Alles ist neu und interessant, und wir befinden uns auf einer Entdeckungsreise. Doch mit den Jahren holt uns der Alltag ein.

Die Beziehung läuft gut, aber man redet weniger miteinander. Die Gespräche werden flacher, und sobald Kinder dazukommen, geht es bald vorwiegend um Organisatorisches: Wer ist wann zu Hause? Wer fährt die Kinder wann wohin? Routine breitet sich aus. Gefangen im Alltag kann es uns passieren, dass wir Veränderungen nicht mehr mitbekommen, unser Bild des Gegenübers nicht mehr aktualisieren, die gemeinsame Entwicklung ins Stocken gerät – bis wir eines Tages feststellen, dass wir uns auseinandergelebt haben. Dabei kann uns gerade unsere geteilte Geschichte zum Verhängnis werden.

Gemeinsame Geschichte kann uns verbinden, aber auch entfremden

Wenn uns mit einem Menschen viele Jahre und eine gemeinsame Geschichte verbinden, gehen wir davon aus, dass wir ihn dadurch umso besser kennen. Wir wissen, woher er kam, was er erlebt und ihn geprägt hat. Wir können auf gemeinsame Erfahrungen und viele Gespräche zurückblicken. Das ist etwas Wertvolles und Wunderbares, das uns zusammenschweißen kann.

Es kann jedoch auch verhindern, dass wir die andere Person so sehen, wie sie ist. Wir haben uns ein Bild dieses Menschen gemacht, und es fällt uns entsprechend schwerer, zu sehen, was an ihm neu und anders ist. Wir können blind werden für Entwicklungen, die für Außenstehende offensichtlich sind. Besonders eindrücklich beschreibt dies der Schriftsteller Daniel Pennac in seinem Buch

»Schulkummer« (2010). Inzwischen einer der bekanntesten Autoren Frankreichs, war er in seiner Schulzeit ein schlechter Schüler, um den sich seine Mutter zeitlebens sorgte.

Pennac schildert im Epilog eine Szene, in der er mit seinem Bruder und seiner Mutter im Wohnzimmer sitzt und sich eine Sendung über sein eigenes schriftstellerisches Werk anschaut: »Mama schaut sich also diesen Film an, neben ihr mein Bruder Bernard, der ihn für sie aufgenommen hat. Sie schaut sich den Film an, von der ersten bis zur letzten Minute, mit unverwandtem Blick, reglos in ihrem Sessel, mucksmäuschenstill, während es draußen Abend wird. Ende des Films. Abspann. Stille. Dann, während sie sich langsam zu Bernard hindreht: ›Glaubst du, dass er es eines Tages schafft?‹«

Vielleicht haben Sie mit Ihren Eltern weniger drastische, aber ähnliche Erfahrungen gemacht und hätten bei Besuchen im Erwachsenenalter manchmal am liebsten gesagt: »Du behandelst mich, als wäre ich noch immer sechzehn!«

Phasen, die intensiv waren und in denen wir viel Zeit miteinander verbracht haben, prägen unsere Wahrnehmung. Vielleicht hilft uns dieser Gedanke dabei, bei Besuchen nachsichtiger mit unseren Eltern zu sein. Das Bewusstsein um die Macht der Erinnerungen kann uns aber auch dabei helfen, uns selbst mehr zu öffnen und uns immer wieder vorzunehmen, genau hinzuschauen und hinzuhören, damit wir wichtige Entwicklungen bei anderen mitbekommen.

Erinnerungen sind aber nicht die einzige Hürde, wenn es darum geht, uns auf Nahestehende einzulassen.

Wir haben es doch gut!

Als seine Frau die Scheidung einleitete, meinte ein Bekannter: »Wir hatten es doch immer gut miteinander!« Davon war er felsenfest überzeugt. Seine Frau sah das anders, und zwar seit Jahren.

Bezeichnend ist das »Wir« in seinem Satz. Studien zeigen, dass wir in engen Beziehungen dazu neigen, unsere Gefühle auf andere zu übertragen (vgl. Wilhelm, 2004). Das passiert uns auch bei Kindern, wie Dr. Belén López-Pérez und Ellie Wilson von der Plymouth University (2015) nachweisen konnten. Sie ließen Eltern einschätzen, wie glücklich ihre Kinder sind. Dabei zeigte sich: Die Angaben der Eltern stimmten nicht besonders gut mit denen der Kinder und Jugendlichen überein, dafür mit der Selbsteinschätzung der Eltern. Glückliche Eltern überschätzten das Glück ihrer Kinder, während unzufriedene es unterschätzten. Die unbewusste Annahme, dass es unserer Familie in etwa so geht wie uns, verstellt uns den Blick.

Wünsche verzerren unsere Wahrnehmung

Zu guter Letzt stehen uns auch unsere Wünsche im Weg. Die meisten Eltern überschätzen ihre Kinder systematisch. Sie halten sie für leistungsfähiger, intelligenter, musikalischer oder sportlicher, als sie es tatsächlich sind. Bis zu einem gewissen Grad ist das auch nicht schädlich.

Wie eine Studie von Eddie Brummelman und Kollegen (2014, November) zeigt, überschätzen einige Eltern – besonders diejenigen, die sich selbst als etwas Besonderes sehen – ihre Kinder jedoch übermäßig. Das kann zu Problemen führen, weil sie in der Folge erwarten, dass ihr Kind aus der Menge heraussticht und Großes leistet. Warnungen anderer Bezugspersonen, beispielsweise der Lehrer/innen, dass die Eltern ihr Kind überfordern, führen meist nur zu Ärger und Unglauben. Zu hohe Erwartungen können ein Kind unter Druck setzen, den viele Eltern wiederum nicht wahrnehmen. Mehrere aktuelle Untersuchungen (z.B. LBS Kinderbarometer, 2018; SOPHYA, 2016) zeigen: Kindern und Jugendlichen geht es heute im Allgemeinen gut. Sie sind mit ihrem Leben zufrieden und kommen mit den Anforderungen zurecht. Es gibt jedoch auch Kinder und Jugendliche, die hohen Belastungen ausgesetzt sind und von denen mehr erwartet wird, als sie leisten können. In diesem Zusammenhang empfanden wir die Stress-Studie von Holger Ziegler der Universität Bielefeld (2015) als bedrückend. Er untersuchte über tausend Kinder und ihre Eltern und maß dabei das Stresslevel der Kinder. Die Eltern der besonders belasteten Kinder sollten in einem zweiten Schritt einschätzen, wie es ihrem Nachwuchs geht. Dabei zeigte sich: 87 Prozent der Eltern nahmen den Druck der

Kinder nicht wahr, obwohl diese deutliche Symptome zeigten. Ein Großteil dieser Eltern sorgte sich sogar, das eigene Kind nicht ausreichend zu fördern.

Ich kenne mein Kind immer noch am besten!

In vielerlei Hinsicht stimmt der Satz »Die Eltern kennen ihr Kind am besten«. Aber manchmal ist es gerade die enge Beziehung zum Kind, die es uns erschwert, bestimmte Aspekte zu sehen oder an uns heranzulassen. Was von unseren Vorstellungen, unserem eigenen Empfinden oder unseren Wünschen abweicht, nehmen wir als Eltern teilweise weniger wahr als Außenstehende.
Das Wissen darum kann uns dazu verhelfen, neugierig und offen zu bleiben und uns darum zu bemühen, unsere Kinder und unseren Partner, unsere Partnerin immer wieder neu kennenzulernen.
Dabei ist es hilfreich, wenn wir im Kopf behalten, dass auch der Kontext einen beträchtlichen Einfluss auf uns hat. Manche Eltern erkennen ihr Kind beim Besuchsmorgen in der Schule kaum wieder. Kinder, die zu Hause kooperativ, vielleicht sogar sehr vernünftig und ruhig wirken, können in der Schule plötzlich aufdrehen. Andere Eltern, deren Kind sie zu Hause regelmäßig an die Grenzen bringt, können es kaum glauben, wenn die Lehrerin davon spricht, dass sich das Kind im Unterricht problemlos an die Regeln hält und gut mitmacht.
Rasch haben wir bei solchen Rückmeldungen und Beobachtungen das Gefühl: »Das ist doch nicht mein Kind!« Anstatt mit der Lehrerin, dem Trainer oder der Mutter eines Klassenkameraden darüber zu streiten, wie das Kind wirklich ist, kann man genauer nachfragen, wie sie das eigene Kinder erleben und woran sie dies konkret festmachen – im Wissen, dass bei uns allen je nach Situation und Gruppendynamik unterschiedliche Facetten der Persönlichkeit zum Vorschein kommen.

»Bei Papa dürfen wir das aber!«

Ich (Fabian) sitze mit meinen Kindern im Bus. Nach einem Blick in die Einkaufstaschen liest mir mein damals dreijähriger Sohn in voller Lautstärke die Leviten: »Papa! Das ist Weißbrot! Und Chips! Das ist schlecht für den Bauch! Das kaufst du nie wieder!« Während ich ziemlich verdattert dasitze, können sich die anderen Leute das Lachen nicht verkneifen. Danach fügt er hinzu: »Du kannst Mama sagen, dass ich schon mit dir geschimpft habe. Dann muss sie es nicht mehr machen.«

Die Ernährung sorgt in meiner Familie immer wieder für Diskussionen. Während meine Frau auf die Gesundheit achtet, hat mein Essen oft mehr E-Nummern als Vitamine. Sagt mir jemand, ich sähe jünger aus, als ich sei, kann ich es mir nicht verkneifen, das den Konservierungsstoffen zuzuschreiben, die mir die Fertig-Lasagnen über die Jahre geliefert haben.

Wahrscheinlich geht es Ihnen in Ihrer Partnerschaft ähnlich, und es gibt Dinge, die Sie im Umgang mit den Kindern unterschiedlich handhaben. Meist entzünden sich Diskussionen an Punkten wie Ernährung, Schlafenszeiten, Strukturen, Grenzen und Ritualen. Wie soll man mit diesen Unterschieden umgehen? Benötigen Kinder die oft beschworene »gemeinsame Front« oder darf die individuelle Persönlichkeit der Eltern auch im Umgang mit den Kindern Ausdruck finden?

Kinder können mit Unterschieden umgehen

In der Regel haben Kinder kein Problem damit, sich auf unterschiedliche Bezugspersonen einzustellen. Sie wissen, was bei Mutter und Vater, den Großeltern oder der Lehrerin gilt, und können sich danach ausrichten.

Gleichzeitig sind Unterschiede eine Bereicherung. Sie sorgen dafür, dass Kinder verschiedene Modelle erhalten. Wenn Eltern diese Vielfalt zulassen können, erweitert sich der Erfahrungsspielraum des Kindes. Es kann mit Eltern, Großeltern und weiteren Bezugspersonen unterschiedliche Erfahrungen sammeln und verschiedene

Aspekte seiner Persönlichkeit entdecken. Dabei gestalten Kinder ihre Entwicklung aktiv mit, indem sie sich Modelle und Vorbilder suchen, die zu ihnen passen.

Unterschiede werden dann problematisch, wenn sie zu unüberwindbaren Konflikten zwischen Eltern führen. Wenn sich Mutter und Vater nicht mehr respektieren, sich gegenseitig abwerten oder ein Elternteil an den Rand gedrängt wird, weil seine Erziehungskompetenz scheinbar nicht genügt. Oft sind die häufigen Streitereien und Machtspiele sowie deren Folgen für die Partnerschaft für das Kind schwerer auszuhalten als die unterschiedlichen Erziehungsstile.

Konflikte entstehen häufig, wenn die Eltern in der Erziehung Extrempositionen einnehmen. Wenn er spontan und chaotisch ist und sie auf klare Strukturen und Abläufe Wert legt. Wenn sie den Kindern vieles durchgehen lässt und er darauf beharrt, dass Kinder klare Grenzen brauchen und Konsequenzen spüren müssen. Wenn sie verantwortungsbewusst ist und den Kindern das Motto »Ohne Fleiß kein Preis« mitgeben möchte, während er sein Leben nach dem »Lustprinzip« gestaltet.

Unterschieden auf die Schliche kommen

Es ist hilfreich, wenn man sich bewusst wird, dass extreme Positionen oft eher eine Reaktion als eine Entscheidung sind. Sie können als Folge der eigenen Kindheit entstehen. Ist man etwa mit strengen und strafenden Eltern aufgewachsen, kann man diese Ansichten übernehmen (»Das hat uns auch nicht geschadet!«) oder versuchen, alles anders zu machen.

Unser Umgang mit Kindern kann auch eine Reaktion auf den Partner sein. Ist der eine eher autoritär und fordernd, kann dies beim anderen den Wunsch befeuern, dies durch Nachsicht auszugleichen. Sieht wiederum der strenge Elternteil, wie nachsichtig der andere mit den Kindern umgeht, verstärkt dies seine Ängste: »Die Kinder tanzen dir auf der Nase rum!« Es entsteht das Bedürfnis, dieser Dynamik durch noch mehr Härte entgegenzuwirken.

Dieses »Ausgleichen« ist jedoch ab einem bestimmten Punkt für alle Beteiligten ungesund. Die Kinder beginnen, die Eltern gegeneinander auszuspielen, während sich diese gegenseitig immer weniger respektieren oder sogar das Gefühl entwickeln, die Kinder vor dem negativen Einfluss des anderen schützen zu müssen.

Wieder in die Mitte finden

Wie finden Eltern in dieser Situation wieder zueinander? Wenn beide noch offen miteinander reden können, ist mit einem Gespräch ein guter Anfang gemacht. Die Eltern können miteinander die folgenden Fragen durchgehen:

- Was macht dir Angst oder welche Befürchtungen hast du, wenn du siehst, wie ich mit den Kindern umgehe?
- Was wünschst du dir von mir?
- Wie wollen wir mit unseren Differenzen umgehen?

So könnte der »strenge« Elternteil befürchten, dass der andere die Kinder verzieht und diese in der Folge zu Egoisten werden, die sich nicht an Regeln halten können und nur ihre eigenen Wünsche im Kopf haben. Vielleicht stört er sich auch daran, dass die Bedürfnisse der Eltern vernachlässigt werden.

Der »nachgiebige« Elternteil befürchtet vielleicht, dass die strenge Erziehung dazu führt, dass die Kinder Ängste entwickeln, ihre Lebensfreude verlieren und mit ihren Bedürfnissen nicht gesehen werden. Es ist hilfreich, diese Befürchtungen auszusprechen, vielleicht sogar aufzuschreiben und sich zu fragen, ob die Einschätzung des anderen nicht ein Körnchen Wahrheit enthält.

Es lohnt sich auch nachzufragen, ob sich das Gegenüber in seiner Rolle wohlfühlt. Vielleicht möchte der strenge Teil auch einmal nachgiebig sein und nicht immer den »Bösen« spielen müssen – wenn er sich darauf verlassen kann, dass der andere wichtige Regeln mitträgt. Und vielleicht ist es für den nachgiebigen Elternteil befreiend, wenn er lernt, sich ab und zu abzugrenzen und den Kindern nicht alles durchgehen zu lassen – im Wissen, dass auch der Partner ab und zu ein Auge zudrückt und die Kinder insgesamt auf ihre Kosten kommen.

Einfach mal die Rolle wechseln

Falls das Thema Erziehung so belastet ist, dass ein Gespräch kaum mehr möglich ist, kann ein Experiment für Veränderung sorgen. Dabei übernimmt man einfach in bestimmten Situationen die Rolle des anderen. Ein nachgiebiger Vater könnte beispielsweise ganz bewusst auf die Einhaltung einer Regel bestehen: »Wir haben abgemacht, dass ihr diese Sendung anschauen dürft und nicht mehr. Jetzt schalten wir den Fernseher aus.« Er könnte den Protest der Kinder stoisch ertragen, anstatt wie sonst nachzugeben, und darauf achten, wie sich das für ihn anfühlt – und wie seine Partnerin darauf reagiert.

Hilfe, mein Kind lügt!

Wenn Kinder oder Jugendliche nicht die Wahrheit sagen, bricht für manche Eltern eine Welt zusammen. Nicht selten stellen sie sich dann die Frage: Haben wir unser Kind falsch erzogen? Warum haben wir es offensichtlich nicht geschafft, ihm Werte beizubringen? Ist es am Ende ein schlechter Mensch?

Eine Redewendung lautet: »Kindermund tut Wahrheit kund.« Allerdings nicht sehr lange. Bereits mit vier Jahren lernen Kinder zu »lügen«. Anfangs sind die Lügen noch etwas plump: »Ich war's nicht!«, behaupten Vierjährige voller Inbrunst, obwohl man sie beobachtet hat.

Bald schon werden die Täuschungen differenzierter. Die Kinder entwickeln etwas, das man in der Psychologie als »Theory of mind« bezeichnet: Sie lernen, dass andere Menschen einen anderen Informationsstand über die Welt haben als sie. Und sie entdecken, dass sie einer anderen Person falsche Informationen geben und damit deren Handeln beeinflussen können.

Wie spannend, wenn man plötzlich merkt, dass die Eltern nicht allwissend sind und man sie täuschen kann! Damit muss einfach experimentiert werden.

»Hast du meine Schuhe versteckt?« »Nein«, antwortete mein (Fabians) Sohn, damals vier Jahre alt. Ich schaute ihn mir genau an und glaubte ihm schließlich. Etwas später brachte er mir die Schuhe und meinte stolz: »Ich habe dich angelogen und du hast es nicht gemerkt! Ich habe nicht mehr so gemacht (dabei schaute er mit den Augen zur Seite und grinste – davor ein untrügliches Zeichen, dass er schummelte).« Er hatte gelernt, ein Pokerface aufzusetzen.

Lügen verlangt Kindern einiges ab. Sie müssen sich in ihr Gegenüber hineinversetzen, abwägen, welche Informationen die andere Person hat und welche sie ihr geben müssen, um glaubhaft zu wirken – und sie müssen ihre Mimik kontrollieren. In diesem Sinne ist das kindliche Fabulieren und Flunkern auch ein Übungsfeld zur Entwicklung sozialer Kompetenzen.

Flunkern, Täuschen und Fabulieren sind in der Phase von vier bis ca. sieben Jahren Teil einer gesunden Entwicklung und kein Anlass zur Sorge (Gervais, Tremblay & Desmarais-Gervais, 2000). Langsam kann man in diesem Alter damit beginnen, Kindern aufzuzeigen, dass lügen problematisch ist. Vielleicht erzählt man ihnen die Geschichte von Pinocchio oder vom Jungen, der immer »Feuer« rief, und spricht mit ihnen darüber, welche Folgen häufiges Lügen haben kann. Bei jüngeren Kindern sollte man hingegen eher Geschichten wählen, die aufzeigen, welche positiven Konsequenzen Ehrlichsein nach sich zieht. So konnte eine Studie (Lee et al., 2014) nachweisen, dass jüngere Kinder zwischen drei und sieben Jahren nach einer solchen Geschichte eher die Wahrheit sagten, während das Lügen nach der Pinocchio-Geschichte, die die negativen Folgen thematisiert, nicht abnahm.

Zwischen sechs und acht Jahren können Kinder Fantasie und Realität immer besser auseinanderhalten, und ihnen wird bewusster, dass man andere im Allgemeinen nicht täuschen sollte, weil es Beziehungen belastet und anderen Menschen schaden kann. Damit nimmt auch die Häufigkeit des Lügens ab.

Warum lügt mein Kind?

Wenn ältere Kinder und Jugendliche lügen, ist es sinnvoll, als Eltern genauer hinzusehen und sich zu überlegen, aus welchem Grund ein Kind zur Lüge greifen muss. Jüngere Kinder flunkern eher, um sich einen persönlichen Vorteil zu verschaffen. Sie naschen heimlich und geben es nicht zu, sie spielen sich vor anderen mit Unwahrheiten auf, um besser dazustehen, oder genießen es, andere im Spiel zu beschwindeln.

Ältere Kinder und Jugendliche haben meist triftigere Gründe, nicht mit der Wahrheit herauszurücken. Sie möchten einer Strafe entgehen, Schamgefühle vermeiden oder andere schützen.

In Fällen von Mobbing, Missbrauch, Gewalt oder Vernachlässigung sehen sich Kinder und Jugendliche oft zur Lüge gezwungen, weil sie sich vor Konsequenzen fürchten oder sich jemandem gegenüber zur Loyalität verpflichtet fühlen.

Wie kann ich reagieren, wenn mein Kind lügt?

Wenn Eltern entrüstet oder enttäuscht reagieren, vom Kind Geständnisse erzwingen und es bestrafen, sobald eine Unwahrheit ans Licht kommt, begünstigt das weitere Lügen: Kinder schwindeln normalerweise nur ungern. Wenn sie merken, dass sie die Wahrheit sagen dürfen, ohne ernste Konsequenzen befürchten zu müssen, fällt es ihnen leichter, Erwachsenen gegenüber offen zu sein. Mehreren Studien (z.B. Engels et al., 2006; Glätzle-Rützler & Lergetporer, 2015; Hays & Carver, 2014; Santos et al., 2017; Talwar et al., 2017; Smith & Rizzo, 2017) lässt sich entnehmen, dass es Kindern am besten gelingt, ehrlich zu sein, wenn Erwachsene:

- selbst den Mut haben, ehrlich mit ihren Kindern und anderen zu sein, und für ein offenes Familienklima sorgen;
- das Kind nicht abwerten oder bestrafen, wenn sie es bei einer Lüge ertappen, sondern mit ihm darüber sprechen, weshalb es sich nicht getraut hat, die Wahrheit zu sagen;
- dem Kind mit Wertschätzung begegnen, wenn es sich traut, ehrlich zu sein;
- das Kind dabei unterstützen, eine Verfehlung wiedergutzumachen, anstatt es zu sanktionieren.

Manchmal ist es hilfreich, sich zu fragen, welche versteckte Botschaft hinter einer Lüge steckt. Bei einem Coaching berichtete mir (Stefanie) ein Lehrerteam von einem Mädchen, das mit einem neuen Tretroller auf den Schulhof sauste und steif und fest behauptete, es wäre sein eigener. Es war offensichtlich, dass das Gefährt einer anderen Schülerin gehörte. Das Mädchen blieb bei seiner Aussage, als die Klassenlehrerin es auf den Diebstahl ansprach, sogar als die Mutter in der Schule antraben musste, um letzte Zweifel auszuräumen. Das Lehrerkollegium wollte nun wissen, wie man die Schülerin angemessen bestrafen sollte. Im Rahmen des Coachings kamen wir überein, mit dem Mädchen ein Gespräch zu führen, das wie folgt eingeleitet wird: »Manchmal möchte man etwas wahnsinnig gerne haben. Man wünscht es sich so sehr, dass man irgendwann sogar glaubt, dass es einem selbst gehört ... Es ist dir ganz wichtig, einen Roller zu haben ...« Bald kam zum Vorschein, wie sehr das

Mädchen unter der Armut ihrer Familie litt, dass sie sich schämte, weil sie nicht mit den Klassenkameradinnen »mithalten kann«, und sie »auch mal etwas Neues haben und dazugehören wollte«.

Wie viel Recht auf Privatheit will ich meinem Kind zugestehen?

»Etwas zu verheimlichen, ist doch genau das Gleiche wie lügen!«, meinte eine Mutter, als die fünfzehnjährige Tochter etwas ausgefressen hatte und nicht sofort zu ihr kam. Im Gespräch wurde deutlich, wie sehr es sie getroffen hat, dass die Tochter ihr scheinbar wenig vertraute, wo sie doch immer so eine enge und gute Beziehung hatten.

Gerade heute, wo Eltern oft ein fast freundschaftliches Verhältnis zu ihren Kindern pflegen, schmerzt es manche, wenn sie merken, dass ihre Kinder im Jugendalter vermehrt Freunde ins Vertrauen ziehen und sie als Eltern langsam als wichtigste Bezugspersonen abgelöst werden.

Es bedeutet daher auch einen Entwicklungsschritt für die Eltern, ihren Kindern mit der Zeit mehr Privatheit zuzugestehen und es als Geschenk zu betrachten, wenn Jugendliche persönliche Gedanken und Erfahrungen mit ihnen teilen, und nicht als etwas, das ihnen zusteht.

Meine (Fabians) Mutter meinte einmal: »Man muss nicht alles voneinander wissen, gewisse Dinge darf man auch einfach für sich behalten.« Sie sagte den Satz nicht zu mir, aber für mich war dieser Moment wichtig. Man darf etwas für sich behalten. Was für eine Freiheit! Aus dieser Freiheit heraus darf man sich öffnen, muss es aber nicht – was zumindest bei mir dafür sorgte, dass ich es oft und gerne tat.

Was ist ein Erziehungsfehler?

In einem Magazin erschien kürzlich ein Artikel, demzufolge viele Eltern die Sorge umtreibt, in der Erziehung gravierende Fehler gemacht zu haben. Die Ansichten zu »richtiger Erziehung« sind heute sehr vielfältig und die Meinung von »Erziehungsexperten« gehen stark auseinander. Kein Wunder, dass viele Eltern verunsichert sind und Angst haben, die Entwicklung ihrer Kinder negativ zu beeinflussen.

Aber gibt es das tatsächlich, Erziehungsfehler? Wer definiert, was als Fehler gilt? Und lassen sich solche Fehler wieder ausbügeln? Drei interessante Fragen.

Wir sind keine Verfechter einer bestimmten Erziehungsideologie oder -methode. Wir wünschen uns, dass Erwachsene mit Kindern in eine Beziehung treten, die dazu beiträgt, dass sie als Erwachsene sagen können: Ich kenne mich, ich kann mich selbst annehmen, ich weiß, was ich möchte, gerne tue und gut kann, bin in der Lage, mit anderen Menschen gute Beziehungen aufzubauen und die Welt um mich herum in positiver Weise mitzugestalten. Was ein Erziehungsfehler ist, möchten wir daher nicht an einer bestimmten Erziehungsideologie festmachen. Aber wir können einen Blick in die Therapiezimmer werfen und uns fragen: Welche Erfahrungen mit den eigenen Eltern waren so verletzend, dass sie Menschen auch als Erwachsene nicht loslassen, ihnen die Lebensfreude und ihr Selbstwertgefühl stehlen, sie psychisch krank machen? Wenn wir uns diese Frage stellen, stoßen wir fast unweigerlich auf eine Reihe von psychologischen Grundbedürfnissen, die jedem Menschen zu eigen sind. Werden diese über längere Zeit verletzt, kann dies gravierende Folgen für die Entwicklung eines Menschen nach sich ziehen. Zu diesen Grundbedürfnissen zählen beispielsweise das Bedürfnis nach Sicherheit, Bindung, Autonomie, Wertschätzung und Kompetenz.

Aus diesen Bedürfnissen können wir eine Reihe von Grundüberzeugungen ableiten, die ein Kind entwickeln sollte. Und wir glauben, wir dürfen von einem Fehler sprechen, wenn Eltern mit einem

Kind auf eine Art und Weise in Kontakt treten, die das Gegenteil bewirkt.

Eltern als Quelle der Angst

Kinder müssen sich in der Beziehung zu ihren Eltern sicher fühlen. Das Kind sollte wissen, dass Mutter und Vater es vor Gefahren schützen, da sind, wenn sie gebraucht werden, und verlässlich reagieren. Eltern, die in der Erziehung physische oder psychische Gewalt anwenden, verletzen dieses Bedürfnis und werden für das Kind zu einer Quelle der Angst. Besonders gravierend wirkt sich dies aus, wenn die Eltern unberechenbar sind und das Kind immer auf der Hut sein muss. Mehrere Erwachsene aus unserem Bekanntenkreis hatten derart jähzornige Väter, dass sie sich ständig bedroht fühlten. Eine von ihnen erzählte uns: »Ich kann mich erinnern, wie ich als Dreijährige versucht habe, die Legosteine ganz leise aus der Schachtel zu nehmen. Wenn ich sie auf den Boden fallen ließ und dabei Lärm verursachte, konnte ich mir eine Ohrfeige einfangen.«

Kinder fühlen sich auch dann unsicher, wenn ihre Eltern psychisch zu labil sind, um ihre Rolle auszufüllen. So übernehmen beispielsweise Kinder von depressiven oder suchtkranken Eltern oft sehr früh viel Verantwortung und passen sogar auf Mutter oder Vater auf. Manchmal geht dies so weit, dass die Kinder oder Jugendlichen ihre Eltern nicht aus den Augen lassen wollen, weil sie Angst haben, diese würden sich in einem unbeobachteten Moment verletzen oder sogar das Leben nehmen.

Es kommt auch immer wieder vor, dass Eltern ihre Stimmung und ihre Gefühle ungefiltert auf die Beziehung zum Kind übertragen: Wenn sie gut gelaunt sind, überhäufen sie das Kind mit Liebe und Zuneigung, sind aber am nächsten Tag schon wieder so mit sich selbst beschäftigt, dass sie distanziert wirken und ungeduldig sind. Derartige Muster schüren beim Kind eine grundlegende Unsicherheit. Es ist in der Folge permanent damit beschäftigt, sämtliche Launen der Eltern frühzeitig wahrzunehmen und sich diesen anzupassen.

Eine Liebe, die an Bedingungen geknüpft ist

Für eine gesunde Entwicklung sollte sich ein Kind nicht nur sicher fühlen. Es sollte wissen, dass es geliebt wird. Wenn ein Kind die Erfahrung machen darf, dass es nicht allein ist, die Eltern sich Zeit nehmen, das Zusammensein mit ihm genießen, zuhören und sich freuen, dass es da ist, legen sie eine der wichtigsten Grundlagen für eine gesunde Entwicklung.

Nicht alle Kinder dürfen diese Erfahrung machen. Manche Eltern geben ihren Kindern zu verstehen, dass sie ein Klotz am Bein sind. Sie sagen ihnen offen Sätze wie »Du bist einfach unmöglich! Wegen dir haben wir ständig Probleme!« oder »Manchmal würde ich dich am liebsten ins Heim geben!«. Das sind schreckliche Botschaften! Ein Kind möchte nicht nur geliebt werden. Es möchte als der Mensch geliebt werden, der es nun einmal ist. Und es möchte für seine Eltern eine Bereicherung sein und keine Last.

Manchen Eltern fällt es nicht leicht, ihr Kind so anzunehmen, wie es ist, und es eigene Wege gehen zu lassen. Sie haben eine Vorstellung im Kopf, von der sie sich nicht lösen können, und knüpfen ihre Liebe an Bedingungen. Sie zeigen dem Kind: Ich liebe dich, wenn du herausragende Leistungen erbringst/etwas Besonderes bist/dich brav an die Regeln hältst/meine Meinungen oder religiösen Überzeugungen teilst. Sie bestrafen das Kind mit Liebesentzug, indem sie schmollen oder sich »furchtbar enttäuscht« zurückziehen, wenn es die Bedingungen nicht erfüllt.

Beschämung als Erziehungsmethode

Schließlich haben wir alle ein Bedürfnis nach Selbstvertrauen und einem intakten Selbstwertgefühl: Wir möchten die Erfahrung machen, dass wir Herausforderungen meistern können und uns als Mensch angenommen fühlen. Wenig untergräbt dieses Bedürfnis so rasch und effektiv wie Beschämung.

Als wir zur Schule gingen, wurde Beschämung häufig genutzt, um Schüler/innen gefügig zu machen. Man wurde aufgerufen, wenn es offensichtlich war, dass man gerade nicht aufgepasst hatte, musste an der Tafel vorrechnen oder Sätze in einer Fremdsprache aufschreiben, während die Lehrkraft einen für Fehler vor der Klasse zusammenstauchte.

Um zu verdeutlichen, wie sehr Schamgefühle den Lernprozess blockieren, lassen wir Lehrer/innen in Weiterbildungen oft ein paar einfache Kopfrechenaufgaben lösen. Es dauert meist nicht lange, bis jemand bei einer einfachen Aufgabe wie 24 + 36 knallrot wird und kaum nachdenken kann. Natürlich brechen wir die Übung an dieser Stelle sofort ab und stellen die Fragen: »Was ging Ihnen durch den Kopf? Welche Gefühle kamen hoch? Wem ging es genauso?« Es ist jedes Mal erstaunlich, wie viele Lehrer/innen antworten: »Ich war völlig blockiert und habe nur gedacht: Bitte nicht ich!«, »Ich hatte ein Blackout. Wir mussten damals immer dieses schreckliche Rechenspiel machen, bei dem alle aufstehen und sich dann setzen durften, wenn sie eine Aufgabe richtig gelöst haben. Ich war immer eine der Letzten. Das war so peinlich!« Anschließend sprechen wir mit den Lehrkräften darüber, wie leicht man in die Falle tappt und Beschämung nutzt, um für Ruhe und Ordnung zu sorgen – und welche gravierenden Langzeitfolgen dies hat.

Wir sind immer wieder schockiert, wenn wir erfahren, dass manche Lehrkräfte die Kinder regelrecht instrumentalisieren, um Druck auf ein einzelnes Kind aufzubauen. Kürzlich erzählte mir (Stefanie) eine Bezugsperson eines von ADHS-betroffenen Mädchens: »In der Klasse von Joyce hat die Lehrerin ein neues Feedbacksystem eingeführt. Jedes Kind muss am Ende der Woche einem Mitschüler eine rote Karte zeigen und erklären, was es an ihm stört. Joyce ist weinend nach Hause gekommen und hat gesagt: Fast alle haben mir die rote Karte gezeigt! Die hassen mich. Ich will nie wieder in die Schule.« Wie schrecklich! Manchmal werden auch sinnvolle Vorgehensweisen wie der Klassenrat missbraucht, um einzelne Kinder bloßzustellen.

Aber auch in Familien ist Beschämung noch ein weit verbreitetes Phänomen. Viele Eltern merken gar nicht, wie sie ihr Kind vor anderen lächerlich machen. Im Vorbeigehen fallen Sätze wie: »Du bist so eine Chaotin! Lernst du es eigentlich nie!?«, »Muss man dir alles zehn Mal erklären?«, »So wirst du es nie zu etwas bringen!« Solche Botschaften zementieren beim Kind die Überzeugung, dass es unfähig ist und sich daran nichts ändern wird.

Wann ist es zu spät?

Wenn wir uns im Bekanntenkreis umhören, erschrecken wir immer wieder, wie viele Menschen bei Eltern aufwuchsen, denen es nicht gelang, diese grundlegenden Bedürfnisse ihrer Kinder zu achten. Die meisten von ihnen meistern ihr Leben dennoch und – das freut uns ganz besonders – bieten ihren eigenen Kindern das, was sie vermissen mussten.

Eltern, die sich in diesem Text wiederfinden, möchten wir sagen: Es ist nie zu spät, sich eigene Fehler einzugestehen und dazuzulernen. Nicht alles lässt sich wiedergutmachen, aber vieles lässt sich reparieren. Kinder können ihren Eltern oft verzeihen, wenn sie einen echten Wandel sehen, die Eltern sich Hilfe holen und destruktive Muster erfolgreich verändern.

Manchmal profitieren sogar Erwachsene, wenn ihre Eltern Fehler zugeben, sich offen und ehrlich entschuldigen und sie neue Beziehungserfahrungen sammeln dürfen. Eine Bekannte um die 50 meinte: »Meine Mutter hat seit einigen Jahren Alzheimer. Seither ist sie ein anderer Mensch. An die Stelle der kontrollierten, frommen, gefühlskalten Frau ist ein warmer, herzlicher und humorvoller Mensch getreten. Es ist, als dürfte ich sie neu kennenlernen – und es tut mir unglaublich gut.«

Auf der anderen Seite kennen wir Erwachsene, die noch immer auf eine Entschuldigung ihrer Eltern warten und sich mit Fragen quälen wie: Haben meine Eltern wenigstens bemerkt, was sie mir angetan haben? Tut es ihnen manchmal leid? Sie könnten mit diesen Fragen besser abschließen, wenn sie eine Antwort erhielten.

»Darf ich bei euch schlafen?«

»Papa! Bisschen Angst. Zu dir kommen!« Meine (Fabians) Dreijährige hat gerade ihre Monster-im-Zimmer-Phase. Irgendwann zwischen ein und drei Uhr morgens wacht sie auf und krabbelt zu mir ins Bett. Diese Situation ist wahrscheinlich den meisten Eltern vertraut. Doch wie soll man damit umgehen, wenn Kinder nicht im eigenen Bett schlafen möchten?

Die Antwort darauf muss sehr persönlich ausfallen, weil sie den Bedürfnissen der gesamten Familie so weit wie möglich Rechnung tragen sollte. Zuerst möchten wir jedoch festhalten, dass die Vorstellung, jedes Kind solle ein eigenes Zimmer haben und dort in seinem eigenen Bett schlafen, relativ neu ist. Unsere Vorfahren hätten ihre Kleinen wohl kaum in einer separaten Höhle untergebracht. Und bis vor wenigen Jahrzehnten waren die Häuser so klein und die Kinder so zahlreich, dass meist mehrere Familienmitglieder in einem Bett oder zumindest in einem Raum schliefen.

Für viele Kinder ist das Elternbett ein Zufluchtsort. Er bietet Schutz, Geborgenheit und Nähe. Das ist gerade in der Nacht, in der sich in der Fantasie der Kinder draußen die Wölfe, Räuber, Gespenster und Monster herumtreiben, besonders wichtig. Dass dieser Schutz heute von abschließbaren Türen, Fenstern mit Doppelverglasung und eventuell sogar einer Alarmanlage übernommen wird, ist für Kinder ein schwacher Trost.

Auch viele Erwachsene schlafen nicht gerne allein

Auch bei den älteren Kindern ist die Nacht die Zeit der Sorgen. Der Streit mit der Freundin, die Angst vor der anstehenden Prüfung: Alles drängt sich auf, sobald es dunkel wird und man mit seinen Gedanken alleine ist. Manchmal sind es besondere Ereignisse, Phasen oder Gedanken, die Kinder, die schon lange alleine schlafen, plötzlich wieder ins Elternbett treiben: »Gell, Mami, du stirbst aber noch lange nicht?« Sogar viele Erwachsene müssen sich eingestehen: Wenn der Partner oder die Partnerin ein paar Tage weg ist, fällt es mir schwer, einzuschlafen.

Wenn es um Themen wie den Schlaf geht, stellen Eltern oft die Frage, was normal sei. Ab wann sollten Kinder durchschlafen? Wie lange muss ein Kind in welchem Alter schlafen? Bis zu welchem Alter darf ein Kind noch ins Elternbett kommen?

Ein Interessenkonflikt

Konkrete Antworten darauf gibt es nicht – auch wenn von Fachleuten immer wieder Normen propagiert werden. Kinder sind unterschiedlich. Manche schlafen mit zwei Monaten durch, andere wachen noch mit fünf Jahren fünfmal pro Nacht auf.

Mit der Frage, wie das eigene Kind sein sollte, kommt man nicht weit. Man gerät höchstens unter Druck, wenn andere Eltern erzählen, wie reibungslos bei ihnen alles klappt, oder wenn der Kinderarzt meint: »Ein Kind ist mit sechs Monaten in der Lage durchzuschlafen.« Je mehr wir das Gefühl haben, einer Norm entsprechen zu müssen, desto gestresster werden wir und desto schwieriger wird es mit dem Schlaf. Wichtiger ist die Frage, wie das eigene Kind ist, welche Bedürfnisse man als Eltern hat und was nötig ist, damit es allen in der Familie gut geht. Beim Schlaf geraten die Bedürfnisse der Eltern oft mit denjenigen der Kinder in Konflikt. Die Eltern wissen: Wenn ich nicht gut schlafe, bin ich morgen müde und gereizt.

Schlaf, Kindlein, schlaf – egal wie und wo?

Noch schlimmer wird es, wenn sich das Paar nicht einig ist. Wenn er Konsequenzen fordert und das Kind schreien lassen will und sie am liebsten das Familienbett einführen möchte oder umgekehrt. Nicht selten überlassen die Väter die Verantwortung den Müttern. In der Folge schlafen sie so tief, dass sie das Kind gar nicht hören. Oder sie verabschieden sich mit einem trotzigen Kommentar auf die Couch, wenn sich nächtlicher Besuch im Elternbett ankündigt.

Vielleicht hilft es, wenn man sich als Paar mit den folgenden Fragen beschäftigt:

- Wer übernimmt wann die Verantwortung? Wie teilen wir uns auf?

- Wer braucht wie viel Schlaf?
- Wann wird es mir zu viel? Was ärgert mich?
- Wie können wir für bessere Schlafbedingungen sorgen?
- Was können und wollen wir unseren Kindern zumuten?
- Was müssen wir momentan einfach akzeptieren?

Meine (Fabians) Frau und ich haben beispielsweise bemerkt, dass wir sehr unterschiedlich auf nächtliches Gewecktwerden reagieren. Ich kann sofort wieder einschlafen, sie ist danach wach und es fällt ihr schwer, wieder in den Schlaf zu finden. Ihr drückt die Müdigkeit auf die Stimmung, ich bin lediglich müde. Sie kann früh einschlafen, ich mag dafür das Ausschlafen.

»Nicht Du! Mama! Weg du!«

Uns beiden geht es mit der folgenden Aufteilung gut: Ich bin für die Nacht verantwortlich, meine Frau steht dafür auf, sobald die Kinder morgens wach werden, und lässt mich noch etwas schlafen.
Natürlich passt diese Aufteilung den Kindern nicht immer. Wenn sie von meiner Frau ins Bett gebracht wurden, ruft die Kleine in der Nacht nach ihr. Komme ich dann ins Zimmer, wird sie ziemlich wütend: »Nicht du! Mama! Weg du!« Das sind halt die kleinen Frustmomente, durch die wir beide durchmüssen: »Die Mama schläft. Ich bin da.«
Optimal ist dieses Arrangement nicht: Ich bin tagsüber oft müde und häufiger erkältet als früher. Doch ich kann meiner Nachtwache viel Schönes abgewinnen. Ich genieße es, wenn sich eines der Kinder nachts nochmals an mich kuschelt und zufrieden wieder einschläft. Das sind genau die Momente, an die ich später wehmütig zurückdenken und von denen ich das Gefühl haben werde, dass sie »viel zu schnell« verflogen sind.
Zu guter Letzt dürfen natürlich einige Empfehlungen nicht fehlen, die Kindern das Schlafen erleichtern. Dem Bedürfnis nach Schutz kann durch eine Nachtlampe und offene Türen Rechnung getragen werden. Gegen Einbrecher können Pläne ausgeheckt werden: Mein (Fabians) Sohn findet es beispielsweise sehr beruhigend, dass wir gegenüber vom Gefängnis wohnen. Im Falle eines Einbruchs wür-

de er gleich das Holzschwert neben seinem Bett packen und mich rufen. Nachdem wir die Halunken gemeinsam überwältigt hätten, würden wir die Polizisten herüberrufen und sie ihnen in Gewahrsam geben.

Mittlerweile gibt es auch viele schöne Schlafbücher und beruhigende Geschichten, die man als Eltern den Kindern vorlesen kann. Für jüngere eignen sich Bilderbücher, für ältere zum Beispiel die Kapitän-Nemo-Geschichten der Psychologin Ulrike Petermann.

Mein (Stefanies) Neffe meinte kürzlich: »Du hast mir doch früher vor dem Einschlafen immer so Geschichten erzählt, die du dir ausgedacht hast. Warum waren die eigentlich immer so langweilig?«

Modelllernen: Mit gutem Beispiel vorangehen

»Wir brauchen unsere Kinder nicht erziehen, sie machen uns sowieso alles nach.« In diesem Bonmot, das Karl Valentin zugeschrieben wird, steckt viel Wahrheit. Kinder achten stärker darauf, was wir tun, als was wir sagen – und übernehmen, was wir vorleben.

Leider kommen wir auf das Lernen am Modell eher in negativen Situationen zu sprechen. Wir ärgern uns, wenn wir unliebsame Seiten unserer Eltern an uns selbst entdecken. Wir kommentieren das Verhalten eines Kindes abschätzig mit: »Das hat er von meinem Ex!«, oder machen unserem Frust als Lehrkraft nach dem Elternabend unter Kollegen Luft mit den Worten: »Hast du die Eltern gesehen? Da ist der Apfel auch nicht weit vom Stamm gefallen.«

Das ist schade, weil diese Form des Lernens unheimlich viel Potenzial in sich birgt, das nur am Rande ausgeschöpft wird.

Für Kinder (und Erwachsene) wäre das Lernen am Modell oft der effektivste Weg, insbesondere wenn es darum geht, komplexe Kompetenzen zu erwerben. Aber nicht nur Fähigkeiten werden über diesen Weg entwickelt, auch Werthaltungen oder positive Eigenschaften wie Hilfsbereitschaft, Gemeinschaftssinn, Ausdauer und Mut können wir durch Beobachtung lernen.

Damit dies gelingt, müssen einige Bedingungen zusammenkommen. Es ist keinesfalls so, dass Kinder passive, willenlose Empfänger wären, die sich bereitwillig alles von uns abschauen. Sie sind in diesem Prozess aktive, wählerische Beobachter, die sich ihre Vorbilder aussuchen und nur dann etwas übernehmen, wenn sie entsprechend motiviert sind.

Kinder suchen sich ihre Vorbilder aktiv aus

Bewusst und unbewusst filtern Kinder mögliche Vorbilder nach verschiedenen Kriterien. Sie achten darauf, ob das Vorbild attraktiv ist, ob es etwas hat, das sie auch gerne besäßen. Das kann beispielsweise Status, Einfluss, Erfolg oder eine bestimmte Fähigkeit sein, weshalb Kinder und Jugendliche sich oft Sportler, Musiker oder Filmstars zum Vorbild nehmen. Aber auch in einer Gruppe von Kindern lässt sich dieses Phänomen beobachten. So schauen sich beispielsweise jüngere Kinder eher etwas von älteren ab als umgekehrt.

In den ersten Lebensjahren sind wir Eltern die Helden im Leben unserer Kinder – und entsprechend attraktiv als Modell. Die Sprache, soziale Kompetenzen, fast alles erwerben die Kinder in dieser Zeit, indem sie uns imitieren.

Neben der Attraktivität achten wir bei Modellen darauf, ob sie uns ähnlich sind. Mit Vorbildern, die viel mit uns gemeinsam haben, können wir uns besonders gut identifizieren.

Nicht umsonst sind die Helden in Kindergeschichten fast immer gleich alt oder einen Tick älter als die Leserinnen und Leser. Die Sympathie und die Beziehung zwischen dem Kind und seinem Modell entscheidet darüber, ob etwas gelernt wird. Von Menschen, die uns wichtig sind und denen wir uns emotional verbunden fühlen, schauen wir uns gerne etwas ab.

Nachgeahmt wird, was Erfolg verspricht

Wenn wir andere Menschen beobachten, interessiert uns immer auch die Frage, was ihr Handeln bewirkt. Nachgeahmt wird in erster Linie das, was erfolgversprechend ist. Kinder registrieren, wie sich das Modell nach bestimmten Handlungen fühlt, was es zu sich selbst sagt und wie seine Umwelt darauf reagiert. Kinder übernehmen beispielsweise bestimmte Verhaltensweisen oder Werthaltungen von uns erst, wenn sie beobachten können, wie sich diese auf uns und andere auswirken: kopiert wird dabei, was wirkt. Das gilt auch für Verhaltensweisen, die wir unseren Kindern nicht gerne mitgeben möchten: Merken Kinder beispielsweise, dass sich der Vater durch Drohgebärden und Lautwerden durchsetzen und seine Ziele erreichen kann, wird es wahrscheinlich, dass sie diese Strategien gegenüber jüngeren Geschwistern oder Klassenkameraden ebenfalls anwenden.

Als ich (Fabian) vor ein paar Wochen mit meinen Kindern am Fluss war, kam ein Mann mit einer Tüte vorbei, bückte sich und sammelte Glasscherben, herumliegende Bierdosen und Plastiktüten ein. »Papa, was macht der Mann da?«, wollten meine Kinder wissen. Ich antwortete: »Der liest hier Müll auf, damit wir es schön haben und ihr euch nicht an den Glasscherben verletzt.« Ich lächelte dem Herrn zu und bedankte mich bei ihm.

Als ich wenig später mit Nora, einer guten Freundin, und den Kindern den Kannenfeldpark in Basel besuchte, mussten wir die Kleinen nach einer halben Stunde bremsen: »Ihr wollt doch sicher noch zum Springbrunnen und ein wenig planschen – ihr habt genug Müll gesammelt für heute.«

Für meine Kinder wurde der oben beschriebene Mann aus mehreren Gründen zu einem wirksamen Modell. Weil er etwas tat, das sie nicht einordnen konnten, war ihr Interesse geweckt: Sie beobachteten ihn aufmerksam. Meine Freude über dessen Verhalten, die Erklärung und mein »Danke« zeigten ihnen, dass diese Handlung bei anderen Menschen zu Anerkennung führt, was es attraktiv machte, ihn nachzuahmen. (Hätte ich als heikler Mensch gewusst, dass sie dadurch in den nächsten Wochen ständig irgendwelchen ekligen Müll anfassen, hätte ich etwas verhaltener reagiert.)

Wie wir das Lernen am Modell nutzen können

Wenn wir möchten, dass Kinder bestimmte Verhaltensweisen oder Werthaltungen lernen, können wir uns also fragen:

- Gibt es Modelle, die diese Eigenschaft oder Kompetenz besitzen?
- Sind diese für unsere Kinder attraktiv, ihnen ähnlich genug und besteht vielleicht sogar bereits eine Beziehung?
- Könnten wir unser Kind auf dieses Modell aufmerksam machen?

Eine Lehrerin erzählte uns von Zoe, einem besonders verträumten, unorganisierten Mädchen, das ständig sein Material vergaß, das Buch nicht hervornahm und die Hausaufgaben nicht notierte.

Zuerst versuchte sie es durch ständiges Ermahnen, was nur dazu führte, dass Zoe zunehmend lustloser im Unterricht saß.
Eines Tages fiel ihr jedoch auf, dass Zoes Banknachbarin und beste Freundin Anna genau das konnte, was sie noch lernen musste. Von diesem Tag an hörte sie auf, Zoe zu ermahnen. Stattdessen ging sie am Pult der beiden Mädchen vorbei und ließ leise und beiläufig Kommentare der folgenden Art fallen: »Ah, Anna schreibt die Hausaufgaben ins Heft« oder »Anna hat das Buch schon aufgeklappt«.
Zoe wurde jeweils hellhörig und tat es ihrer Freundin gleich. Schon bald konnte sie immer häufiger sagen: »Zoe und Anna haben schon angefangen, wunderbar.«
Auch das Klassenklima lässt sich auf diese Weise verbessern. Ein Lehrer beklagte, dass an seiner Schule die Regel »Wir gehen respektvoll miteinander um« gelte, diese Regel jedoch viel zu abstrakt für die Grundschule sei.
Daher spricht er zu Beginn des Jahres mit seiner Klasse darüber, wie wichtig es ihm sei, dass alle Kinder gerne zur Schule kommen, und lässt die Schüler/innen überlegen, was für sie dazu beiträgt, dass sie sich auf den Schultag freuen. Damit das Ziel während des Jahres präsent bleibt, dürfen jeden Freitag drei Schüler/innen von einem Erlebnis berichten, das dazu beigetragen hat, dass sie gerne zur Schule kommen und sich in der Klasse gut aufgehoben fühlen. Durch dieses simple Vorgehen hören die Kinder jede Woche Beispiele für ein respektvolles und soziales Miteinander. So erzählt beispielsweise Simon, wie toll er es fand, dass Gülcan ihm eine Aufgabe nochmals erklärt hat. Gülcan freut sich darüber, und Svetlana und Tobias denken: »Das könnte ich auch mal machen.«
Oft braucht es kein komplexes Programm, um die sozialen Kompetenzen und die Empathie von Schüler/innen zu fördern – nur eine gute Idee, eine engagierte Lehrkraft und die Beharrlichkeit, immer wieder die Aufmerksamkeit auf gute Beispiele zu lenken.

Uns hat diese Idee zu einem kleinen Film inspiriert:
www.biber-blog.com

Warum Kinder Freunde brauchen

Wenn wir uns fragen, wie wir unsere Kinder fürs Leben stärken können, sollten wir nicht vergessen, dass die Gleichaltrigen für unsere Kinder eine ebenso wichtige Rolle spielen wie wir.
Freundschaften eröffnen unseren Kindern die wunderbare Möglichkeit, ihr Bedürfnis nach Verbundenheit und Anerkennung zu stillen. Damit tragen sie wesentlich zu einer gesunden Entwicklung bei. Aus der Forschung wissen wir, dass sich Menschen mit guten sozialen Kontakten über eine höhere Lebenszufriedenheit, eine bessere körperliche und psychische Gesundheit, ein größeres Selbstwertgefühl, mehr Sinn in ihrem Dasein und sogar über ein längeres Leben freuen dürfen (Chopik, 2017; Cundiff & Matthews, 2018; Diener & Seligman, 2002; Holt-Lunstad et al., 2010, 2015; Lambert et al., 2013; Postmes et al., 2019; Raboteg-Saric & Sakic, 2014). Freundschaften bleiben also über die gesamte Lebensspanne hinweg enorm bedeutsam.
Pu der Bär bringt es auf den Punkt: »Ein Tag ohne einen Freund ist wie ein Topf ohne einen einzigen Tropfen Honig drin.«
Welchen Stellenwert hatten Freundschaften in Ihrer Kindheit und Jugend? Nehmen Sie sich kurz Zeit und reisen Sie in Gedanken in die Vergangenheit zurück. Lassen Sie Momente vor Ihrem inneren Auge aufziehen, in denen Sie sich besonders glücklich, frei und unbeschwert gefühlt haben. Oder Erlebnisse, die besonders spannend und aufregend waren. Verweilen Sie in einer Szenerie und schauen Sie sich um: Wer ist da? Mit wem teilen Sie diese Erlebnisse?
Vielleicht tauchen Geschwister, Eltern und Großeltern auf – sehr wahrscheinlich aber auch Freunde aus verschiedenen Lebensphasen.
Können Sie sich noch an Ihre erste Freundschaft erinnern? Besteht diese vielleicht noch immer? Mit wem haben Sie die größten Abenteuer erlebt? Mit wem die kleinen und großen Geheimnisse geteilt? Bei wem konnten Sie ganz sich selbst sein und wer hat neue Facetten in Ihnen zum Vorschein gebracht?

In diesem Kapitel möchten wir thematisieren, warum Freundschaften für Kinder und Jugendliche so bedeutsam sind, und welche Aufgaben sich für uns Erwachsene daraus ergeben. In diesem Zusammenhang haben wir mehrere Kinder interviewt. Die Gespräche und Zitate zeigen auf, wie sich das Konzept von Freundschaft im Laufe des Lebens wandelt.

Freundschaft heißt: gemeinsam etwas tun

Schon früh bilden Kinder ein erstes Konzept von Freundschaft aus und fangen oft bereits im Kleinkindalter an, andere als Freunde zu bezeichnen. Dabei spielen zwei Prinzipien eine Rolle, die über das ganze Leben hinweg bedeutsam bleiben: die Häufigkeit, mit der man sich sieht, und gemeinsame Aktivitäten. Auf die Frage, was man tun muss, um eine gute Freundin zu sein, antwortet die sechsjährige Mila: »Viel miteinander spielen.« Ihre beste Freundin wohnt in der Nachbarschaft, die beiden kennen sich von klein auf.

Bereits im Alter von zwei bis drei Jahren werden andere Kinder zu einem wichtigen Entwicklungsmotor. Für viele Familien ist es jedoch nicht einfach, für einen regelmäßigen Kontakt mit anderen Kindern zu sorgen. In diesen Fällen wird die Kinderkrippe zu einem wichtigen Begegnungsort, an dem die Kleinen erste Freundschaftsbande knüpfen können.

Mit zunehmendem Alter gewinnen weitere Aspekte, beispielsweise geteilte Interessen, gegenseitige Unterstützung und der persönliche Austausch an Bedeutung. Das gemeinsame Spiel bleibt aber lange Zeit das bestimmende Element. Das sehen auch der neunjährige Meo und der zehnjährige Thymian so: »Damit jemand ein Freund wird, muss man mit ihm spielen.«

Gabriel, 5 Jahre: »Freunde sind mega schön, wenn man alles zusammen machen kann.«

Erzähl mal, wie du deinen besten Freund Lovis kennengelernt hast.
Ich bin in die Krippe gekommen und er war auch da. Ich kann nichts dafür, das ist einfach mein bester Freund.

Was macht ihr denn so und was magst du an ihm?
Wir machen Quatsch auf dem Pausenplatz und kleine Ausflüge. Am liebsten gehen wir an den See, wo es ganz viele Muscheln gibt. Und wir sind Freunde, weil wir so ähnlich sind und immer das Gleiche machen wollen.

Wie findet man eigentlich einen Freund?
Man muss irgendwo hingehen, wo es viele Kinder gibt. Man kann ein Geschenk geben, eine riesige Freude machen oder jemanden zum Geburtstag einladen. Man muss etwas machen, was der andere gerne möchte.

Können auch Buben und Mädchen Freunde sein?
Nein, Buben und Mädchen wollen immer etwas Unterschiedliches machen. Jeder will dann das machen, was er will, und dann wollen sie gar nicht mehr zusammen spielen. Außer man ist Geschwister, dann geht's mega gut. Mädchen wollen mehr so Prinzessinnenzeugs und Buben Ritterzeugs machen. Obwohl ... in den Rittersachen hat's auch Prinzessinnen – das würde eigentlich schon gehen.

Wie verliert man Freunde?
Wenn man nichts zusammen macht oder sie wegziehen. Manchmal haben Freunde auch so fest Streit, dass sie keine Freunde mehr sein wollen. Habt ihr jetzt alles gefragt?

Wüsstest du denn noch eine wichtige Frage?
Da muss ich überlegen ... Ja, wie könnte man Freunde fürs ganze Leben behalten?

Das ist eine sehr gute Frage. Was meinst denn du?
Man muss immer da hinziehen, wo der andere ist, und sich immer gut kennen.

Und wenn der andere wegzieht, kann man dann telefonieren?
Nein, dann kann man nicht Freunde bleiben. Freunde sind mega schön, wenn man alles zusammen machen kann.

Freundschaft heißt: dazugehören

In einer Freundschaft gewinnen Kinder nicht nur einen Spielgefährten, sondern auch einen Menschen, zu dem sie eine besondere Beziehung haben. Es ist aufregend und schön, wenn man erfahren darf, wie das Band zu einem anderen Menschen stärker wird, wie man sich gegenseitig wichtiger wird und sich Zugang zur Lebenswelt des jeweils anderen verschafft. Für die vierzehnjährige Kaja ist eine gute Freundin »jemand, bei dem ich so sein kann, wie ich bin.« Über ihre enge Freundin Giulia schreibt sie: »Ich kann mich auf sie verlassen und sie versteht mich immer – jemand mit dem man Pferde stehlen kann.«
Als Eltern können wir die Freundschaften unserer Kinder unterstützen, indem wir darauf achten, dass sich die Spielkameraden unserer Kinder bei uns zu Hause willkommen fühlen und einen Platz in unserem Leben erhalten.
Schon kleine Signale machen hier einen Unterschied. Eine nette Begrüßung wie »Schön, dass du da bist. Laura hat sich auf den Nachmittag mit dir gefreut« oder ein kleiner Snack während des Spielens zeigen, dass Sie sich über die Freundschaft der Kinder freuen.

Wir erinnern uns an die vielen kleinen Privilegien, die wir bei den Eltern unserer Freunde besaßen. Es ist etwas Besonderes, wenn man zum ersten Mal zum Abendessen bleiben oder übernachten darf, sogar zu einem Familienausflug oder Familienfest eingeladen wird. Für uns war es auch ein kleiner Glücksmoment, als die Eltern der Freunde uns nach längerer Zeit das Du anboten und wir ohne zu klingeln in deren Haus kommen durften.

Freundschaft heißt: sich abgrenzen

Sehr früh taucht in Kinderfreundschaften ein Aspekt auf, der vielen Eltern Bauchschmerzen bereitet: Kinder machen deutlich, wer nicht dazugehört. Freundschaftsketten, spezielle Handschläge zur Begrüßung, Kleidung und Frisuren im Partnerlook, Spitznamen, die nur die engsten Freunde verwenden dürfen, oder Geheimsprachen stärken das WIR-Gefühl und grenzen die Freundschaft gleichzeitig nach außen ab. Auch Gemeinsamkeiten werden besonders betont. So schätzt Lou-Anne, 10 Jahre, an ihren besten Freundinnen besonders, dass diese »genauso verrückte Hühner« sind wie sie selbst.

Während Jungen eher zu Cliquenfreundschaften mit fließenden Grenzen neigen, haben Exklusivität und unbedingte Loyalität für Mädchen oft einen deutlich höheren Stellenwert. Mädchen können in der Regel klar benennen, wer ihre BFF (best friends forever) ist – eine Bezeichnung, die diesen Anspruch deutlich macht.

Bereits im Kindergarten können die Kleinen auf erstaunlich subtile und teilweise gemeine Art verdeutlichen, wer in der Beziehungshierarchie wo steht. Meine (Fabians) Mutter war Kindergärtnerin und erzählte uns von drei Mädchen, die gemeinsam am Tisch saßen und Perlenketten aufzogen. Plötzlich meinte die eine zu ihrer Freundin: »Wir sitzen vis-à-vis!« Das dritte Mädchen am Tisch, das Anschluss suchte, versuchte sich mit einem »Ich sitze auch mit euch am Tisch« einzubringen. Mit einem verächtlichen Blick entgegnete das erste Mädchen: »Ja, aber wir sitzen vis-à-vis und du sitzt nur so nebendran.«

Solche Momente sind schmerzhaft. Vielleicht fragt man sich, was man falsch gemacht hat, wenn das eigene Kind andere ausschließt, oder empfindet es als himmelschreiende Ungerechtigkeit, dass der Sohn oder die Tochter nicht mitspielen darf. Es ist in solchen Situationen hilfreich, wenn wir uns als Eltern bewusst machen, dass es ein natürliches Bedürfnis der Kinder ist, die Attraktivität ihrer Freundschaft durch eine klare Abgrenzung gegen außen zu erhöhen. Gleichzeitig liegt es in unserer Verantwortung, darauf zu achten, dass diese Tendenz nicht in Mobbing ausartet und auf Fairness und gegenseitigen Respekt geachtet wird.

Freundschaft heißt: sich aufeinander einlassen, gemeinsam Ideen entwickeln und Kompromisse aushandeln

»Du musst immer alles bestimmen. Mit dir spiele ich nicht mehr!« So schmerzhaft solche Rückmeldungen im Moment sind: Sie sind für Kinder wichtig. In unserer Befragung zum Thema Kinderfreundschaften betonten fast alle Kinder im Grundschulalter, wie wichtig es ist, dass man »nicht nervt!«, wenn man Freunde finden möchte. Unter nerven verstanden die Kinder zum Beispiel reinrufen und zu viel reden, andere ärgern, mitspielen, ohne zu fragen, nicht aufhören, obwohl man »Stopp« sagt, und nicht warten können, bis man an der Reihe ist.

Damit Kinder lernen, sich auf dem sozialen Parkett sicher zu bewegen, benötigen sie die Rückmeldungen der anderen Kinder. Nach und nach entwickeln sie so die Fähigkeit, sich in andere hineinzuversetzen, zu teilen, abzuwarten, sich in ein Spiel einzufügen, mal die Führung zu übernehmen, um sie dann wieder einem anderen Kind zu überlassen.

Bei jüngeren Kindern sind Freundschaften oft noch sehr kurzlebig. Das gemeinsame Spiel steht im Vordergrund. Nach und nach rückt die Beziehung an sich in den Vordergrund. Den Kindern wird es wichtiger, Differenzen auszudiskutieren, sich nach einem Streit wieder zu versöhnen und Kompromisse auszuhandeln. Das sieht auch der dreizehnjährige Tibault so. Für ihn bedeutet Freundschaft »Zusammenhalt, Vertrauen und Freude, sich zu sehen«. Dabei habe er auch schon richtig mit einem Freund gestritten. Seine Lösung: »Wir haben es für ein paar Tage vergessen und dann in Ruhe diskutiert.«

Wenn Erwachsene die Zeit von Kindern und Jugendlichen stark durchstrukturieren, die Aktivitäten vorgeben und immer sofort eingreifen, wenn sich Konflikte anbahnen, wird es für Kinder fast unmöglich, diese Kompetenzen zu entwickeln.

Um sich im sozialen Bereich sicher zu fühlen und sich kompetent zu verhalten, müssen sie tausende von Stunden mit anderen Kindern verbracht haben. Dabei machen sie die wichtigsten Erfahrungen im freien Spiel und den unbeobachteten Momenten in der Clique. Nur dort müssen die Kinder selbst Ideen entwickeln und andere davon überzeugen, Regeln festlegen und auf deren Einhaltung achten, ihren Platz in der Gruppe finden und Konflikte eigenständig lösen.

Eine der wichtigsten Aufgaben von Eltern und Institutionen besteht darin, Kindern diese Erfahrung zu ermöglichen. Einerseits, indem sie Freiräume schaffen, andererseits, indem sie sich zurücknehmen und sich nicht vorschnell einmischen.

Je mehr Zeit Kinder in Institutionen wie Kinderkrippen, Ganztagesschulen oder außerschulischen Betreuungsstätten verbringen, desto wichtiger wird es, dass diese Institutionen den Wert des freien Spiels und des unstrukturierten Zusammenseins erkennen.

Zum Glück ist das Bewusstsein dafür in den letzten Jahren gewachsen. Manche Kindergärten führen programmfreie Tage ein, verbannen für drei Monate sämtliches Spielzeug, um der Phantasie der Kinder mehr Raum zu geben, oder führen einen wöchentlichen Waldtag ein.

Leitfäden zur Einführung von Tagesschulen der Erziehungsdirektionen sehen vor, dass die Schüler/innen die Möglichkeit haben, frei zu spielen oder sich in Ruheräume zurückzuziehen. Im Leitfaden der Erziehungsdirektion Bern (Bütler Liesch, 2009) steht sogar ausdrücklich, dass die Kinder in Tagesschulen »Zeit und Raum ... fürs Nichtstun« zur Verfügung haben sollen.

Wir als Eltern können zu dieser Entwicklung aktiv beitragen, indem wir entsprechende Angebote fordern und Institutionen gegenüber, die dies umsetzen, unsere Wertschätzung und Unterstützung ausdrücken. Kitaleiterinnen, einzelne Lehrpersonen und Schulleitungen, die sich um mehr Freiräume für Kinder bemühen, müssen dies oft gegen viel Gegenwind durchsetzen. Als wir in Zürich für ein Projekt eine Kita besuchten, wurde nach dem Morgenkreis mit den Kindern im Alter von eineinhalb bis drei Jahren die Ernährungspyramide erarbeitet. Keines der Kinder begriff, worum es eigentlich ging, aber es wurde so lange geübt, bis die Kleinen die bunten Kärtchen mit verschiedenen Lebensmitteln an die richtige Stelle legten. Irritiert fragten wir eine der Erzieherinnen, was das soll. Sie entgegnete: »Wir haben hier in der Gegend so viele ehrgeizige Eltern, die wollen am Abend immer wissen, was die Kinder heute gelernt haben.«

Noch immer haben viele, gerade auch sehr gebildete Eltern, ein einseitiges und wenig kindgerechtes Konzept von Lernen. Sie sehen hauptsächlich den messbaren Wissenszuwachs und empfinden es als Erfolg, wenn ihr Kind bei Schuleintritt bereits lesen und schreiben kann. Der Wert der vielen Alltagsmomente, die zum sozialen Lernen beitragen, wird so lange unterschätzt, bis das Kind in diesem Bereich gravierende Schwierigkeiten aufweist.

Jede positive Rückmeldung, jede Bestärkung von Eltern gibt Lehrpersonen, Kindergärtner/innen und Erzieher/innen den nötigen Rückhalt, um solche Angebote trotz kritischer Stimmen umzusetzen.

Leon, 10 Jahre: *»Die beliebten Kinder in meiner Schule sind die, die gut spielen können und nicht nerven.«*

Leon, erzählst du uns etwas über deine Freunde?

Valentin ist mein bester Freund und Lena ist meine beste Freundin. Mit ihnen ist es eigentlich gleich.

Lena kenne ich schon aus der Krippe. Dann kamen wir zusammen in den Kindergarten und in der Schule ist sie am Anfang neben mir gehockt. Aber dann hat uns die Lehrerin auseinandergesetzt, weil sie fand, dass wir zu viel geschwätzt haben.

Valentin habe ich beim Angeln kennengelernt. Papa ist mit dem Papa von Valentin befreundet. Die beiden gehen immer zusammen fischen, da bin ich oft dabei. Einmal durfte Valentin auch mit und dann haben wir am Wasser zusammen Pfeifball gespielt. Und seitdem sind wir Freunde.

Was findest du besonders toll an Lena und Valentin?
Bei Valentin, dass er fast im gleichen Alter ist wie ich und dass er fast alle Spiele mag, die ich auch mag. Wir spielen am liebsten Pfeifball oder Monopoly, aber auf eine komische Art. Einmal war uns voll langweilig, dann haben wir erst normal Monopoly gespielt. Aber wir fanden, dass da ein bisschen wenig Geld im Spiel ist, also haben wir alle Scheine rausgenommen und gesagt: Man kann sich jetzt einfach alles kaufen, auch die Figuren auf dem Spielfeld. Das ist unser Spiel. Wir tauschen auch gerne Spielzeugautos. Da müssen Valentin und ich immer ziemlich verhandeln, welches Auto mehr wert ist, aber am Ende machen wir meistens einen fairen Tausch.
An Lena mag ich am meisten, dass sie auch mal Jungssachen mitspielt. Wir fahren zusammen Fahrrad oder gehen gemeinsam ins Schwimmbad.

Lena und Valentin sind also deine besten Freunde. Du hast von »Jungssachen« gesprochen. Gibt es denn Unterschiede in den Freundschaften zwischen Mädchen und Jungen?
Da gibt es schon Unterschiede. Bei uns spielen die Mädchen eher mit Puppenzeugs und die Jungs eher mit Legotechnik oder Autos. Außer meine Freundin Lena, die spielt auch gerne Jungssachen. In der Schule finden es die anderen manchmal blöd, wenn man mit Mädchen befreundet ist. Dann lachen die einen aus und machen blöde Sprüche. Aber wir ignorieren das einfach und dann hören die normalerweise auf. Jetzt spielt Lena in der Schule meistens mit den Mädchen und ich mit den Jungs, manchmal spielen wir auch zusammen. Wir machen eher am Nachmittag daheim was miteinander.

Was machst du, um ein guter Freund zu sein?
Ich probiere, nicht so viel zu streiten und nett zu sein. Und ich gehe dazwischen, wenn andere meine Freunde ärgern. Zum Beispiel hatten wir im Winter mega große Schneehaufen an der Schule. Lena und ich sind da hochgeklettert, aber ein paar Jungs aus meiner Klasse wollten Lena runterziehen und haben sie mit Schneebällen beworfen. Dann habe ich mich vor sie gestellt und gesagt, dass sie aufhören sollen.

Was muss man tun, damit jemand ein Freund wird?
Man muss einfach miteinander spielen. Wenn man die Kinder nicht kennt, kann man auch hingehen und fragen: »Darf ich bitte mitspielen?« Weil die beliebten Kinder in meiner Schule sind die, die gut spielen können und nicht nerven.

Was können Eltern tun, damit ihre Kinder Freunde finden?
Hmm … also bei mir, dass sie mir zum Beispiel erlauben, dass Lena zu mir kommt. Wir machen meistens in der Schule etwas aus und fragen dann unsere Mamas, ob es okay ist. Oder dass Papa mit mir zum Fischen oder zum Baden geht, wo auch andere Kinder sind. Und dass ich am Wochenende zu den Nachbarskindern gehen darf.

Freundschaft heißt: einander alles erzählen und Geheimnisse anvertrauen können
»Ich muss dir etwas erzählen … du darfst es aber nicht weitersagen!« Insbesondere Mädchen erwarten, dass sie mit engen Freunden über alles reden und sich auf die Verschwiegenheit des Gegenübers verlassen können. Themen sollen Platz finden, die sie in der Familie nicht besprechen können oder möchten. Für die meisten Jugendlichen werden die Gleichaltrigen zu den wichtigsten Bezugspersonen.

Für manche Eltern bringt dies die Aufgabe mit sich, akzeptieren zu müssen, dass sie nicht mehr die allererste Anlaufstelle bei Problemen sind und bei vielen Themen nicht mehr zurate gezogen werden. Gerade Eltern, die bislang ein sehr freundschaftliches und inniges Verhältnis zu ihrem Kind gepflegt haben, fühlen sich teilweise unsanft an ihren Platz verwiesen. Nicht selten tauchen dabei auch Eifersuchtsgefühle auf. Manchmal braucht man als Mutter oder Vater etwas Zeit, um zu verdauen, dass man nicht mehr die wichtigste Bezugsperson im Leben des Kindes ist.

Freundschaft heißt: sich selbst entdecken und entwickeln

Damit wir uns selbst kennenlernen und unsere Identität finden können, benötigen wir andere Menschen. Dabei spielen Freunde eine bedeutsame Rolle. Sie sind oft Ratgeber, liebevolle Kritiker und Spiegel für das eigene Verhalten. In Freundschaften lernen wir viel über uns selbst.

Verschiedene Sozialpsychologen (z.B. Aron & Aron, 1997) gehen davon aus, dass Freundschaften unter anderem deshalb so wertvoll sind, weil sie es uns erlauben, unser Selbst zu erweitern. Demzufolge lassen Freundschaften bestimmte Persönlichkeitsanteile von anderen in uns selbst anklingen und motivieren uns dazu, uns weiterzuentwickeln.

Freundschaften bringen uns mit neuen Interessen und Aktivitäten in Kontakt, vor allem aber konfrontieren sie uns mit unterschiedlichen Persönlichkeitszügen, Meinungen und Werthaltungen.

Gehen Sie in Gedanken noch einmal zu Ihren Kinderfreundschaften zurück oder nehmen Sie Ihre aktuellen Freundschaften genau unter die Lupe. Stellen Sie sich die Frage: »Was habe ich aus dieser Beziehung gelernt? Wie hat diese Person mein Leben und meine Persönlichkeit bereichert?«

Wenn Sie sich fünf Minuten Zeit für diese Übung nehmen, werden Sie wahrscheinlich erkennen, wie prägend bestimmte Freundschaften für Sie waren. Vielleicht sind Sie auch überrascht, wie vielfältig und unterschiedlich diese Einflüsse sind.

Weil Eltern sich vermehrt bewusst sind, wie einflussreich Freundschaften sind, hat sich dies in den letzten Jahren zu einem weiteren Optimierungsfeld entwickelt: In der FRANZ-Studie unter der Leitung von Prof. Margrit Stamm (vgl. Stamm, 2017) gaben 61 Prozent der Eltern an, dass sie über die Freizeitgestaltung ganz gezielt Kontakte zu Kindern fördern, die aus ihrer Sicht gute Freunde für den eigenen Nachwuchs abgeben würden.

Entsprechend viele Eltern stellen sich auch die Frage, wie sie vorgehen sollen, wenn sie mit einer Freundschaft ihres Kindes nicht zufrieden sind.

Auch in diesem Punkt tun wir als Eltern gut daran, uns ein wenig zurückzunehmen. Wir können eingreifen, wenn es sich wirklich um eine toxische Verbindung handelt, unter der das Kind sichtlich leidet oder die ihm in seiner Entwicklung schadet: Wenn es beispielsweise zu kriminellen oder aggressiven Handlungen angestiftet oder gezwungen wird, Dinge zu tun, die es nicht möchte, um dazuzugehören.

In diesem Fall können Eltern mit dem Kind über diese Beobachtungen sprechen, konkret benennen, worüber sie sich Sorgen machen, und klar Stellung beziehen, mit welchen Punkten sie nicht einverstanden ist. Denn Kinder sind, wie wir im Kapitel »Gruppendruck: Mein Kind kann nicht Nein sagen« (Seite 57) beschrieben haben, in solchen Fällen oft selbst in einem inneren Konflikt: Auf der einen Seite steht eine gewisse Faszination für »das Verbotene« und ein Druck, mitzumachen, auf der anderen Seite nagen das Unwohlsein und Schuldgefühle an ihnen, wenn sie bestimmte Grenzen überschritten haben. Wenn es Eltern gelingt, dieser inneren Zerrissenheit in einem Gespräch auf die Spur zu kommen, sind die Kinder oft auch bereit, gemeinsam nach einer Lösung zu suchen.

Häufig sind es aber bereits Kleinigkeiten, die Eltern Unwohlsein bereiten.

Ein Beispiel, das uns schon öfter begegnet ist, sind Eltern, die sich darüber ärgern, dass ihr eher zurückhaltend-schüchternes Kind sich ausgerechnet mit dem lautesten, wildesten, dominantesten Kind der Klasse anfreunden muss. Eine Mutter meinte: »Die beiden passen doch gar nicht zusammen. Ich kann fast nicht dabei zusehen, wie sich meine Tochter von dieser Rabaukin herumkommandieren lässt.«

In solchen Situationen hilft es, wenn wir uns das Konzept der Selbsterweiterung vergegenwärtigen und uns fragen: »Was macht diese Freundschaft für unser Kind so attraktiv? Was könnte es aus dieser Beziehung lernen?« Wahrscheinlich ist es für die Tochter faszinierend, wie selbstbewusst ihre Freundin auftritt, wie vehement sie ihre Meinung vertritt und wie sie ihren Führungsanspruch geltend macht.

Diese Freundin kann Modell und Reibungsfläche zugleich sein. Auf der einen Seite kann sich ein schüchternes Kind von einer forschen Freundin abschauen, wie man für sich einsteht, andere für sich gewinnt und Entscheidungen trifft. Auf der anderen Seite kann es in solchen Beziehungen lernen, eigene Grenzen zu wahren und sich zu wehren, wenn andere über seinen Kopf hinweg entscheiden.

Eine solche Freundschaft bringt Spannungen, Konflikte, vielleicht auch ein emotionales Auf und Ab mit sich. Wenn es den Eltern dennoch gelingt, die Verbindung als Bereicherung zu sehen und die Tochter darin liebevoll zu begleiten, kann sie daran wachsen.

Die Eltern könnten beispielsweise von Zeit zu Zeit thematisieren, wie man sich abgrenzen kann: »Corinne hat wirklich einen Dickschädel, da ist es nicht einfach Nein zu sagen, aber ich weiß, dass eure Freundschaft das aushält.« Gleichzeitig könnten sie auf positive Aspekte der Freundin hinweisen: »Das war mutig von Corinne, wie sie euch gegen die Jungs verteidigt hat.«

Immer wieder über solche Themen sprechen zu müssen, kann für Eltern anstrengend sein. Aber wo sonst soll beispielsweise ein überangepasstes Kind lernen, sich zu behaupten, wenn nicht in der Beziehung mit einem resoluten Kind, das es mag? Kann es langfristig die Lösung sein, alle etwas forschen und dominanten Menschen aus seinem Umfeld zu verbannen?

Freunde gehören zu einer glücklichen Kindheit

Nicht für jedes Kind haben Freundschaften den gleichen Stellenwert. Manche brauchen eine ganze Kinderschar um sich, um sich wohl und aufgehoben zu fühlen, anderen reicht eine vertraute Seele. Einige Kinder verbringen am liebsten jede Minute mit Freunden, anderen genügt es, wenn sie einige Stunden pro Woche mit ihnen zusammen sein können.

Für die meisten Kinder und Jugendlichen jedoch sind Freundschaften untrennbar mit einem glücklichen Leben verbunden. Sie verschaffen unseren Kindern so viele schöne Momente, geteilte Erlebnisse und wunderbare Erinnerungen, dass wir Erwachsenen alles daran setzen sollten, einen guten Nährboden dafür zu schaffen. Wie wir gesehen haben, müssen wir dafür nicht viel tun – vielmehr müssen wir uns im richtigen Moment zurücknehmen, den Freizeitkalender schlank halten und darauf vertrauen, dass sich unsere Kinder suchen, was sie für ihre Entwicklung brauchen.

Was tun, wenn Kinder sich schnell zurückgewiesen fühlen?

Annika laufen die Tränen übers Gesicht. Stockend erzählt sie ihrer Mutter vom Drama in der großen Pause. Emily hat die ganze Zeit mit Sarah gespielt: »Dabei bin ich doch Emilys beste Freundin!« Die Mutter nimmt sie in den Arm: »Es ist wirklich nicht in Ordnung, wenn sie dich ausschließen! Unter Freundschaft verstehe ich etwas anderes!«

Was Annikas Mutter nicht weiß und nicht erfragt: Ihre Tochter wurde nicht ausgeschlossen. Als Annika sah, dass ihre beste Freundin Emily mit einem anderen Kind plaudert, war sie dermaßen gekränkt und enttäuscht, dass sie während der ganzen Pause schmollend in einer Ecke stand, eifersüchtige Blicke auf Emily und Sarah warf und den Rest des Vormittags kein Wort mehr mit ihrer Freundin sprach. Annika leidet immer wieder darunter, dass sie von anderen Kindern nicht beachtet oder zurückgewiesen wird. Sie zeigt eine Tendenz, die beim Aufbau und bei der Pflege von Freundschaften zu einem enormen Hindernis werden kann. In der Psychologie spricht man von einer hohen »rejection sensitivity«, im Deutschen als Zurückweisungsempfindlichkeit bzw. -sensibilität beschrieben. Darunter versteht man die Tendenz, soziale Zurückweisung angstvoll zu erwarten, vorschnell wahrzunehmen und übermäßig stark darauf zu reagieren (Downey & Feldman, 1996). Kinder wie Annika fürchten sich ständig davor, zurückgewiesen zu werden. Sie sehen überall Anzeichen dafür und interpretieren auch zweideutige oder neutrale Situationen als Ablehnung. Zwei Kinder tuscheln in der Klasse und für Annika ist klar: »Die reden über mich!« Die Lehrerin hat Kopfschmerzen, legt die Stirn in Falten und Annika weiß: »Sie kann mich nicht leiden!«

Ab und zu wird Annika – wie jedes Kind – tatsächlich zurückgewiesen. Sie darf nicht mitspielen, wird nicht in ihre Lieblingsgruppe gewählt oder steht nicht auf der Geburtstagsliste eines Klassenkameraden. Den vereinzelten Zurückweisungen in der realen Welt

stehen jedoch viele Situationen gegenüber, die Annika nur auf diese Weise interpretiert. Und auf beides reagiert sie sehr emotional. Sie weint, verstummt, schmollt.
In ihrem Kopf laufen blitzschnell eine Reihe ungünstiger Schlussfolgerungen ab: Wenn Emily heute mit Sarah spielt, dann ist dies ein Zeichen dafür, dass die Freundschaft vorbei ist, sie niemand mag, alle immer gemein zu ihr sind. Entsprechend heftig fallen ihre Reaktionen aus. Annika fühlt sich am Boden zerstört, ist wie gelähmt, manchmal wird sie wütend oder von rasender Eifersucht gepackt. Ihre beste Freundin Emily muss nicht nur mit vielen Vorwürfen zurechtkommen, sondern sie auch immer wieder trösten und mit Freundschaftsbeweisen milde stimmen. Ständig fragt Annika ohne erkennbaren Grund, ob Emily »sauer auf sie sei« oder »etwas los ist«.

Wenn das Kopfkino zur Realität wird

Eine hohe Zurückweisungsempfindlichkeit führt sowohl in Freundschaften als auch in anderen Beziehungen zu anhaltenden Problemen. Sie wirkt wie eine sich selbst erfüllende Prophezeiung: Andere Kinder können Annikas Reaktionen oft nicht einordnen und reagieren irritiert: »Was ist denn jetzt schon wieder los?«, »Wir haben doch überhaupt nichts gemacht«. Sogar ihrer Freundin Emily wird es oft zu viel. Sie fühlt sich eingeschränkt, muss ständig Rücksicht nehmen, auf Annikas Unsicherheiten eingehen und sich für Dinge entschuldigen oder erklären, die aus ihrer Sicht unbedeutend sind. Manchmal findet sie Annika ganz schön anstrengend!
Annika wiederum spürt die Irritationen der anderen Kinder, was unmittelbar neue Ängste weckt. Die Reaktionen der anderen zementieren ihr Bild, dass »man sie eh nicht mag«, sie »niemandem wirklich wichtig ist« und man sich auf keinen verlassen kann. Bald steckt Annika in einem Teufelskreis aus negativen Erwartungen, emotional ausgefochtenen Konflikten und abgebrochenen Freundschaften.
Man findet eine hohe Zurückweisungsempfindlichkeit bei vielen Kindern, die sich mit Freundschaften schwertun – sowohl bei den schüchtern-zurückhaltenden Kindern als auch bei den aufbrausen-

den oder überangepassten (Croft & Zimmer-Gembeck, 2014; Downey et al., 1998).
Bei manchen Kindern wird die Angst vor Zurückweisung so groß, dass sie sich mit der Zeit nicht mehr auf Freundschaften einlassen oder von einer losen Verbindung in die nächste hüpfen, getreu dem Motto: Wenn keine enge Beziehung besteht, kann man nicht verletzt werden.

Woher kommt diese Tendenz?

Neben angeborenen Eigenschaften spielt vor allem die Erfahrung mit engeren Bezugspersonen wie Eltern, Lehrer/innen und insbesondere Gleichaltrigen eine wichtige Rolle (Godleski et al., 2018; Rosenbach, 2013; Way et al., 2009):
Die Tendenz, soziale Signale verzerrt wahrzunehmen, hat sich meist aufgrund realer Erfahrungen entwickelt: Manche Kinder haben diese Ablehnung ganz offen erlebt – in Form von Desinteresse, Zurückweisung, schroffen oder hämischen Kommentaren, dauernder Kritik oder Genervtheit im Umgang mit ihnen bis hin zu Vernachlässigung und körperlicher oder psychischer Gewalt. Auch die Erfahrung, dass die Eltern andauernd enttäuscht, verärgert und ablehnend reagieren, wenn man nicht deren Wunschbild entspricht, kann die Zurückweisungsempfindlichkeit verstärken (eine gute Übersicht findet sich in Furman, Brown & Feiring, 1999).
Neben Erfahrungen mit erwachsenen Bezugspersonen sind Erlebnisse mit Gleichaltrigen wichtig – sie werden mit zunehmendem Alter immer bedeutsamer (McLachlan et al., 2010; London et al., 2007). Die Angst vor Zurückweisung wird genährt, wenn Kinder von anderen abgelehnt, ausgeschlossen, gehänselt oder körperlich angegriffen werden und Probleme haben, in der Gruppe ihren Platz zu finden. Es liegt auf der Hand: Wird ein Kind gemobbt, lernt es, dass es nicht liebenswert ist und sich vor anderen Menschen in Acht nehmen muss. Hat sich dieses Denkmuster erst ausgebildet, bleibt es teilweise das gesamte Leben über erhalten.
Zusätzlich zu realen Ablehnungserfahrungen kann diese Tendenz auch über Modelllernprozesse von den Eltern übernommen oder

verstärkt werden. Annika, die wir eingangs kennengelernt haben, hat sich vieles von ihrer Mutter abgeschaut. Sie sieht, wie diese »tief getroffen« ist, wenn eine Freundin eine Verabredung verschieben muss, und wie sie schmollt und ihren Mann mit Verachtung straft, wenn dieser etwas später nach Hause kommt. Auch die Denkmuster von Annika und ihrer Mutter ähneln sich: Annikas Mutter hat klare Vorstellungen davon, wie »echte Freundschaft« auszusehen hat. Selbst kleine Abweichungen davon wertet sie als Verrat, böse Absicht und Ablehnung. Ständig fallen Sätze wie »Wenn ihr etwas an unserer Freundschaft liegen würde, dann …«. Auch Annikas Erlebnisse in deren Freundeskreis werden von der Mutter auf diese Weise kommentiert. So hatte es sich eingebürgert, dass Annika jeweils am Nachmittag bei Emily anruft und die beiden besprechen, was sie unternehmen wollen. Dies wurde erst zum Problem, als ihre Mutter anfing, mit Sätzen wie »Wie kommt es eigentlich, dass immer du diejenige bist, die anrufen muss?!« Zweifel an der Freundschaft zu säen.

Wie Sie Ihr Kind stärken können

Es ist normal, dass Kinder und Jugendliche vieles dafür tun, um dazuzugehören – und damit natürlich auch immer wieder Ängste vor Zurückweisung und Ablehnung auftreten. Wenn diese Tendenz jedoch so stark wird, dass sie das Leben des Kindes nachhaltig beeinträchtigt und es ihm sehr schwer macht, Freundschaften aufzubauen und zu pflegen, ist es wichtig, genauer hinzuschauen. Wenn Kinder immer wieder das Gefühl haben, von anderen abgelehnt zu werden, muss zunächst überprüft werden, ob nicht eine Mobbingsituation vorliegt oder das Kind tatsächlich keinen Anschluss findet. In solchen Fällen sollte auf der Gruppenebene interveniert werden, beispielsweise mit einem Anti-Mobbing-Ansatz wie dem No Blame Approach, den wir im Kapitel ab Seite 143 beschrieben haben.

Wenn ersichtlich wird, dass Ihr Kind soziale Situationen meist verzerrt wahrnimmt und hochemotional auf vermeintliche Zurückweisung reagiert, hilft es, diese Denkmuster zu verändern.

Kindern wie Annika hilft alles, was ihnen verdeutlicht, dass sie anderen Menschen wichtig sind, Beziehungen stabil sind und Konflikte aushalten können und andere ihnen prinzipiell wohlgesonnen sind.

Einige Möglichkeiten haben Sie bereits kennengelernt. Sie können:

- Ihr Kind durch aktives, nicht wertendes Zuhören darin unterstützen, mit schwierigen Gefühlen umzugehen und zweideutige Situationen innerlich zu sortieren.
- Ihr Kind durch die »Was ist gut gelaufen?«-Übung auf schöne Momente mit anderen Kindern hinweisen und seine Wahrnehmung in eine positivere Richtung lenken.
- Ihr Kind darin bestärken, Konflikte aktiv-konstruktiv zu lösen.
- Mit Ihrem Kind destruktive Denkmuster wie »Niemand mag mich« hinterfragen.

Wenn Sie bei sich selbst eine hohe Zurückweisungssensibilität feststellen, ist es hilfreich, ganz bewusst nach anderen Erklärungen zu suchen und ihren Mitmenschen eine wohlwollende Haltung zu »unterstellen«.

Sagt eine Freundin ein Treffen ab, könnte Annikas Mutter bewusst nach Begründungen suchen, die über die erste »Ich bin ihr sowieso nicht wichtig«-Reaktion hinausgehen. Vielleicht hat die Freundin tatsächlich zu viel zu tun? Sie könnte sich um mehr Offenheit und Transparenz bemühen und sagen: »Schade, ich hätte mich gefreut, dich zu sehen«, anstatt kühl distanziert zu versichern, dass es »kein Problem« sei, und danach zu schmollen.

Gute Absichten kann sie auch den Freundinnen ihrer Tochter unterstellen. Sie könnte nachfragen, bevor sie urteilt: »Was ist genau passiert? Hat Emily denn gesagt, dass du nicht mitspielen darfst?«, und in Erfahrung bringen, wie die Tochter reagiert hat, und ihr den verfügbaren Handlungsspielraum aufzeigen: »Und dann warst du so enttäuscht, dass du gar nicht mehr gefragt hast, ob du auch mitspielen darfst?« Sie könnte bei solchen Gesprächen immer wieder verdeutlichen, dass ihre Tochter Freunde hat: »Emily ist doch so eine gute Freundin von dir – ich kann mir vorstellen, dass ihr es auch zu dritt lustig hättet«, oder bei einem Konflikt: »Du und Emily seid schon so lange befreundet und habt euch immer wieder vertragen. Willst du sie anrufen oder ihr schreiben?«

Menschen mit einer hohen Zurückweisungstendenz wollen oft wissen, wie es um ihre Beziehungen zu anderen Menschen steht. Auch kleine Alltagssituationen werden rasch zu einem Beziehungstest. Dabei vergessen sie, dass das Misstrauen und damit verbundene Nachbohren und Prüfen des anderen nicht nur ein Bild darüber liefert, wie die Beziehung ist, sondern sie gleichzeitig verändert. Permanenter Argwohn, Beziehungstests, Vorwürfe und Schmollen sind Gift für eine Freundschaft oder Beziehung. Wir alle möchten mit Menschen zusammen sein, die uns vertrauen, schätzen und uns positive Absichten unterstellen.

Bei einer stark ausgeprägten Zurückweisungsempfindlichkeit hilft oft nur eine Familienberatung oder Psychotherapie, bei der alte Verletzungen aufgearbeitet und destruktive Denk- und Reaktionsmuster bearbeitet werden. Das ist oft auch dann notwendig, wenn ein Kind über längere Zeit Mobbingerfahrungen ausgesetzt war und in eine neue Klasse kommt.

Bei einer starken Ausprägung der Zurückweisungsempfindlichkeit lohnt es sich, frühzeitig Hilfe zu holen, da sie später oft zu Problemen in Partnerschaften und im Beruf führen sowie die Entwicklung psychischer Störungen wie Depressionen oder Ängsten begünstigen kann.

Mein Kind hat Angst vor Neuem

Neue Menschen, neue Erfahrungen, neue Gerichte – alles, was Leander nicht kennt, löst bei dem Fünfjährigen zunächst eine starke Abwehrreaktion aus. Für seine Eltern stellt sich immer wieder die Frage: Wie gehen wir damit um? Sollen wir Leander fordern oder doch lieber schonen? Sie geraten ob dieser Fragen oft in Streit. Leanders Vater stören die Ängste seines Sohnes genauso wie die »Schonhaltung« seiner Frau. Er kann diese übervorsichtige Art kaum ertragen. Er empfindet sie als unmännlich und sorgt sich, dass sein Sohn »auf diese Weise bei den anderen Jungs doch unten durch« ist. Leander hört von seinem Vater immer wieder, dass er sich »nicht so anstellen« soll. Leanders Mutter nimmt ihren Sohn jeweils in Schutz. Sie hat das Gefühl, ihr Kind gegen die Forderungen ihres Mannes verteidigen zu müssen, der ihn »einfach nicht versteht«.

Selbst eher ängstlich und vorsichtig, kann sie die Unsicherheit ihres Kindes besser nachvollziehen. Sie achtet darauf, dass der Alltag in gewohnten Bahnen verläuft, und richtet alles so ein, dass Leander auf möglichst wenig Stresssituationen trifft. Sie plant keine Ausflüge und vermeidet Besuch. Leander wächst praktisch ohne Kontakt zu anderen Kindern auf, da es immer wieder zu Szenen kommt, wenn ihm andere Kinder zu nahe kommen, sein Spielzeug »ausborgen« oder etwas tun, was ihn irritiert.

Den Spielplatz besuchen sie nur, wenn nicht zu viele andere Kinder zu sehen sind. Während Leanders Vater der immer enger werdende Bewegungsradius zunehmend stört, hat sich seine Mutter damit abgefunden. Ihr Stresslevel steigt jedoch erheblich, als er in den Kindergarten kommt und die Außenwelt zunehmend Forderungen an ihn stellt. Sie sieht sich gezwungen, immer mehr Personen das Verhalten ihres Kindes zu erklären. Dabei fühlt sie sich von ihrem Mann alleine gelassen, der sich geniert und meint: »Du kannst nicht von allen verlangen, dass sie unseren Sohn in Watte packen.« Für Leanders Mutter wird die Außenwelt zum Feind, gegen den sie ihr Kind schützen muss.

Wie können Eltern aus dieser Situation herausfinden und ihr Kind unterstützen? In unseren Seminaren sind uns immer wieder Eltern begegnet, die sehr vorsichtige Kinder haben und einen positiven Umgang damit gefunden haben. Die folgenden Punkte empfanden wir dabei als besonders hilfreich.

Neues langsam erkunden

Eine Mutter erzählte uns, dass ihre Tochter große Schwierigkeiten mit dem Übertritt vom Kindergarten in die Schule hatte: »Sie hatte vom ersten Ferientag an Bauchschmerzen«, berichtete die Mutter. Ich habe sie dann gefragt, was ihr solche Angst einjagt. Sie meinte, dass der Weg so weit sei und sie befürchte, ihn nicht alleine bewältigen zu können. Das Schulhaus, die Lehrerin und die Klasse seien neu und sie habe keine Ahnung, was auf sie zukomme. Die Mutter übte mit ihr in den Ferien den Schulweg und besuchte mit ihr das Schulhaus.

Als die beiden gerade zum zweiten Mal vor Ort waren, wischte die Hausmeisterin die Böden und ließ sie sogar einen Blick in das zukünftige Klassenzimmer werfen. Die Mutter gab Folgendes zu bedenken: »Meine Tochter braucht Zeit, je mehr sie etwas in Ruhe anschauen darf, je konkreter sie sich ausmalen kann, was auf sie zukommt, desto eher verliert sie die Angst. Sie muss einfach wissen: Hier werde ich hingehen, hier werde ich sitzen, das kommt auf mich zu. Beim Klassenlager haben wir es ähnlich gehandhabt: Wir sind einfach hingefahren und haben uns das Lagerhaus und die Umgebung angeschaut.«

Nach drei Monaten zuschauen tanzte das Mädchen mit

Kinder wie dieses Mädchen oder Leander erfahren immer wieder, dass ihr Verhalten und ihre Gefühle andere Menschen stören. Entsprechend rasch sehen sie sich als Versager. Damit sie Sicherheit entwickeln und den Mut aufbringen, sich schwierigen Situationen zu stellen, müssen sie sich verstanden und angenommen fühlen. Auf diese Weise können sie auch ihre eigenen Gefühle besser nachvollziehen. Eltern können beispielsweise sagen: »Jetzt wird es dir gerade zu viel, hmm? Komm, wir setzen uns auf die Bank und schauen ein wenig zu.« Für vorsichtige Kinder ist diese Phase des Beobachtens von großer Bedeutung. Sie möchten sich an neue Situationen herantasten dürfen.

Wird das Tempo des Kindes nicht respektiert, kann dies schwerwiegende Folgen haben. Ich (Stefanie) erinnere mich in diesem Zusammenhang an einen Jungen im Kindergartenalter, der beim Turnen zuerst zuschauen wollte. In der zweiten Woche meinte die Kindergärtnerin: »Entweder du machst jetzt mit oder du bist raus! Ich kann nicht für jeden eine Extrawurst braten.« Der Junge hatte danach solche Angst vor der Kindergärtnerin, dass er sich über Wochen weigerte, in den Kindergarten zu gehen.

Ganz anders ging eine Ballettlehrerin damit um. Sie ließ ein zurückhaltendes Mädchen zunächst zusehen: Es stand über mehrere Trainings hinweg im Trikot am Rand und beobachtete interessiert, was während der Tanzstunde passierte. Die Lehrerin fragte jedes Mal: »Möchtest du heute mitmachen?« Nach drei Monaten stellte sie sich plötzlich in die Reihe – und alle stellten überrascht fest, dass sie die Choreografie mittanzen konnte.

Druck wegnehmen und in kleinen Schritten vorangehen

Wenn Kinder sich selbst verstehen und ihre eigenen Gefühle annehmen können, fällt es ihnen leichter, damit umzugehen. Eltern können sie dazu ermutigen, sich diesen Gefühlen in kleinen Schritten zu stellen. Dabei sollten vorsichtige Kinder die Botschaft heraushören: »Ich weiß, dass du das irgendwann kannst. Du darfst dir Zeit lassen und in deinem Tempo vorangehen – ich unterstütze dich.«

Ein Lehrer und Heilpädagoge erzählt: »Nach dem Jugoslawien-Krieg hatten wir viele traumatisierte Kinder an unserer Schule. Manche haben sich unter dem Tisch versteckt. Ich habe mich zu ihnen gesetzt. In dieser Zeit habe ich sehr oft unter den Pulten unterrichtet. Diese Kinder mussten zuerst lernen, dass sie in der Schule sicher sind. Ich habe ihnen immer wieder vorgeschlagen, dass wir uns auch auf die Stühle setzen können. Irgendwann waren sie dann so weit.« Es ist wichtig, dass wir Kinder, die Zeit brauchen, nicht einfach abstempeln und ihnen das Gefühl geben, dass sie »es sowieso nie können werden«. Ohne Druck können wir ihnen immer wieder Angebote unterbreiten und die Zuversicht äußern, dass irgendwann der Tag sein wird, an dem sie den nötigen Mut haben werden, sich einer neuen Situation zu stellen. Und wenn es so weit ist, können wir uns gemeinsam mit dem Kind freuen, dass sein Bewegungsradius gewachsen ist.

Kurztipps

Kinder, die Angst vor neuen Situationen haben, profitieren davon, wenn Eltern und Lehrer/innen:

- ihnen dabei helfen, ihre Gefühle zu verstehen.
- akzeptieren, dass sie mehr Zeit benötigen.
- immer wieder Zuversicht äußern, dass das Kind eines Tages so weit sein wird und ihm Angebote machen.
- neue Situationen mit ihm auskundschaften oder das Kind zuerst beobachten lassen.
- dem Kind zeigen, was es sagen und tun kann, wenn es gestresst ist (»Ich brauche noch ein wenig Zeit« oder »Ich möchte zuerst zuschauen«).

Kinder möchten mitbestimmen

Beobachtungen in Altersheimen förderten immer wieder einen spannenden Aspekt zutage: Einzelne Bewohner verhalten sich gegenüber den Zeitplänen, Vorschriften und Regeln rebellisch. Sie weigern sich, abends das Licht zu löschen, und lehnen sich gegen Bevormundung und gut gemeinte Vorschriften auf.

New-York-Times-Autor Charles Duhigg (2017) beschreibt eine Gruppe von Bewohnenden eines Altersheims, die ein Brecheisen aus dem Werkzeugschrank entwendeten, um die festgeschraubten Möbel aus den Wänden zu lösen. Sie wollten selbst bestimmen, wie sie ihr Zimmer einrichten. Als der Heimleiter ihnen mitteilte, dass sie doch nur um Hilfe zu fragen bräuchten, wenn sie etwas ändern möchten, meinten sie, dass sie keine Hilfe wollten, keine Erlaubnis bräuchten und weiterhin machen würden, was ihnen »verdammt noch mal in den Kram passe«.

Solche Rebellen sind für Pflegekräfte und die Heimleitung anstrengend. Aber wie Duhigg schreibt, sind sie zufriedener, gesünder und geistig und körperlich agiler als die angepassteren Bewohner.

Mit statt über Menschen sprechen

Weitere Studien (Langer & Rodin, 1976; Schulz & Hanusa, 1978) konnten nachweisen, dass Heimbewohner im Allgemeinen sogar länger leben, wenn ihnen mehr Mitbestimmungsrecht eingeräumt wird. Wenn sie beispielsweise selbst festlegen dürfen, wann sie Besuch empfangen, wie sie ihr Zimmer einrichten, was sie essen oder wann sie spazieren gehen.

Menschen wollen mitbestimmen, das ist uns wahrscheinlich allen klar. Das Problem ist, dass wir es immer wieder vergessen.

Egal ob es ums Altersheim geht, die Firma, das Schulsystem oder die Familie: Wir machen uns meist Gedanken über die beste Lösung. Dabei sprechen wir oft **über** die Menschen, die es betreffen wird, aber nicht **mit** ihnen: Heimleiter überlegen, wie sie Abläufe optimieren und bestmögliche Bedingungen schaffen können, ohne die Bewohnenden miteinzubeziehen. Politiker/innen überlegen sich, welche Reformen unsere Schulen brauchen, ohne sich intensiv mit den Personen auszutauschen, die wirklich Bescheid wüssten: den Schüler/innen und den Lehrpersonen.

Eltern möchten nach einem Vortrag von uns wissen, warum ihr Kind nicht gerne zur Schule geht oder ob ein Schulwechsel sinnvoll wäre, und reagieren überrascht, wenn wir fragen: »Was meint denn Ihr Kind dazu?« Sehr oft antworten sie darauf mit: »Das ist uns jetzt fast peinlich, aber wir haben es noch nie gefragt.«

Auch uns ist das schon passiert. Als wir an der Akademie für Lerncoaching vor einigen Jahren zum ersten Mal ein Seminar für Eltern von AD(H)S-betroffenen Kindern anboten, hatten wir uns im Vorfeld viele Gedanken zu unseren bisherigen Erfahrungen gemacht, unzählige Studien und Bücher gelesen und uns mit anderen Fachpersonen ausgetauscht. Wir dachten: »Jetzt wissen wir, was die Eltern brauchen.« Als wir die Teilnehmer/innen zu Beginn des Seminars fragten, was sie belastet und was sie von uns wissen möchten, bemerkten wir, dass wir 90 Prozent der Inhalte austauschen müssen und die Anliegen ganz andere sind, als wir erwartet hatten.

Flexible Schulen

Wenn wir Mitbestimmung fördern möchten, müssen wir den Mut haben, ganz bewusst Gestaltungsräume zu schaffen, und das Vertrauen haben, dass diese nicht missbraucht, sondern sinnvoll genutzt werden.

Bei Vorträgen haben uns Eltern mehrmals gesagt, dass es sie störe, wie uneinheitlich das Schweizer Schulsystem sei. Das ist natürlich lästig, wenn man umzieht. Aber es ist gleichzeitig eine wunderbare Stärke und Chance für die Schulen in der Schweiz. Lehrpersonen aus Deutschland, Österreich oder Frankreich beklagen sich oft darüber, dass »die da oben« alles entscheiden und sie nur ausführen sollen, was sich Leute ausgedacht haben, die von der Situation vor Ort keine Ahnung haben.

In den letzten Jahren durften wir unzählige Schulen besuchen und haben dabei viele hervorragende Beispiele kennengelernt. Interessanterweise sehen diese jeweils sehr unterschiedlich aus hinsichtlich Größe, Struktur, Zusammensetzung des Lehrpersonenteams, Leitung oder Leitbild. Was sich aber immer finden lässt, ist eine Kultur der Mitbestimmung und Verantwortlichkeit. Die Haltung: Das ist unsere Schule, wir bringen uns ein, wir wollen uns entwickeln und gemeinsam etwas erreichen. Die Leitungen dieser Schulen lassen keine Opferhaltung zu. Sie sorgen dafür, dass der – relativ große – Spielraum gesehen und genutzt wird.

Selbst über die Hausaufgaben bestimmen

Auch bei vielen Lehrkräften, die trotz der vielfältigen Herausforderungen ihres Berufs gerne unterrichten, findet sich oft eine hohe Selbstwirksamkeit. Sie sehen mehr Handlungsspielraum als andere und signalisieren ihren Schülern: »Ich will mit euch gemeinsam etwas erreichen.«

Manche lassen ihren Schüler/innen viel Freiraum: Sie handeln die Klassenregeln zusammen mit der Klasse aus, binden die Schüler in Projekte ein oder lassen sie sogar bestimmen, ob und was sie als Hausaufgaben machen möchten. Eltern und Kolleginnen und Kollegen reagieren darauf oft besorgt, weil sie glauben, die Kinder würden dies mit Sicherheit ausnützen. Ist es der Lehrperson gelungen, eine gute Beziehung zu ihrer Klasse aufzubauen, zeigt sich aber, dass die Schüler/innen auf Vertrauen mit Eigenverantwortung reagieren und motivierter mitarbeiten.

Vermehrte Mitbestimmung ist auch für Familien eine Möglichkeit, Konflikte zu entschärfen und das Selbstwertgefühl und Selbstvertrauen von Kindern und Jugendlichen zu stärken. In Coachings mit Jugendlichen machen wir immer wieder die Erfahrung, dass sich viele von ihnen fremdbestimmt fühlen und unter dem Misstrauen der Eltern leiden. Die meisten wissen beispielsweise durchaus, dass die Schule wichtig ist und für das Zusammenleben Vereinbarungen und Regeln notwendig sind. Sie wären auch bereit, etwas zu leisten.

Ähnlich wie die rebellischen Bewohner im Altersheim fühlen sie sich aber so eingeengt, genervt, kontrolliert und nicht ernst genommen, dass sie sich widersetzen, um ihre Freiräume zurückzuerobern. Sie hören Sätze wie »Er ist halt in der Pubertät«, »Hast du mit dem Lernen schon angefangen? Nicht dass du es wieder auf den letzten Drücker machst!«, »Bist du schon wieder am Handy?« oder »Man kann sich einfach nicht auf dich verlassen«. Hinter den Aussagen steckt oft die Botschaft: »Du musst kontrolliert werden, sonst lässt du es sowieso schleifen.« Weder Mitarbeiterinnen noch Ehepartner oder Kinder reagieren auf diese Art der Geringschätzung positiv.

Wir könnten uns fragen: Wo können wir unseren Kindern, unseren Schülerinnen und Schülern mehr Mitspracherecht einräumen? Wo könnten wir ihnen mit mehr Vertrauen begegnen? Welche Botschaften müssten wir senden, damit sich Kinder ernst genommen, gesehen und gestärkt fühlen?

»Du würdest noch deinen Kopf vergessen, wenn er nicht angewachsen wäre!«

Herbstferien: Ich (Fabian) reise allein mit den beiden Kindern für einige Tage an den Bodensee. Meine Frau Maya begleitet uns noch zur Bushaltestelle, schaut mich eindringlich an und sagt: »Fabian, vergiss den Koffer nicht!« Ich nicke pflichtschuldig, steige mit den Kindern in den Bus, danach in den Zug – und stelle nach einigen Minuten fest: Ich habe das Gepäck im Bus stehen lassen! Ein kurzes Telefonat später rennt Maya zum Bus, der gerade eine weitere Runde dreht, findet den Koffer, bringt ihn zum Bahnhof und stellt ihn in den nächsten Zug in Richtung Zürich, wo die Kinder und ich ihn später abholen. Nach dem Telefonat fragt mein Sohn besorgt: »Gell, Papa, du bist nicht wirklich dumm? Du denkst schon viel, aber einfach nie das, was man muss.«

Es vergeht kaum eine Woche, in der ich nicht das Handy, den Rucksack, einen Schal, die Jacke oder sonst etwas im Zug, Café oder bei der Arbeit liegen lasse. An dieser Stelle ein herzliches Dankeschön an all die lieben Menschen, die dafür sorgen, dass diese Sachen fast immer ihren Weg zurückfinden!

Meine Vergesslichkeit begleitet mich schon mein ganzes Leben. Diese Situationen entstehen fast immer dann, wenn ich gedanklich woanders bin, über ein Thema nachdenke, vor mich hin träume oder in ein Gespräch vertieft bin.

Die Tipps, die Sie im Folgenden kennenlernen, sind hilfreich. Sie führen dazu, dass Ihr Kind weniger liegen lässt und ein bisschen häufiger im richtigen Moment präsent ist. Aber wenn Sie ein vergessliches Kind haben, kommen Sie wahrscheinlich nicht darum herum, sich in Akzeptanz und Geduld zu üben.

Warum bist du so vergesslich?

Diese Frage wird verträumten Kindern immer wieder gestellt. Sie führt zu nichts. Besser wäre es, sich gemeinsam zu überlegen:

»Was ist nötig, damit du im richtigen Moment an das Richtige denkst?«
Bei näherer Betrachtung fällt auf, dass es sich beim »Drandenken« um eine komplexe Leistung handelt, die uns einiges abverlangt. Zunächst müssen wir uns bewusst werden, dass wir in einer Situation sind, in der es gilt, an etwas Bestimmtes zu denken. Dann müssen wir je nachdem unser Ziel aktivieren oder eine innere Absicht bilden und uns selbst zu einer Handlung auffordern. Dabei müssen wir den Fokus auf dieser Aufgabe halten, bis sie abgeschlossen ist, und dürfen uns nicht ablenken lassen.
Nehmen wir das typische Beispiel mit dem Turnbeutel, der gerne vergessen wird. Stellen wir uns die Frage: Was muss das Kind tun, damit es zu keiner Panne kommt? Es muss sich spätestens nach dem Frühstück in Erinnerung rufen: »Heute ist Dienstag, da haben wir Turnen, ich brauche meine Sportsachen« und den Beutel suchen und packen. Nun wird das Kind in den Flur gehen, seine Jacke und Schuhe anziehen. Hier muss es wieder die Absicht »Ich muss meinen Turnbeutel mitnehmen« aktivieren – sonst wird es die Schuhe binden, aufstehen und gehen. Unser Beispielkind steigt wenig später in den Schulbus. Als Kind, das gerne Sachen vergisst, darf es diesen nicht aus den Augen lassen. Vielleicht denkt es: »Ich darf den Turnbeutel auf keinen Fall unter den Sitz legen, ich behalte ihn auf den Knien!« Ein anderes Kind setzt sich dazu und beginnt ein Gespräch: »Hast du gestern Spiderman gesehen? So cool …« Der Bus hält, das Kind zieht sich die Jacke an und muss dazu den Turnbeutel loslassen: Jetzt muss es sich im richtigen Moment vom Gespräch um Spiderman lösen und überprüfen: »Habe ich alles? Tasche, Turnbeutel, Handschuhe?« Es ist noch keine Stunde wach und musste bereits einige »brenzlige« Turnbeutel-Situationen umschiffen.
Nichts zu vergessen ist besonders dann schwierig, wenn wir keine Routine aufbauen können. Beim Schulranzen, den Kinder jeden Tag mitnehmen müssen, bauen sich Automatismen auf. Beim Schal, den Handschuhen oder dem Turnbeutel, die wir nur ab und zu dabeihaben, gelingt das schlechter.

Vergesslichen Kindern bereiten drei Aspekte besondere Probleme:

1. Sich im richtigen Moment an eine Absicht zu erinnern.
2. Den Fokus so lange auf einer Absicht zu halten, bis diese erfüllt ist.
3. Sich nicht von anderen Reizen ablenken zu lassen (beispielsweise von einem anderen Kind, das eine Frage stellt, während man sich anzieht).

Das Drandenken trainieren

Vergesslichen Kindern hilft es, wenn sie an Aufgaben erinnert werden, wenn der Turnbeutel an der Türklinke hängt oder die Schultasche im Weg liegt. Sie können Ihr Kind auf solche Strategien hinweisen, damit es diese mit der Zeit selbst nutzen kann: »Pack doch gleich den Turnbeutel für morgen und häng ihn an die Haustürklinke.«

Vor allem aber sollten die oben genannten Punkte beachtet werden.

Damit sich das Kind im richtigen Moment an seine Aufgabe erinnert, muss diese einen Aufforderungscharakter erhalten. Früher habe ich (Fabian) beispielsweise nach Vorträgen oft das Laptopkabel oder Handy liegen lassen. Das hatte meist damit zu tun, dass mich während des Zusammenpackens jemand in ein Gespräch verwickelte. Stefanie hat mir den »Blick zurück« beigebracht. Wenn ich heute nach einem Seminar den Raum verlasse, schaue ich zurück und suche gründlich alles ab.

Dabei haben mir zwei Strategien geholfen, die Sie mit Ihrem Kind üben können: Das Imaginieren und sogenannte Wenn-Dann-Pläne. Ein Wenn-Dann-Plan verknüpft eine Situation mit einer Handlung: Wenn Situation X eintritt, dann mache ich Y. Im Fall des Blicks zurück: Immer, wenn ich den Seminarraum verlassen will, dann schaue ich nochmals zurück, ob ich alles mitgenommen habe.

Dieser Wenn-Dann-Plan wird nun in der Vorstellung geübt: Man stellt sich dazu mehrmals vor, wie man beispielsweise ein Seminar beendet, zusammenpackt, zur Tür geht – und sich dann sagt: Halt! Schau zurück! Und dabei beispielsweise das Laptopkabel entdeckt, das noch in der Strombuchse steckt. In diesem Beispiel wird die Türe zum Signal, das Gesprächen oder Tagträumen im richtigen Moment ein Ende setzt, damit man sich an die Handlung »Zurückschauen« erinnern kann. Eine Mutter, die eines unserer Seminare besuchte, hatte ihrem Jungen einen ähnlichen Ablauf geschildert und dabei die Schulzimmertür als Zaubertüre beschrieben, die sich nur mit Hilfe eines Zauberspruchs öffnen lässt: In Gedanken muss der Junge die Formel »Ich habe an alles gedacht, ich habe alles dabei« murmeln, währenddessen die Einträge im Hausaufgabenheft nochmals überprüfen und darf dann durch die Tür treten.

Eine ähnliche Strategie besteht darin, Handlungen zu verknüpfen, bis sie eine fixe Abfolge bilden. Als Kind hatte ich (Fabian) diese Strategie verwendet, um an den Turnbeutel oder die Jacke zu denken: Beim Binden der Schuhe gab ich mir die folgende Anweisung: »Schuhe binden, aufstehen, umdrehen, Sachen vom Haken nehmen.« Diesen Ablauf übte ich zu Hause mehrmals »im Trockenen«, bis er sich natürlich anfühlte.

Fassen wir zusammen: Sie können Ihrem Kind helfen, wenn:

- Sie mit ihm eine Situation oder Handlung finden, die zum Auslöser wird (immer, wenn ich …)
- Eine Handlung damit verknüpfen (… dann mache ich …)
- Und diese Verknüpfung mit ihm trainieren, indem Sie sie im Rollenspiel nachstellen, in der Vorstellung üben (es läutet, du packst deine Sachen zusammen und denkst dabei an … Du gehst zur Tür und schaust nochmals zurück. Du sagst dir: Immer, wenn ich zur Tür komme, dann schaue ich zurück, ob ich alles habe. Jetzt überprüfst du nochmals …)

Diese Methode hilft bei allen Situationen, die häufig auftreten und auf die man sich entsprechend vorbereiten kann.

Daneben gibt es viele Ausnahmen, bei denen Ihr Kind auch in Zukunft einiges vergessen wird – für alle diese Situationen wünschen wir Ihnen und Ihrem Kind eine gesunde Portion Gelassenheit.

Was ist los mit der Jugend von heute?

Was geht Ihnen durch den Kopf, wenn Sie an die »Jugend von heute« denken? Denken Sie zuerst an all die Artikel, Interviews und Bücher, die unseren Jugendlichen alles Mögliche unterstellen: Sie seien beziehungsunfähig, egozentrische Tyrannen, funktionierten nur nach dem Lustprinzip, könnten sich nicht konzentrieren, hingen nur am Smartphone, seien verhaltensauffällig, konsumorientiert, unpolitisch und verantwortungslos?

Uns stört dieses Bild. Entsprechende Artikel laufen zwar in den sozialen Netzwerken rauf und runter, aber sie werden unseren Jugendlichen nicht gerecht. Und sie entfremden uns voneinander.

Umso mehr freuten wir uns darüber, wie viel Aufmerksamkeit die Rede von Greta Thunberg (2018) erhalten hat, einer Fünfzehnjährigen, die glaubt, dass man »nie zu klein dafür ist, um einen Unterschied zu machen«, und die den Mut hatte, auf dem Klimagipfel in Polen vor laufenden Kameras den mächtigsten Menschen der Welt die Leviten zu lesen.

Seit August 2018 schwänzt sie freitags die Schule und demonstriert, um auf die drohende Klimakatastrophe aufmerksam zu machen, anfangs gegen den Willen ihrer Eltern und massiven äußeren Druck, mit der Zeit mit immer mehr Unterstützung. Mittlerweile hat sie weltweit zehntausende Schüler/innen zu Klimastreiks bewegen können.

Greta Thunberg ist nur ein Beispiel von vielen. Felix Finkbeiner liegt die Umwelt ebenfalls am Herzen. Er sagte der »Frankfurter Allgemeinen«: »Wir Kinder fühlen uns verarscht« (2010). Aber anstatt sich lähmen zu lassen, ist er selbst aktiv geworden und hat angefangen, Bäume zu pflanzen. Mit neun Jahren hat er die Umweltorganisation »Plant-for-the-Planet« ins Leben gerufen, die mittlerweile in über 50 Ländern aktiv ist.

Aber nicht nur Umweltprobleme werden von Kindern und Jugendlichen angegangen: Im September 2018 hatte der siebenjährige

Emil aus Hamburg genug davon, dass sein Vater ständig ins Smartphone glotzt – und startete eine Kinderdemo unter dem Motto »Wir sind hier, wir sind laut, weil ihr nur aufs Handy schaut!«.
Wer die Augen offen hält, sieht überall Kinder und Jugendliche, die sich nicht nur trauen, ihre Meinung zu sagen und zu ihren Gefühlen zu stehen, sondern sich auch aktiv für ihre Ziele einbringen und etwas in Bewegung setzen.
Was uns dabei besonders erstaunt: Sie tun dies auf eine unaufgeregte, bedachte und verantwortungsvolle Weise, der wir Respekt zollen müssen.
Reden und Demonstrationen sind die Ereignisse, die wir aus den Medien mitbekommen. Wer mit Jugendlichen spricht, findet viele Beispiele im Alltag. Junge Menschen, die sich Ziele setzen, Verantwortung übernehmen, sich um andere kümmern, denen Werte wie Familie, Freundschaft, Gerechtigkeit und die Umwelt wichtig sind.
Auch wenn uns die Medien ein anderes Bild vermitteln oder auch diese Befunde mit einer Überschrift wie »Generation brav« ins Negative verkehren wollen: Jugendliche rauchen und trinken heute weniger (Marmet et al., 2015) und bemühen sich aktiv um einen gesunden Lebensstil (Jugendbarometer 2018). Sie nehmen Schule, Beruf und Studium ernst (Juvenir 4.0) und haben ein engeres Verhältnis zu ihren Eltern als frühere Generationen.

Die Eltern von heute

Auf diese Entwicklung dürfen Eltern stolz sein. Auch das ist uns heute fast peinlich. Der Trend lautet: Sich aufregen, sich schuldig fühlen und mit dem Finger auf Negativbeispiele zeigen: Helikoptereltern, Eltern, die nur Freunde ihrer Kinder sein wollen, anstatt sie zu erziehen etc.
Natürlich gibt es sie: die vernachlässigenden, überbehütenden, kontrollsüchtigen Eltern – uns allen fallen Beispiele dazu ein. Aber daneben gibt es so viele Eltern, die ihre Sache gut machen. Eltern, die ihren Kindern mit Liebe und Herzlichkeit begegnen, ohne sie zu verwöhnen. Eltern, die Grenzen aufzeigen und ihren Kindern Sicherheit geben, ohne sie zu demütigen oder zu bestrafen. Eltern,

die ihre Kinder zu einfühlsamen, sicheren Menschen heranziehen, die selber denken und für sich und ihre Bedürfnisse einstehen können.

Es ist schade, dass Emils Eltern zu viel aufs Handy glotzen. Auf der anderen Seite haben sie einen Sohn, der bereits mit sieben Jahren merkt, dass ihm das nicht guttut, den Mut hat, dies zu äußern, eine konstruktive Lösung findet und sogar andere dazu bewegen kann, aktiv zu werden. Es sind Eltern, die sich mit dieser Botschaft auseinandersetzen und ihren Sohn in seinem Protest unterstützen.

Auch früher gab es Väter, die hinter der Zeitung verschwanden und sich kaum ins Tischgespräch einbrachten, aber sie hätten eine Beschwerde ihres siebenjährigen Kindes wohl kaum zum Anlass genommen, sich selbst zu hinterfragen.

Die Jugend von heute macht es uns nicht einfach

Menschen wie Greta sind unbequem. Sie sagen Dinge zu uns wie »Ihr seid nicht einmal erwachsen genug, die Wahrheit zu sagen. Sogar diese Bürde überlasst ihr uns Kindern.« (2018) – und wir fühlen uns ertappt, vielleicht beschämt, hoffentlich wachgerüttelt.

Wir ziehen eine Jugend heran, die anspruchsvoll ist, die uns herausfordert, deren Respekt wir uns als würdig erweisen müssen. Wir Erwachsenen können uns nicht mehr hinter Status, Titeln und Rollen verschanzen. Immer mehr Jugendliche fragen nach dem »Warum« und geben sich mit einem »Darum«, »Du machst das, weil wir das sagen« oder einem »Denk nicht drüber nach, mach es einfach« nicht zufrieden.

Wenn wir Jugendliche möchten, die selber denken, dann müssen wir bereit sein, uns konfrontieren zu lassen. Das tut manchmal weh und verunsichert uns. Aber es bietet uns die Chance, Bestehendes zu hinterfragen und bessere Antworten zu suchen.

Der Kinder- und Jugendpsychiater Michael Winterhoff, Autor des Buchs »Warum unsere Kinder Tyrannen werden«, sagte in einem Interview im Schweizer Elternmagazin Fritz+Fränzi (Blumer, 2018): »… Denn so funktioniert die Psyche eines Kindes: Was es tut, tut es für mich. Wenn ich es lobe, strahlt es, es sucht immer meine

Rückmeldung. Erst ein 14-Jähriger fängt an, Dinge zu hinterfragen – wenn er normal entwickelt ist. Mit 16 ist er so weit, dass er abwägt, was er machen soll und was nicht.«

Kinder und Jugendliche wie Emil, Felix und Greta hätten für eine derartige Einschätzung wohl nur ein müdes Lächeln übrig.

Eine liebevolle innere Stimme kultivieren

»Ich bin so fett«, »Warum kriege ich das nie auf die Reihe?«, »Ich bin stinkfaul!«, »Du bist so dumm, warum ist dir das schon wieder passiert?«, »Dich mag doch eh niemand«, »Was bist du bloß für eine Mutter? Die anderen schaffen das doch auch!«

Wir alle sprechen fortlaufend mit uns selbst und bewerten dabei unser Verhalten, unser Aussehen, unseren Charakter und die Umwelt. Dabei fühlen wir uns alle manchmal unzulänglich, inkompetent oder sind mit unserem Aussehen unzufrieden.

Viele Menschen – teilweise gerade diejenigen, die nie ein schlechtes Wort über andere verlieren würden – gehen allzu hart mit sich ins Gericht. Sie können sich Fehler nicht verzeihen, ärgern sich bereits bei kleinen Missgeschicken über sich selbst, werten sich ab und stellen sich als gesamte Person infrage. Ihre innere Stimme spricht wütend, kalt oder verächtlich mit ihnen. Es scheint in ihrer Innenwelt nur einen fehlersuchenden Staatsanwalt und einen verurteilenden Richter zu geben, der Verteidiger fehlt.

Eine Vielzahl psychischer Probleme wird von einem starken inneren Kritiker und Selbstverachtung begleitet: Die inneren Monologe depressiver Menschen drehen sich oft darum, dass sie nichts wert sind und für andere nur eine Belastung darstellen. Menschen mit Essstörungen beschimpfen sich selbst als fett, manchmal sogar als ekelerregend. Sie verurteilen sich, wenn sie etwas »Verbotenes« gegessen haben, und geraten durch diese Selbstverurteilung oft in eine solche innere Anspannung, dass sie erst recht die Kontrolle verlieren. Menschen mit Aufschieberitis sehen sich selbst als »faule Sau«, die »nichts auf die Reihe kriegt«, und nehmen sich durch solche Tiraden jegliche Motivation, sich dem zu widmen, was sie sich vorgenommen haben.

Auf der anderen Seite erfreuen sich Menschen, denen es gelingt, freundlich mit sich umzugehen, oft einer besseren psychischen Verfassung (Barnard & Curry, 2011; Hall et al., 2013; MacBeth &

Gumley, 2012; Neely et al., 2009; Neff & McGehee, 2009; Terry & Leary, 2011): Sie sind fröhlicher, motivierter, gelassener und widerstandsfähiger im Umgang mit Stress und Belastungen.
Uns begegnen immer wieder Menschen, die glauben, sich durch eine verurteilende innere Stimme motivieren zu können. Schüler/innen oder Studierende, die unter Prüfungsängsten oder Aufschieberitis leiden, befürchten oft, dass sie noch weniger lernen oder erledigen würden, wenn sie den inneren Kritiker und Antreiber loslassen. Das Gegenteil ist der Fall (vgl. Kyeong, 2013; Neff et al., 2007; Terry et al., 2013; Sbarrah et al., 2012; Yarnell & Neff, 2013): Wer sich selbst Fehler verzeiht und lernt, sich mit einer akzeptierenden Haltung zu begegnen, ist rascher wieder dazu in der Lage, sich seinen Problemen zu stellen, Lösungen zu entwickeln und Unveränderliches anzunehmen.
Es lohnt sich daher, in eine ermutigende, verzeihende und mitfühlende innere Stimme zu investieren.

Selbstmitgefühl lässt sich lernen

Ein liebevoller, akzeptierender Umgang mit sich selbst wird in der Psychologie mit dem etwas umständlichen Begriff Selbstmitgefühl umschrieben. Diese Haltung lässt sich trainieren.
Selbstmitgefühl besteht aus drei Komponenten (vgl. Neff, 2003). Jeder Teilaspekt hilft dabei, sich selbst freundlicher zu begegnen.

Achtsamkeit: Annehmen, was ist

Unangenehme Gefühle oder Probleme möchten wir oft gar nicht wahrnehmen. Wir versuchen sie zu unterdrücken, flüchten uns in Grübeleien, weisen anderen die Schuld zu. Eine akzeptierende Haltung unseren Gefühlen gegenüber nimmt ihnen ihre Bedrohlichkeit. Dazu können wir uns etwas sagen wie: »Du bist nervös – das darf sein« oder »Ich bin gerade so wütend, das hat mich richtig verletzt«. Teilweise nimmt die emotionale Spannung bereits ab, wenn wir das Gefühl ausdrücken können – wenn auch im Stillen. Wir geben uns damit die Erlaubnis, die ganze Palette unserer Emotionen zu empfinden, ohne uns dafür zu verurteilen.

Sich verbunden fühlen: Du bist nicht allein

Mit Problemen, Schwächen und unangenehmen Gefühlen fühlen wir uns häufig allein: Wir haben den Eindruck, wir seien die einzige Person, die sich »so blöd anstellt«, mit ihrem Gewicht hadert oder mit bestimmten Schwächen und Schwierigkeiten kämpft.

Es ist tröstlich, wenn wir uns in solchen Momenten bewusst machen können, dass derartige Erfahrungen zum Menschsein gehören und viele andere Ähnliches erleben. Vielleicht können wir etwas zu uns sagen wie: »Es ist schlimm, wenn man verlassen wird. Es tut gerade richtig weh. Aber ich bin nicht allein mit diesem Gefühl – ganz viele Menschen mussten das schon durchmachen.« Wenn wir uns in unserem Schmerz mit anderen verbunden fühlen, gelingt es uns auch eher, uns anderen anzuvertrauen und sie um Unterstützung zu bitten.

Freundlichkeit: Sich behandeln wie jemanden, den man mag

Warum sollten wir innerlich nochmals nachtreten, wenn wir bereits am Boden liegen? Viel hilfreicher wäre es, uns selbst Mitgefühl entgegenzubringen. Wir können uns in einem schwierigen Moment daran erinnern und uns fragen: »Was würde ein guter Freund in dieser Situation zu mir sagen? In welchem Ton?« Wir dürfen uns dazu vorstellen, dass dieser Mensch neben uns steht und uns tröstet.

Die freundliche Stimme verinnerlichen

Wenn wir uns bemühen, uns selbst wertschätzender und freundlicher zu begegnen, kann das zu Beginn etwas komisch und fremd wirken. Vielleicht kommen wir uns dabei ein wenig lächerlich vor. Manchmal drückt sich die strenge, vorwurfsvolle Stimme in den Vordergrund und verdrängt unsere Vorsätze. Bleiben Sie beharrlich. Fragen Sie sich eine Zeit lang regelmäßig:

- Wie geht es mir gerade? Was fühle ich?
- Wie möchte ich mit mir umgehen?
- Was würde mir helfen?
- Wem kann ich mich anvertrauen?

Grämen Sie sich nicht, wenn Sie sich selbst verurteilen – Sie sind in der Übungsphase. Sie können die Chance im Nachhinein nutzen. Sagen Sie sich zum Beispiel: »Mensch, jetzt warst du gerade richtig gemein zu dir und es geht dir schlecht. Was könntest du dir jetzt Gutes tun?«

Vermitteln Sie Ihrem Kind, dass man freundlich zu sich sein darf

Strenge, kritische innere Stimmen übernehmen wir meist von anderen Menschen. Vielleicht hatte man selbst Eltern, die anspruchsvoll, fordernd, kühl, kritisch oder abwertend waren. Teilweise hat man sich diese Haltung aber auch abgeschaut, weil die eigenen Eltern sich – bei aller Freundlichkeit anderen gegenüber – selbst so behandelt haben. Wie ist das bei Ihnen?

Versuchen Sie, sich selbst anzunehmen und sich freundlich zu begegnen! Sie machen damit nicht nur sich selbst ein Geschenk, sondern auch Ihren Kindern.

»Papa, Mama, erzählt doch mal!«

Seit Jahrtausenden geben Menschen Wissen, Werte und Erfahrungen über Erzählungen weiter. Kein Wunder, dass unser Gehirn Geschichten regelrecht aufsaugt.

Das Team um Paul Zak der Universität Claremont konnte zeigen, dass Menschen verschiedene Hormone ausschütten, wenn sie einer Erzählung folgen (vgl. Zak, 2013). Die aufregenden Elemente führen zu einer vermehrten Ausschüttung des Stresshormons Cortisol, das in mittlerer Dosierung die Konzentration erhöht und die Merkleistung steigert. Zudem wird Oxytocin ausgeschüttet, ein Hormon, das eng mit unserem Bindungssystem verknüpft ist und mit fürsorglichem, einfühlsamem und großzügigem Verhalten einhergeht: Wenn wir eine Geschichte hören, die uns emotional berührt, die es uns erlaubt, uns in die Protagonisten einzufühlen, die Welt durch ihre Augen zu sehen, Freundschaft, Mut, Tapferkeit, Hingabe zu erleben, möchten wir es unseren Helden gerne gleichtun.

Während Kinder heute Geschichten vor allem über Bücher, Hörspiele und Filme erleben, geht das Teilen eigener Erlebnisse zurück. Die »Lagerfeuermomente«, das Zusammenkommen in der Großfamilie am Küchentisch ist aus dem Familienalltag verschwunden. Viele von uns können sich vielleicht an Großeltern erinnern, die am Esstisch noch stundenlang in Erinnerungen schwelgen konnten und gerne davon sprachen, wie es damals war, als … Manchmal lauschte man fasziniert, manchmal war man genervt, weil man bereits ahnte, welche Episode als Nächstes folgen wird.

Ob man diese Erzählungen spannend fand oder nicht: Sie machen uns die eigenen Wurzeln bewusst. Sie liefern Antworten auf Fragen wie: Woher komme ich? Was haben meine Großeltern und Eltern erlebt? Wie ist unsere Familie entstanden und zu dem geworden, was sie ist?

Und das ist bedeutsam!

Geschichten stärken Kinder

Ein Forscherteam der Emory University (Fivush et al., 2010) untersuchte, wie gut Kinder und Jugendliche über ihre Familie Bescheid wissen. Dabei zeigte sich ein interessanter Zusammenhang: Je mehr die Kinder über das Leben der eigenen Eltern und Großeltern wussten, desto höher war ihr emotionales Wohlbefinden, Selbstwertgefühl und ihre Selbstwirksamkeit. Kinder und Jugendliche, die vertraut waren mit ihrer Familiengeschichte, hatten ein ausgeprägteres Identitätsgefühl und glaubten eher, gute Entscheidungen zu treffen und ihre Zukunft aktiv gestalten zu können.

Zu wissen, woher man stammt, ist ein Bedürfnis, das oft bei Adoptivkindern deutlich wird: Auch wenn diese Kinder in einer liebevollen, intakten Familie aufwuchsen und sich nicht an ihre leiblichen Eltern erinnern können, wächst in ihnen häufig der Wunsch, ihre Lebensgeschichte als Ganzes zu ergründen.

Zu guter Letzt wird auch in der Psychotherapie oft darauf hingearbeitet, sich mit den Werthaltungen, Glaubenssätzen und prägenden Erfahrungen auseinanderzusetzen, die unbewusst über Generationen weitergegeben wurden. Dadurch lernt man sich selbst näher kennen, kann eigene Schwierigkeiten besser einordnen und mit belastenden Themen abschließen.

Wie viel wissen meine Kinder über mich und meine Eltern?

Kleinkinder haben oft den Eindruck, ihre Eltern seien quasi als Erwachsene auf die Welt gekommen. Als ich (Fabian) ungefähr vier Jahre alt war und meine Großmutter zu Besuch kam, fragte ich meine Mutter in einem unbeobachteten Moment: »Du, wie hat der Papa eigentlich das Großmuetti kennengelernt?« Aber sogar als Teenager oder Erwachsener fällt es uns teilweise schwer, uns unsere Eltern als Kinder oder Jugendliche vorzustellen.

Vielleicht nehmen Sie diesen Moment zum Anlass, um sich zu fragen: Wie haben meine Eltern ihre Schulzeit erlebt? Welche Freundschaften haben sie als Kind bzw. Jugendliche geprägt? Welche Erwachsenen haben ihnen etwas Positives mit auf den Weg geben, vor wem haben sie gezittert? Wann hatten sie zum ersten Mal Liebeskummer? Wie kamen sie zu ihrem Beruf und wie verlief die Lehr- oder Studienzeit? Wie haben sich meine Eltern kennengelernt? Wer machte den ersten Schritt? Wie sah ihr Alltag aus, bevor sie Kinder bekamen? Was waren die glücklichsten, was die schwierigsten Zeiten in ihrem Leben? Wie haben meine Eltern ihre eigenen Eltern erlebt?

Vielleicht gehören Sie zu denjenigen, die sofort und ausführlich auf solche Fragen antworten können. Vielleicht fällt Ihnen in diesem Moment aber auch auf, dass über die Vergangenheit und die Familiengeschichte in Ihrer Familie wenig gesprochen wurde.

Ihr Leben ist es wert, erzählt zu werden

Es lohnt sich, Kinder von Zeit zu Zeit in die eigene Vergangenheit zu entführen. Vielleicht erzählen Sie von einer Episode, in der Sie sich besonders glücklich, ausgelassen, beschämt, traurig oder enttäuscht gefühlt haben. Oder von einem Moment, in dem Sie einen Konflikt ausfechten, ein Hindernis überwinden oder etwas wiedergutmachen mussten. Für mich (Stefanie) war es auch immer spannend, wenn meine Eltern mit uns alte Fotoalben durchblätterten, uns an Episoden aus ihrer Schulzeit, ihrem ersten Liebeskummer oder ihrer Kennenlernphase teilhaben ließen.

Durch solche Erzählungen erreichen Sie Ihre Kinder auf verschiedenen Ebenen.

Gehen Sie die Fragen weiter oben nochmals gedanklich durch: Wenn Sie die Antworten darauf kennen, werden Sie sich Ihren Eltern deutlich näher fühlen. Sie werden Parallelen zu Ihrem eigenen Leben entdecken und Ihre Eltern vielleicht besser verstehen, weil Sie erkennen können, dass auch sie ihren Rucksack zu tragen haben. Je älter die Kinder werden, desto mehr werden solche Gespräche zu einer Möglichkeit, um die Beziehung zueinander zu erhalten und zu vertiefen.

Gleichzeitig können Sie auf diese Weise Erfahrungen und Lebensweisheiten weitergeben, ohne als Moralapostel oder Besserwisser aufzutreten.

Gerade dann, wenn man keine schlauen Antworten in petto hat, bilden geteilte Erfahrungen eine Brücke zueinander.
Als sich mein (Fabians) Sohn von seinem besten Freund zurückgewiesen fühlte, erzählte ich ihm, dass sich mein bester und einziger Kumpel in der fünften Klasse plötzlich nicht mehr mit mir verabreden wollte, weil er seine erste Freundin hatte – ausgerechnet ein Mädchen, das mich nicht ausstehen konnte und ihm signalisierte, dass er jetzt ihr »gehört«. Mein Sohn wollte wissen, wie das für mich war. »Schlimm«, antwortete ich und »es hat gedauert, bis die zwei wieder auseinandergingen und ich meinen Freund zurückhatte.«
Ich konnte meinem Sohn keine Lösung anbieten – aber er hat sich durch die Geschichte weniger allein gefühlt.

Eltern sind heute verunsichert – und das darf so sein

Viele von uns fühlen sich heute im Umgang mit ihren Kindern unsicher. Wir stellen uns Fragen und uns selbst in Frage: »Wie soll ich Grenzen setzen? Wie offen sollen wir als Eltern sein? Wie begleiten wir das Kind gut durch die Schulzeit? Was muss ich tun, um mein Kind auf die Zukunft vorzubereiten? Ab wann ist man alt genug, um abends auszugehen? Habe ich richtig reagiert? Warum habe ich nicht mehr Geduld? Müsste ich auf eine gesündere Ernährung achten? Wo kann ich mein Kind machen lassen und wo muss ich eingreifen?«
Diese Verunsicherung wird von vielen als Schwäche ausgelegt: Die Eltern hätten heute ihre Intuition verloren, könnten sich nicht mehr auf ihre Instinkte verlassen, nicht mehr selbst denken und bräuchten für jeden Mist einen Ratgeber.

Unsere Intuition beruht auf Erfahrung

Wenn wir über Intuition sprechen, meinen wir damit oft angeborene Elterninstinkte. Diese sind beim Menschen jedoch nur rudimentär ausgeprägt und betreffen vor allem den Umgang mit Säuglingen. Zudem ist unser instinktives Verhalten immer noch darauf ausgelegt, unsere Kinder auf ein Leben als Jäger und Sammler vorzubereiten.
Wenn unsere Kinder im Supermarkt toben, weil sie die neue Barbie wollen, zu lange am Smartphone hängen oder zu spät für die Prüfung lernen, greift unser angeborenes Programm zu kurz.
Nehmen wir die erste Situation: Die Vierjährige weint und kreischt im Supermarkt, weil sie die Barbie will. In dieser Situation wird unser Stresssystem aktiviert, wir sind angespannt. Lassen wir uns von unseren Impulsen leiten, werden wir wahrscheinlich ungünstig reagieren. Vielleicht empfinden wir in erster Linie Scham, weil andere uns angaffen. Das kann uns dazu verleiten, dass wir die Barbie kaufen – nicht, weil wir das sinnvoll finden, sondern weil wir diese un-

angenehme Situation möglichst rasch beenden wollen. Vielleicht schiebt sich auch die Wut in den Vordergrund und sorgt dafür, dass wir das Kind anbrüllen oder ihm die kalte Schulter zeigen und es einfach stehen lassen. Vielleicht machen wir es uns auch einfach und lügen das Kind an: »Das können wir uns nicht leisten.«

Eine reife Reaktion würde beispielsweise darin bestehen, dass wir uns bewusst machen, dass ein Kind erst lernen muss, mit Frust umzugehen. Hat es einen drängenden Wunsch, ist es schwierig, sich davon zu lösen und die damit verbundenen Gefühle auszuhalten. Als Elternteil könnten wir uns in das Kind einfühlen, es auf den Arm nehmen, ihm zugewandt bleiben und seine Gefühle verbalisieren: »Ich weiß, das hättest du sehr gerne«, während wir weitergehen, das Weinen aushalten und die Barbie nicht kaufen. Dabei müssen wir unsere eigenen Emotionen regulieren im Wissen, dass es dem Kind langfristig besser gelingt, sich zu beruhigen, wenn wir selbst ruhig bleiben.

Diese kompetente Reaktion verlangt uns als Eltern unheimlich viel ab. Das merken wir daran, dass es uns oft nicht mehr gelingt, auf diese Weise auf Kinder einzugehen, wenn wir selbst zu gestresst, müde oder gereizt sind.

In diesen Situationen können wir uns nicht auf Instinkte verlassen, sondern höchstens auf Intuition. Mit Intuition ist in diesem Sinne aber Erfahrungswissen gemeint. Kompetent zu reagieren fällt denjenigen Menschen leichter, die oft Gelegenheit hatten, diesen Umgang mit Kindern bei anderen hautnah mitzuerleben. Sei es, weil ihre eigenen Eltern auf diese Weise reagiert haben oder sie oft miterleben konnten, wie andere auf diese Weise mit Kindern umgehen. Für alle anderen ist es harte Arbeit. Sie müssen nicht nur gegen ihre ersten Impulse angehen – es fühlt sich für sie auch nicht natürlich an. Und immer, wenn sich etwas neu und nicht natürlich anfühlt, tauchen automatisch Unsicherheiten auf.

Wenn wir im Umgang mit unseren Kindern den Anspruch haben, zu einer eigenen Haltung zu finden, uns zu reflektieren und eigenen Werten Rechnung zu tragen, müssen wir uns auf die Suche machen und die eigene Unsicherheit aushalten.

Dabei kommt erschwerend hinzu, dass wir heute keine gültige Lehrmeinung mehr haben, was gute oder sogar richtige Kindererziehung ausmacht. Stattdessen finden wir zu scheinbar einfachen Fragen rund um Schlaf, Umgang mit Trotz oder Medienkonsum ein Meer von Empfehlungen, die zum Teil widersprüchlicher nicht sein könnten.

Dies ist deshalb der Fall, weil auch Experten ein bestimmtes Wertemodell vertreten und ein Ideal bzw. Zielvorstellungen in Bezug auf den Menschen und seine Entwicklung haben. Dabei stehen viele Werte in einem Spannungsverhältnis: Beispielsweise Anpassung und Selbstbestimmung. Solche Werte bilden oft ein Kontinuum, wobei Fachpersonen insbesondere dann für die Medien interessant sind, wenn sie Extrempositionen vertreten und beispielsweise fordern, dass sich Kinder anzupassen hätten oder man die Selbstbestimmung des einzelnen Kindes über alles stellen soll.

Wenn wir Erziehungsratgeber lesen, werden wir keine abschließende Antwort darauf erhalten, was richtig oder falsch ist. Stattdessen sollten wir in uns hineinhorchen und uns fragen, ob diese Autorin oder dieser Experte Werte und Ziele vertritt, mit denen wir uns identifizieren können. Uns hilft für eine grobe Einschätzung oft die Frage: »Würde ich mir wünschen, dass diese Person die Lehrperson eines meiner Kinder wird?«

Es ist aber nicht nur normal, dass wir uns oft unsicher fühlen. Es kann auch gesund sein!

Warum wir uns mit unserer Unsicherheit aussöhnen sollten

Wir alle kennen Menschen, die auf alles eine einfache Antwort haben. Auffälliges Verhalten? Einfach mal hart durchgreifen! Klimawandel? Gibt es nicht, im April hat es geschneit.

In der Psychologie spricht man vom Dunning-Kruger-Effekt (1999) und meint damit den Umstand, dass wir uns umso sicherer fühlen, je weniger Wissen und Kompetenzen wir in einem Bereich aufweisen. Wir überschätzen uns und registrieren nicht, dass andere besser Bescheid wissen. Dieser Effekt lässt sich sogar in einzelnen

Lebensbereichen feststellen: Der Arzt regt sich darüber auf, dass einzelne Patienten glauben, nach einer kurzen Google-Recherche die bessere Diagnose stellen zu können als er. Am Abend bei der Fußballübertragung ärgert er sich über den Idioten von Trainer und weiß ganz genau, wie dieser seinen Job machen müsste.

Unsicherheit bedeutet oft einen Fortschritt. Sie kann ein Zeichen dafür sein, dass wir uns bewusst werden, dass die Realität komplex ist, es keine abschließenden Antworten gibt und wir uns unseren Weg suchen müssen – Umwege und Irrwege inklusive. Der Mensch ist vielschichtig, die Frage, was er werden soll und wie man ihn auf diesem Weg begleitet, eine Frage, die so groß ist, dass es vermessen wäre, mehr als ein paar gute Vermutungen anzustellen.

Dank

Alleine sind wir wenig

Seit 2011 verbindet uns eine wunderbare Zusammenarbeit mit dem Schweizer Elternmagazin Fritz + Fränzi und der Stiftung Elternsein. Liebe Ellen Ringier, Sie haben an unser Projekt geglaubt und uns unterstützt, als es noch kaum jemand tat.
Lieber Thomas Schlickenrieder, du bist unermüdlich, ein Macher, wie er im Buche steht – deine Tatkraft hat auch uns ganz vieles ermöglicht.
Lieber Nik Niethammer und liebe Evelin Hartmann, ihr habt dem Elternmagazin Fritz + Fränzi neues Leben eingehaucht und uns die Chance gegeben, Teil dieser Erfolgsgeschichte zu sein.
Liebe Bianca Fritz, du hast das Elternmagazin ins digitale Zeitalter geführt und sorgst dafür, dass all die spannenden und hilfreichen Inhalte auch zu den Menschen kommen, die sonst keinen Zugang hätten.
Liebe Nadja Stohler, auch dich durften wir über das Elternmagazin kennenlernen. Du hast Hase, Biber und Co. in die Welt gesetzt und lebendig werden lassen.
Immer wieder sprechen uns Menschen auf der Straße auf unsere Zusammenarbeit an: »Entschuldigung, Sie sind doch die Frau mit dem Biber?« oder »Kenne ich Sie nicht aus dem *Fritz+Fränzi*?«
Unsere Filmserien, Recherchen und Artikel zu Themen, die uns wichtig sind – so vieles wäre nicht möglich gewesen ohne euch. Nicht zuletzt dieses Buch.

Wir hoffen, ihr wisst, wie viel wir euch verdanken.
Herzlich
Stefanie und Fabian

Über die Autoren

Fabian Grolimund und **Stefanie Rietzler** sind Psychologen, leiten die Akademie für Lerncoaching, ein Beratungs- und Weiterbildungsinstitut in Zürich, und schreiben regelmäßig für das Schweizer Elternmagazin *Fritz+Fränzi*. Mehr zu ihrer Arbeit erfahren Sie unter www.mit-kindern-lernen.ch

Fotografie

Alain Laboile ist Fotograf und Bildhauer. Er richtet seine Kamera auf den Familienalltag mit seiner Frau und den sechs Kindern in einem kleinen Dorf im Südwesten Frankreichs und möchte in seinen Bildern „ein Leben am Rande der Welt" einfangen, wo „sich Zeitlosigkeit und die Universalität der Kindheit treffen". Mehr zu seiner Arbeit erfahren Sie unter: www.laboile.com

Cœur cerise

Literatur

Albert, M., Hurrelmann, K., & Quenzel, G. (2015). 17. Shell Jugendstudie. Jugend 2015. Online abrufbar unter: https://www.shell.de/ueber-uns/die-shell-jugendstudie/multimediale-inhalte/_jcr_content/par/expandablelist_643445253/expandablesection.stream/1456210165334/d0f5d09f09c6142df03cc804f0fb389c2d39e167115aa86c57276d240cca4f5f/flyer-zur-shell-jugendstudie-2015-auf-deutsch.pdf

Antonovsky, A. (1997). *Salutogenese: Zur Entmystifizierung der Gesundheit.* Dgvt-Verlag.

Aron, A., & Aron, E. (1997). Self-expansion motivation and including other in the self. In S. Duck (Ed.), *Handbook of personal relationships* (2nd ed., pp. 251–270). Chichester, UK: Wiley.

Asch, S. E. (1951). Effects of group pressure upon the modification and distortion of judgments. In H. Guetzkow (Ed.), *Groups, leadership and men; research in human relations* (pp. 177–190). Oxford, England: Carnegie Press.

Baikie, K. A., & Wilhelm, K. (2005). Emotional and physical health benefits of expressive writing. *Advance in Psychiatric Treatment, 11*, 338–346.

Bandura, A., Grusec, J. E., & Menlove, F. L. (1967). Vicarious extinction of avoidance behavior. *Journal of Applied Social Psychology, 24*, 546–556.

Barnard, L. K., & Curry, J. F. (2011). Self-Compassion: Conceptualizations, Correlates, and Interventions. *Review of General Psychology, 15*, 289–303.

Blackwell, L. S., Trzesniewski, K. H., & Dweck, C. S. (2007). Implicit theories of intelligence predict achievement across an adolescent transition: A longitudinal study and an intervention. *Child development, 78*(1), 246–263.

Blum, H., & Beck, D. (2016). *No Blame Approach – Mobbing-Intervention in der Schule – Praxishandbuch.* Fairaend.

Blumer, F. (2018). Michael Winterhoff, war vor dem digitalen Wandel alles besser? Interview mit dem Schweizer Elternmagazin Fritz+Fränzi. Online abrufbar unter: https://www.fritzundfraenzi.ch/erziehung/entwicklung/die-verhaltensauffalligkeit-ist-zur-normalitat-geworden?page=all

Bringolf-Isler, B., Probst-Hensch, N., Kayser, B., & Suggs, S. (2016). Schlussbericht zur SOPHYA Studie. Basel: Swiss TPH.

Brooks, R. & Goldstein, S. (2011). *Das Resilienz-Buch. Wie Eltern ihre Kinder fürs Leben stärken.* Klett-Cotta.

Brown, B. (2012). Listening to shame. TED talk. Online abrufbar unter: https://www.ted.com/talks/brene_brown_listening_to_shame

Brummelman, E., Thomaes, S., Nelemans, S. A., Orobio de Castro, B., & Bushman, B. J. (2014, November). My Child Is God's Gift to Humanity: Development and Validation of the Parental Overvaluation Scale (POS). *Journal of Personality and Social Psychology.* Advance online publication.

Brummelman, E., Thomaes, S., Walton, G. M., Poorthuis, A. M., Overbeek, G., de Castro, B. O., & Bushman, B. J. (2014). Unconditional regard buffers children's negative self-feelings. *Pediatrics, 134*(6), 1119–1126.

Brummelman, E., Nelemans, S. A., Thomaes, S., & Orobio de Castro, B. (2017). When parents' praise inflates, children's self-esteem deflates. *Child Development, 88*, 1799–1809.

Brummelman, E., Crocker, J., & Bushman, B. J. (2016). The praise paradox: When and why praise backfires in children with low self-esteem. *Child Development Perspectives, 10*, 111–115.

Brummelman, E., Thomaes, S., Orobio de Castro, B., Overbeek, G., & Bushman, B. J. (2014). »That's not just beautiful—that's incredibly beautiful!«: The adverse impact of inflated praise on children with low self-esteem. *Psychological Science, 25*, 728–735. doi:10.1177/0956797613514251

Brummelman, E., Thomaes, S., Overbeek, G., Orobio de Castro, B., van den Hout, M. A., & Bushman, B. J. (2014). On feeding those hungry for praise: Person praise backfires in children with low self-esteem. *Journal of Experimental Psychology: General, 143*, 9–14.

Bütler Liesch, D. (2009). Tagesschulangebote Leitfaden zur Einführung und Umsetzung der Erziehungsdirektion des Kantons Bern. Online abrufbar unter: https://www.erz.be.ch/erz/de/index/kindergarten_volksschule/kindergarten_volksschule/schulergaenzendemassnahmen.assetref/dam/documents/ERZ/AKVB/de/10_Tagesschulen/tas_leitfaden_tagesschulen_d.pdf

Bundesamt für Statistik (2017). Unbezahlte Arbeit 2016. Online abrufbar unter: https://www.bfs.admin.ch/bfs/de/home/statistiken/kataloge-datenbanken/medienmitteilungen.assetdetail.2967878.html

Carver, C. S., & Scheier, M. F. (2014). Dispositional optimism. *Trends in cognitive sciences, 18*(6), 293–299.

Chopik, W. J. (2017). Associations among relational values, support, health, and wellbeing across the adult lifespan. *Personal relationships, 24*(2), 408–422.

Cimpian, A., Arce. H., Markman, E.M., & Dweck, C. (2007). Subtle linguistic cues affect children's motivation. *Psychological Science, 18*, 314–316.

Credit Suisse (2018). Jugendbarometer 2018. Online verfügbar unter: https://www.credit-suisse.com/jugendbarometer

Croft, C. D., & Zimmer-Gembeck, M. J. (2014). Friendship conflict, conflict responses, and instability: Unique links to anxious and angry forms of rejection sensitivity. *The Journal of Early Adolescence, 34*(8), 1094–1119.

Coyle, D. (2018). *The Culture Code. The Secrets of Highly Successful Groups.* Ramdom House Business Books.

Cundiff, J. M., & Matthews, K. A. (2018). Friends With Health Benefits: The Long-Term Benefits of Early Peer Social Integration for Blood Pressure and Obesity in Midlife. *Psychological Science, 29*(5), 814–823

Curran, T., & Hill, A. P. (2017, December 28). Perfectionism Is Increasing Over Time: A MetaAnalysis of Birth Cohort Differences From 1989 to 2016. *Psychological Bulletin.* Advance online publication. http://dx.doi.org/10.1037/bul0000138

Dearing, R. L., & Tangney, J. P. (2003). *Shame and Guilt*. Guilford Publication.

Deffenbacher, J. L. (1980). Worry and emotionality in test anxiety. In I. G. Saranson (Ed.), Test anxiety: Theory, research, and applications (S. 111–128). Hillsdale, NJ: Erlbaum.

Dotti Sani, G. M. & Treas, J. (2016). Educational Gradients in Parents' Child Care Time across Countries, 1965-2012. *Journal of Marriage and Family, 78*(4), 1083–1096.

Downey, G., Lebolt, A., Rincón, C., & Freitas, A. L. (1998). Rejection sensitivity and children's interpersonal difficulties. *Child development, 69*(4), 1074–1091.

Downey, G., & Feldman, S. (1996). Implications of rejection sensitivity for intimate relationships. *Journal of Personality and Social Psychology, 70*, 1327–1343.

Duhigg, C. (2017). *Smarter, schneller, besser: Warum manche Menschen so viel erledigt bekommen – und andere nicht*. Redline.

Dweck, C. (2007). *Mindset: The new Psychology of Success*. Ballantine books.

Ellrott, T., & Hauck, C. (2017). Was und wie genießt Deutschland 2017? Online abrufbar unter: http://ernaehrungspsychologie.org/index.php/studie-was-und-wie-geniesst-deutschland

Elman, N., & Kennedy-Moore, E. (2003). *The Unwritten Rules of Friendship: Simple Strategies to Help Your Child Make Friends*. Little, Brown and Company.

Engels, R. C., Finkenauer, C., & van Kooten, D. C. (2006). Lying behavior, family functioning and adjustment in early adolescence. *Journal of Youth and Adolescence, 35*(6), 949–958.

Ferrari, M., Yap, K., Scott, N., Einstein, D. A., & Ciarrochi, J. (2018). Self-compassion moderates the perfectionism and depression link in both adolescence and adulthood. *PLoS ONE, 2018*. DOI: 10.1371/journal.pone.0192022

Frankfurter Allgemeine Zeitung (2010). *Ein Junge für eine Million Bäume*. Online abrufbar unter: https://www.faz.net/aktuell/beruf-chance/mein-weg/felix-finkbeiner-ein-junge-fuer-eine-million-baeume-1893568.html

Frankl, V. E. (2003). *Das Leiden am sinnlosen Leben. Psychotherapie für heute*. Freiburg: Herder.

Fröhlich-Gildhoff, K. (2016). Der Weg zur inneren Stärke. Interview in GEO Wissen, 57, 46–53.

Fröhlich-Gildhoff, K., & Rönnau-Böse, M. (2015). *Resilienz*. UTB.

Furman, W., Brown, B. B., & Feiring, C. (1999). *The Developement of Romantic Relationships in Adolescence*. Cambridge University Press.

Glätzle-Rützler, D., & Lergetporer, P. (2015). Lying and age: An experimental study. *Journal of Economic Psychology, 46*, 12–25.

Gervais, J., Tremblay, R. E., & Desmarais-Gervais, L. (2000). Children's persistent lying, gender differences, and disruptive behaviours: A longitudinal perspective, *International Journal of Behavioral Development, 24*(2), 213–221.

Godleski, S. A., Eiden, R. D., Kachadourian, L., & Lucke, J. F. (2018). Etiological Pathways to Rejection Sensitivity in a High-Risk Sample. *Personality and Social Psychology Bulletin*, 0146167218795486.

Gruwell, E. (2008). *The Freedom Writers Diary: How a Teacher and 150 Teens Used Writing to Change Themselves and the World Around Them.* Paw prints.

Gunderson, E. A., Gripshover, S. J., Romero, C., Dweck, C. S., Goldin-Meadow, S., & Levine, S. C. (2013). Parent praise to 1 to 3-year-olds predicts children's motivational frameworks 5 years later. *Child development, 84*(5), 1526–1541.

Hall, C. W., Row, K. A., Wuensch, K. L., & Godley, K. R. (2013). The Role of Self-Compassion in Physical and Psychological Well-Being. *The Journal of Psychology, 147*(4), 311–323.

Hattie, J. (2008). *Lernen sichtbar machen.* Hohengehren: Schneider-Verlag.

Hamlin, J. K., Wynn, K. & Bloom, P. (2007). Social evaluation by preverbal infants. *Nature, 450*, 557–560.

Harlow, R. E., & Cantor, N. (1996). Still participating after all these years: a study of life task participation in later life. *Journal of personality and social psychology, 71*(6), 1235–49.

Härtl-Kasulke, C., & Revers, A. (2018). *Lebenskunst! Eine Anleitung zur Positiven Psychologie.* Beltz.

Hays, C. & Carver, L. J. (2014). Follow the liar: the effects of adult lies on children's honesty. *Developmental Science, 17*(6), 977–83.

Hellmann, D. F. (2014). Repräsentativbefragung zu Viktimisierungserfahrungen in Deutschland. Forschungsbericht Nr. 122. Online abrufbar unter: https://kfn.de/wp-content/uploads/Forschungsberichte/FB_122.pdf

Hembree, R. (1988). Correlates, causes, effects, and treatment of test anxiety. *Review of Educational Research, 58*, 47–77.

Holt-Lunstad, J., Smith, T. B., & Layton, J. B. (2010). Social relationships and mortality risk: a meta-analytic review. *PLoS medicine, 7*(7), e1000316.

Holt-Lunstad, J., Smith, T. B., Baker, M., Harris, T., & Stephenson, D. (2015). Loneliness and social isolation as risk factors for mortality: a meta-analytic review. *Perspectives on Psychological Science, 10*(2), 227–237.

Horn, A. B., & Mehl, M. R. (2004). Expressives Schreiben als Copingtechnik: Ein Überblick über den Stand der Forschung. *Verhaltenstherapie, 14*, 274–283.

Imlau, N. (2014). *Freundschaft. Wie Kinder sie erleben und Eltern sie stärken können.* Weinheim und Basel: Beltz.

Institut für Sozialforschung der PROSOZ Herten GmbH PROKIDS (2018). LBS-Kinderbarometer Deutschland 2018. Stimmungen, Trends und Meinungen von Kindern aus Deutschland. Online abrufbar unter: https://www.lbs.de/media/unternehmen/.../LBS-Kinderbarometer_Deutschland_2018.pdf

Jacobs Foundation (2014). Juvenir 4.0. Zuviel Stress – zuviel Druck! Wie Schweizer Jugendliche mit Stress und Leistungsdruck umgehen. Online abrufbar unter: https://jacobsfoundation.org/publication/juvenir-4-0/

James, W. (1890). *The Principles of Psychology* (2 vols.). New York: Henry Holt.

Jacques-Hamilton, R., Sun, J., & Smillie, L. D. (2018). Costs and benefits of acting extraverted: A randomized controlled trial. *Journal of Experimental Psychology: General.*

Jenkinson, C. E., Dickens, A. P., Jones, K., Thompson-Coon, J., Taylor, R. S., Rogers, M., ... & Richards, S. H. (2013). Is volunteering a public health intervention? A systematic review and meta-analysis of the health and survival of volunteers. *BMC public health, 13*(1), 773.

Johnson, M. K., Beebe, T., Mortimer, J. T., & Snyder, M. (1998). Volunteerism in adolescence: A process perspective. *Journal of Research on Adolescence, 8*(3), 309–332.

Kacewicz, E., Slatcher, R. B., & Pennebaker, J. W. (2007). Expressive Writing: An Alternative to Traditional Methods. In L. L'Abate (ed.), *Low-cost approaches to promote physical and mental health:* Theory, Research and Practice, 271–284. New York: Springer.

Kruger, J., & Dunning, D. (1999). Unskilled and unaware of it. How difficulties in recognizing one's own incompetence lead to inflated self-assessments. *Journal of Personality and Social Psychology, 77*(6), 1121–1134.

Kyeong, L. W. (2013). Self-compassion as a moderator of the relationship between academic burn-out and psychological health in Korean cyber university students. *Personality and Individual Differences, 54*(8), 899–902.

Lambert, N. M., Stillman, T. F., Hicks, J. A., Kamble, S. V., Baumeister, R. F., & Fincham, F. D. (2013). To belong is to matter: sense of belonging enhances meaning in life. *Personality & social psychology bulletin, 39*(11), 1418–27.

Langer, E., & Rodin, J. (1976). The effects of choice and enhanced personal responsibility for the aged: A field experiment in an institutional setting. *Journal of personality and social psychology, 34,* 191–8.

Latham, M. (2003). Young Volunteers: The Benefits of Community Service. Fact Sheet-03-23, University of Nevada.

Lee, K., Talwar, V., McCarthy, A., Ross, I., Evans, A., & Arruda, C. (2014). Can classic moral stories promote honesty in children? *Psychological Science, 25*(8), 1630–1636.

London, B., Downey, G., Bonica, C., & Paltin, I. (2007). *Social causes and consequences of rejection sensitivity. Journal of Research on Adolescence, 17*(3), 481–506.

López-Pérez, B., & Wilson, E. L. (2015). Parent–child discrepancies in the assessment of children's and adolescents' happiness. *Journal of experimental child psychology, 139,* 249–255.

MacBeth, A., & Gumley, A. (2012). Exploring compassion: A meta-analysis of the association between self-compassion and psychopathology. *Clinical psychology review, 32*(6), 545–552.

Maines, B., & Robinson, G. (1992). *No Blame Approach : A Support Group Method for Dealing with Bullying.* Paul Chapman Educational Publishing.

Marmet, S., Archimi, A., Windlin, B., & Delgrande Jordan, M. (2015). Substanzkonsum bei Schülerinnen und Schülern in der Schweiz im Jahr 2014 und Trend seit 1986 – Resultate der Studie »Health Behaviour in School-aged Children« (HBSC). Online abrufbar unter: https://www.suchtschweiz.ch/fileadmin/user_upload/DocUpload/Zusammenfassung_HBSC_2014-D.pdf

McLachlan, J., Zimmer-Gembeck, M. J., & McGregor, L. (2010). Rejection sensitivity in childhood and early adolescence: Peer rejection and protective effects of parents and friends. *Journal of Relationships Research, 1*(1), 31–40.

Moorfoot, N., Leung, R. K., Toumbourou, J. W., & Catalano, R. F. (2015). The longitudinal effects of adolescent volunteering on secondary school completion and adult volunteering. International journal of developmental science, 9(3, 4), 115–123.

Mueller, C. M., & Dweck, C. S. (1998). Praise for intelligence can undermine children's motivation and performance. *Journal of personality and social psychology, 75*(1), 33.

Neely, M. E., Schallert, D. L., Mohammed, S. S., Roberts, R. M., & Chen, Y. J. (2009). Self-kindness when facing stress: The role of self-compassion, goal regulation, and support in college students' well-being. Motivation and Emotion, 33(1), 88–97.

Neff, K. (2003). Self-compassion: An alternative conceptualization of a healthy attitude toward oneself. *Self and identity, 2*(2), 85–101.

Neff, K. D., Kirkpatrick, K. L., & Rude, S. S. (2007). Self-compassion and adaptive psychological functioning. *Journal of research in personality, 41*(1), 139–154.

Neff, K. D., & McGehee, P. (2010). Self-compassion and Psychological Resilience Among Adolescents and Young Adults, *Self and Identity, 9*(3), 225–240.

Neubauer, U. (2002). *Soziale und personale Bedingungen von Prüfungsangst.* JKU Linz.

O'Connor, R. (1972). Relative efficacy of modeling, shaping, and the combined procedures for modification of social withdrawal. *Journal of Abnormal Psychology, 79*(3), 327–334.

Oettingen, G. (2017). *Die Psychologie des Gelingens.* Droemer TB.

Pennac, D. (2010). Schulkummer. Ki-Wi-Taschenbuch.

Pennebaker, J. W., & Smith, J. M. (2016). *Opening Up by Writing It Down, Third Edition: How Expressive Writing Improves Health and Eases Emotional Pain.* The Guilford Press.

Perry, R. P., & Penner, K. S. (1990). Enhancing academic achievement in college students through attributional retraining and instruction. Journal of Educational Psychology, 82(2), 262.

Postmes, T., Wichmann, L. J., van Valkengoed, A. M., & van der Hoef, H. (2019). Social identification and depression: A meta-analysis. *European Journal of Social Psychology.*

Prati, G., & Pietrantoni, L. (2009). Optimism, social support, and coping strategies as factors contributing to posttraumatic growth: A meta-analysis. *Journal of loss and trauma, 14*(5), 364–388.

Raboteg-Saric, Z., & Sakic, M. (2014). Relations of parenting styles and friendship quality to self-esteem, life satisfaction and happiness in adolescents. *Applied Research in Quality of Life,* 9(3), 749–765.

Rasmussen, H. N., Scheier, M. F., & Greenhouse, J. B. (2009). Optimism and physical health: A meta-analytic review. *Annals of behavioral medicine, 37*(3), 239–256.

Renz-Polster, H. (2016). *Menschenkinder. Artgerechte Erziehung – was unser Nachwuchs wirklich braucht.* Kösel-Verlag.

Rhue, M. (1997). *Die Welle: Bericht über einen Unterrichtsversuch, der zu weit ging.* Ravensburger Verlag.

Rosenbach, C. (2013). Rejection Sensitivity Etiological aspects and psychopathological impact. Dissertation, Fachbereich Erziehungswissenschaft und Psychologie der Freien Universität Berlin. Online abrufbar unter: https://d-nb.info/1051812224/34

Rosenberg, M. (1965). *Society and the adolescent self-image.* Princeton University Press.

Samuel, R., Berger, L., Bergman, M. M. (2012 / 2013). Eidgenössische Jugenderhebung 2012/13, Wissenschaftliche Reihe ch-x, Band 24, Lebensstile, Konsum und Zukunftsperspektiven junger Erwachsener in der Schweiz. Online abrufbar unter: https://chx.mazzehosting.ch/sites/default/files/band_24_web_0.pdf

Santos, R. M., Zanette, S., Kwok, S. M., Heyman, G. D., & Lee, K. (2017). Exposure to Parenting by Lying in Childhood: Associations with Negative Outcomes in Adulthood. *Frontiers in psychology, 8,* 1240.

Sbarra, D. A., Smith, H. L., & Mehl, M. R. (2012). When leaving your ex, love yourself: Observational ratings of self-compassion predict the course of emotional recovery following marital separation. *Psychological science, 23*(3), 261–269.

Schulz, R., & Hanusa, B. H. (1978). Long-term effects of control and predictability-enhancing interventions: Findings and ethical issues. *Journal of personality and social psychology, 36*(11), 1194.

Seipp, B. (1991). Anxiety and academic performance: A meta-analysis of findings. *Anxiety Research, 4,* 27-41.

Seligman, M. (2015). *Wie wir aufblühen. Die fünf Säulen des persönlichen Wohlbefindens.* Golmann.

Smith, C. E., & Rizzo, M. T. (2017). Children's confession-and lying-related emotion expectancies: Developmental differences and connections to parent-reported confession behavior. *Journal of experimental child psychology, 156,* 113–128.

Spitzer, N. (2016). *Perfektionismus und seine vielfältigen psychischen Folgen. Ein Leitfaden für Psychotherapie und Beratung.* Berlin, Heidelberg: Springer.

Spiegel online (2018). *Emil und die nervigen Smartphones.* Online abrufbar unter: https://www.spiegel.de/lebenundlernen/schule/hamburg-emil-macht-kinder-demo-gegen-nervige-smartphones-a-1226876.html

Stamm, M. (2016). Väter. Wer sie sind. Was sie tun. Wie sie wirken. Dossier 16/1. Online abrufbar unter: http://margritstamm.ch/images/Dossier%20Vaeter%20Januar%202016.pdf

Stamm, M. (2017). *Lasst die Kinder los. Warum entspannte Erziehung lebenstüchtig macht.* Piper-Verlag.

Talwar, V., Lavoie, J., Gomez-Garibello, C., & Crossman, A. M. (2017). Influence of social factors on the relation between lie-telling and children's cognitive abilities. *Journal of experimental child psychology, 159,* 185–198.

Terry, M. L., & Leary, M. R. (2011). Self-compassion, self-regulation, and health. *Self and Identity, 10*(3), 352–362.

Terry, M. L., Leary, M. R., & Mehta, S. (2013). Self-compassion as a buffer against homesickness, depression, and dissatisfaction in the transition to college. *Self and Identity, 12*(3), 278–290.

Tracy, B. (2016). *Das Maximum-Prinzip*. Campus Verlag.

Thunberg, G. (2018). *Greta Thunberg full speech at UN Climate Change COP24 Conference*. Online abrufbar unter: https://www.youtube.com/watch?v=VFkQSGyeCWg

Uggen, C., & Janikula, J. (1999). Volunteerism and arrest in the transition to adulthood. *Social Forces, 78*(1), 331–362.

Unicef (2007). Child poverty in perspective: An overview of child wellbeing in rich countries.

Van Willigen, M. (2000). Differential Benefits of Volunteering Across the Life Course. *The Journals of Gerontology: Series B, 55*(5), 308–318.

Watzlawick, P., Beavin, J. H., & Jackson, D. D. (1969). *Menschliche Kommunikation*. Bern, Stuttgart, Wien: Huber.

Way, B. M., Taylor, S. E., & Eisenberger, N. I. (2009). Variation in the µ-opioid receptor gene (OPRM1) is associated with dispositional and neural sensitivity to social rejection. *Proceedings of the National Academy of Sciences, 106*(35), 15079–15084.

Werner, E. & Smith, R. (1992). *Overcoming the Odds*. Cornell University Press.

Wilhelm, P. (2004). *Empathie im Alltag von Paaren. Akkuratheit und Projektion bei der Einschätzung des Befindens des Partners*. Hans Huber.

Wilson, J. (2000). Volunteering. *Annual Review of Sociology, 26*, 215–40.

Winfrey, O. (2012). Oprah's Gratitude Journal. Video online abrufbar unter: http://www.oprah.com/oprahs-lifeclass/oprah-on-the-importance-of-her-gratitude-journal-video

Wustmann, C. (2004). *Resilienz: Widerstandsfähigkeit von Kindern in Tageseinrichtungen fördern*. Beltz.

Yarnell, L. M., & Neff, K. D. (2013). Self-compassion, Interpersonal Conflict Resolutions, and Well-being. *Self and Identity, 12*(2), 146–159.

Zaff, J. F., Moore, K. A., Romano Papillo, A., & Williams, S. (2003). Implications of extracurricular activity participation during adolescence on positive outcomes. *Journal of Adolescent Research, 18*, 599–630.

Zak, P. (2013). How Stories Change the Brain. Online abrufbar unter : https://greatergood.berkeley.edu/article/item/how_stories_change_brain

Zentall, S. R., & Morris, B. J. (2010). »Good job, you're so smart«: The effects of inconsistency of praise type on young children's motivation. *Journal of Experimental Child Psychology, 107*(2), 155–163.

Zhao, L., Heyman, G. D., Chen, L., & Lee, K. (2017). Praising young children for being smart promotes cheating. *Psychological science, 28*(12), 1868–1870.

Ziegler, H. (2015). Stress-Studie 2015: Burn-Out im Kinderzimmer: Wie gestresst sind Kinder und Jugendliche in Deutschland? Online abrufbar unter: https://xn--kinderfrderung-lpb.bepanthen.de/static/documents/03_Abstract_Ziegler.pdf